U0472336

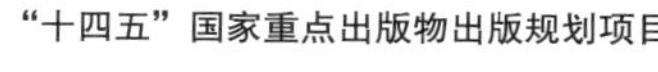

“十四五”国家重点出版物出版规划项目
中国经济转型历史与思想研究文库
上海财经大学创新团队支持计划资助项目

经济转型中的中国近代铁路经济思想研究
（1863–1937）

张 铎 王 昉◎著

上海财经大学出版社
SHANGHAI UNIVERSITY OF FINANCE & ECONOMICS PRESS

图书在版编目(CIP)数据

经济转型中的中国近代铁路经济思想研究:1863—1937/张铎,王昉著.—上海:上海财经大学出版社,2024.4
(中国经济转型历史与思想研究文库)
ISBN 978-7-5642-4267-1/F·4267

Ⅰ.①经… Ⅱ.①张…②王… Ⅲ.①铁路运输-运输经济-经济思想-研究-中国-1863—1937 Ⅳ.①F532.9

中国国家版本馆 CIP 数据核字(2023)第 197116 号

本书出版获得"上海财经大学中央高校双一流引导专项资金"和"中央高校基本科研业务费"资助

□ 策划编辑 江 玉
□ 责任编辑 江 玉
□ 封面设计 贺加贝
□ 封面篆刻 林 健

经济转型中的中国近代铁路经济思想研究
(1863—1937)
张 铎 王 昉 著

上海财经大学出版社出版发行
(上海市中山北一路 369 号 邮编 200083)
网 址:http://www.sufep.com
电子邮箱:webmaster@sufep.com
全国新华书店经销
上海华业装璜印刷厂有限公司印刷装订
2024 年 4 月第 1 版 2024 年 4 月第 1 次印刷

787mm×1092mm 1/16 11.75 印张(插页:2) 198 千字
定价:88.00 元

中国经济转型历史与思想研究文库

主　编

程霖

副主编

王昉

燕红忠

总　序

当今世界正经历百年未有之大变局。中国经济也已经进入新发展阶段，正从高速增长阶段转向高质量发展阶段，经济发展方式正从规模速度型粗放增长转向质量效率型集约增长，经济发展结构正从增量扩能为主转向调整存量、做优增量并存的深度调整，经济发展动力正从传统增长点转向新的增长点。二十大报告指出，高质量发展是全面建设社会主义现代化国家的首要任务。立足新发展阶段，把握新发展理念，构建新发展格局，成为当前和今后一个时期我国经济发展的大逻辑。

"一切历史，都是当代史。"《中国经济转型历史与思想研究文库》正是顺应中国经济与世界经济的发展方向，以历史进程和思想演变为切入点，从纷繁的历史表象下，对相关领域梳理清晰的学理脉络和思想线索，由此汲取和总结经济脉动的内在逻辑与规律，全方位、多视角地解析中国经济转型的路径与发展脉络。这对于当下正处在新的转型发展和中国式现代化伟大征程之中的中国经济，无疑具有极强的启示意义与现实价值。

文库以经济史与经济思想史作为主要研究基质，依据问题导向，以 10 部原创学术作品展开相关专题的研究。选题内容广博丰富，时间横跨中国古代、近代和当代，涵盖中国土地经济思想、铁路经济思想、货币经济思想、国有经济与民营经济思想、公债思想、前现代经济范式、中国传统经济思想、创新与企业家精神等方面的主题。每部专著的作者都在各自研究领域有着较为深厚的学术功底和研究积累。

在详尽搜集各领域相关经济思想和经济史料的基础上，学者们深入研究了中国经济相关领域制度变迁和转型升级的经验及教训，为在新时代构建中国特色社会主义政治经济学理论体系、学科体系和话语体系提供了可靠的立足点，同时有助于与现当代中国经济转型实践对接，也有助于指导并预测中国经济转型的未来方向，从而在全球化与“逆全球化”浪潮交织的时代背景下，为当下中国经济提供保持自身发展路径和“战略定力”的历史智慧与逻辑支持！

丛书主编　程　霖

目　录

第一章　导论/1
　第一节　选题缘起与研究意义/1
　第二节　研究对象与概念界定/9
　第三节　文献回顾与研究述评/12
　第四节　研究思路与方法/23

第二章　中国近代(1863—1937年)铁路与铁路经济研究的发展/31
　第一节　1863—1937年中国铁路发展历程/31
　第二节　研究主体多元化与近代铁路研究的发展/35
　第三节　民国铁路经济学的研究内容及研究方法/46

第三章　近代区域经济发展与铁路规划思想变迁/52
　第一节　铁路网规划与区域经济发展/52
　第二节　近代铁路规划思想:从“商务开发”到“开拓富源”/56
　第三节　铁路与边疆开发的思想实践:来自近代东北的实证证据/80

第四章　近代铁路与国民经济产业协同发展思想/91
　第一节　产业协同发展视角下的铁路与经济发展/91
　第二节　民国时期铁路与农村经济问题的相关讨论/94
　第三节　铁路促进工业协同发展思想/110
　第四节　铁路建设对近代东北地区产业结构影响的实证检验/114

第五章　近代铁路规制思想的发展与演变/121
第一节　引言/121
第二节　铁路规制问题的历史回溯:晚清铁路政策的失败/124
第三节　1912—1927 年围绕铁路直接规制的初步讨论/125
第四节　1928—1937 年铁路规制认识的深化:经济性和社会性规制并行思想/133
第五节　近代铁路规制思想变迁路径与现实启示/138

第六章　近代铁路经营管理思想研究/141
第一节　引言/141
第二节　近代铁路运价思想变迁/142
第三节　制度变迁视角下的铁路联运思想/160

第七章　结论与启示/170
第一节　近代铁路经济思想的总体考察/170
第二节　新发展格局下区域发展与铁路货运、客运化争论/174
第三节　近代以来中国和印度铁路发展思想比较/177

第一章　导　论

第一节　选题缘起与研究意义

一、选题缘起：铁路是关乎中国历史与当下的重要问题

(一)铁路对中国社会、经济、政治发展具有重要价值

铁路作为重要的交通基础设施，对于经济发展具有重要作用，马克思称之为“实业之冠”[1]。《2006 年世界银行发展报告》指出：“基础设施即使不能成为牵动经济活动的火车头，也是促进其发展的‘车轮’……经济欠发达地区通常与贫乏的基础设施相联系”[2]。因此，铁路对于中国和世界都具有重要意义。根据世界银行统计，截至 2016 年，全球铁路通行里程为 1 051 768 公里，世界三大长途运输方式中，铁路、航空运输以及港口集装箱运输的年货运周转量分别为 15 635 420 百万吨公里、213 590 百万吨公里和 752 704 435 标准集装箱[3]，铁路运输无疑是全球极为重要的交通方式之一。中国铁路在 1894 年初创时仅有 364 公里，历经百余年筚路蓝缕的建设，到 2022 年底，全国铁路营业里程达到 15.5 万公里，仅次于美国位居世界第二位(见图 1.1)。特别从 2008 年开始，随

---

〔1〕《马克思恩格斯全集》第 34 卷，人民出版社 1960 年版，第 347 页。

〔2〕世界银行编：《2006 年世界银行发展报告》，中国科学院-清华大学国情研究中心译，清华大学出版社 2006 年版，第 168 页。

〔3〕数据来自世界银行 WDI 数据库。

着高速铁路大规模建设,中国铁路又一次进入快速发展阶段。截至 2022 年,中国高速铁路营业里程达 4.2 万公里,占全世界高速铁路总里程的 2/3 以上。铁路在促进商品与要素流动、拉动经济增长等方面起到了重要作用。从图 1.2 可以看到,尽管随着多样化交通运输方式的发展,铁路货运量所占比例从 20 世纪末的 13%下降到如今的 9%,但依然是重要的物资运输方式;而随着高速铁路的崛起,铁路在促进人员流动方面发挥着日益重要的作用,铁路旅客发送量在全国旅客发送量中占比从 2012 年的 5%跃升至 2022 年的 31.4%。铁路投资在拉动经济增长方面也具有重要意义,中国铁路固定资产投资额从 21 世纪初开始快速攀升,在全社会固定资产投资总额中比重稳定在 1.5%左右。特别是 2008 年我国面临全球性经济金融危机加剧,为抵御国际经济环境的不利影响,我国出台了更加有力的扩大国内需求的措施。其中"加快铁路、公路和机场等重大基础设施建设。重点建设一批客运专线、煤运通道项目和西部干线铁路……"[1]成为扩大内需的重要动力,交通基础设施投资计划共计 1.5 万亿元,约占全部 4 万亿元总投资额的四成。同时从图 1.3 也可以看到,在 2008 年后,铁路年度固定资产投资额迅速增长,保持在每年 6 000 亿元以上,并在 2014 年后持续运行在每年 8 000 亿元的高位,铁路投资作为固定资产投资的重要组成部分,对于扩大国内需求以及应对金融危机带来的经济下滑具有重要意义。铁路不仅对当前中国经济发展具有重要价值,更重要的是,铁路本身所具有的高速、大运量、低成本运输特点也赋予其巨大的军事、政治等战略价值,使得学者、政治家对其颇为重视与关注。从世界历史来看,铁路建设对于边疆开发、战争时期军事调动以及扩展政治影响无疑具有重要的战略价值。[2] 有学者指出:中国可以通过高铁对亚欧大陆进行经济整合,利用高铁促使亚欧大陆各国的能源、资源、人口、资金以及技术流动,进而推行以亚欧大陆为中心的陆权战略,充分利用中国处于亚欧大陆边缘的地缘政治优势,扩大中国的战略缓冲区,改变海权时代中国不利的地缘政治劣势。[3] 因此,无论是从经济抑或政治的角度而言,铁路均是关乎国民经济与国家前途命运的重要问题。

---

〔1〕 参见 http://cpc.people.com.cn/n1/2017/1028/c64094-29613660.html。

〔2〕 美国太平洋铁路建设极大地促进了美国"西进运动"与西部开发;德国"一战"时期制定的"施里芬计划"则基于境内的高效铁路网运输兵力,得以在东线俄军进攻之前击败西线的法军;在近代中国,各国列强纷纷利用修筑铁路的手段来扩展其在中国的势力。

〔3〕 参见高柏:《高铁与中国 21 世纪大战略》,https://www.guancha.cn/gaobai1/2016_12_05_382889.shtml。

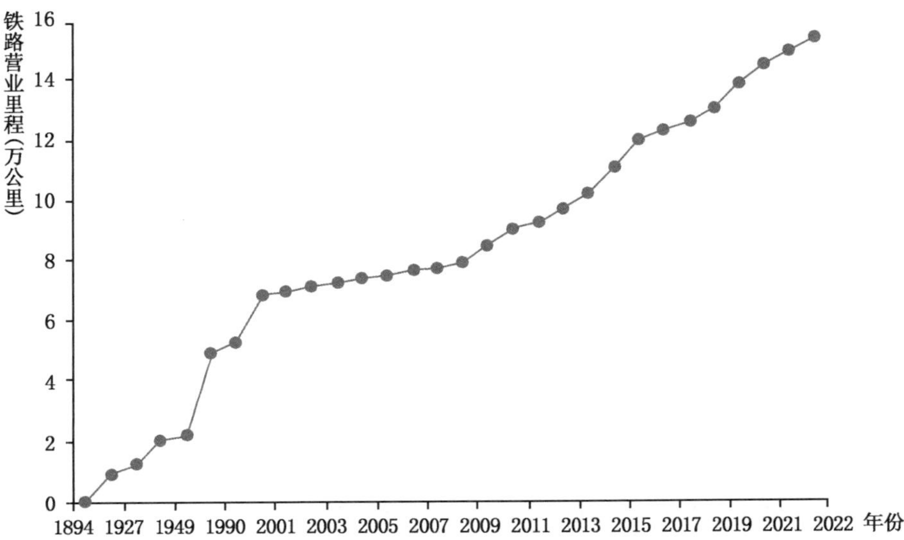

资料来源:严中平等编,《中国近代经济史统计资料选辑》,中国社会科学出版社 2012 年版;国家统计局网站。

图 1.1　1894—2022 年中国铁路营业里程增长

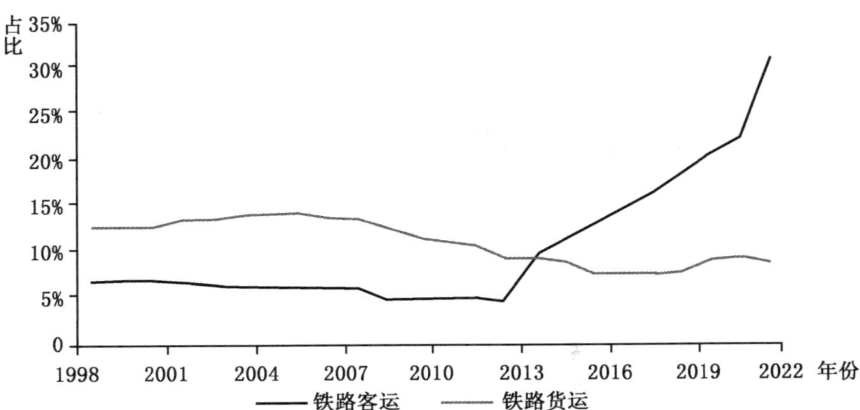

资料来源:国家统计局网站。

图 1.2　1998—2022 年中国铁路货运和客运量占比

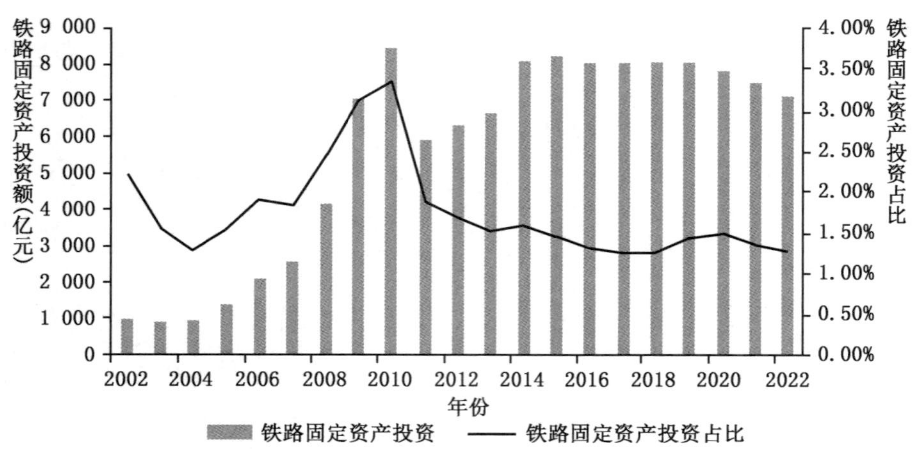

资料来源:国家铁路局网站、国家统计局网站。

图 1.3 2002—2022 年中国铁路固定资产投资及其占全社会固定资产投资比重

(二)当前铁路领域亟待深刻改革

新中国 70 多年的铁路建设取得了丰硕成果,与此同时,当前铁路领域仍然面临诸多问题。随着经济社会的发展,以铁道部为主导的铁路运营管理体制逐渐无法适应各方面的要求。首先,面对公路、航空运输迅速增长带来的激烈竞争,铁路运输市场份额不断下降,图 1.2 清晰展示了在 2000 年后铁路货运量占全部运输量的比重呈现持续下降趋势。其次,尽管中国铁路在路网规模、路网结构以及采用技术等级等方面取得了长足进步,但铁路建设仍然不能满足当前运输需求。铁路货运满足率维持在 35%左右,每逢节假日铁路客运“一票难求”的现象仍未能完全解决。最关键的是,长期奉行的铁路国家垄断经营、“政企合一”的集中管理体制、运输业务与路网管理业务合一体制,降低了铁路企业的经营效率,扭曲了产业组织结构。因此,从 20 世纪 80 年代以来,铁路领域改革成为社会各界的共识,并先后尝试了合资铁路与“网运分离”等各种模式,但未取得令人满意的效果。2013 年,国务院对铁道部实行政企分离改革,交通运输部承担铁路发展规划和政策的行政功能,中国铁路总公司承担铁路运营管理功能,但这一改革仍然不能完全解决铁路发展中遇到的问题。针对中国地域辽阔、人口分布不均衡的经济地理格局,若仍然按照增加铁路线路长度与路网密度的外延式扩张方法提高铁路运输能力,则在当前以银行贷款为主的铁路投融资模式下会产生巨额债务负担,铁路部门盈利能力低下以及偿付能力不足不仅会给本部门带来经营与财务风险，同时信贷风险将传导至整个金融体系，带来全社会金融风险的显著累积。图 1.4 显示出近年来中国铁路总公司盈利状况不断下滑，2020 年、2021 年更是分别亏损 555 亿元和 498.5 亿元，不断亏损的背后是累积的巨大债务。近年来我国铁路资产负债率始终维持在 65%以上，截至 2022 年第二季度，国铁集团债务已经突破 6 万亿元规模，因此，中国铁路原有的债务驱动型发展路径是不可持续的。当前铁路产业改革和发展中亟待解决的问题包括：创新投融资机制，解决铁路融资；在兼顾社会公益性和经营效率的基础上，规划铁路线路；改革铁路企业内部激励机制，优化和调整铁路产业组织结构，以提高其经营效率。中共十九大报告指出，要加强水利、铁路、公路、水运、航空、管道、电网、信息、物流等基础设施网络建设，要持续深化国有企业改革，发展混合所有制经济。然而，如何在铁路领域进行混合所有制改革？如何界定和保障不同产权主体在铁路混合所有制改革中的权利？铁路产业组织形式以及铁路规划、建设、运营、管理等问题如何落实，以应对多种运输方式的激烈竞争并提高铁路运输在综合交通运输体系中的竞争力？针对上述问题，仍然需要进行理论和实践的探索。特别是近代中国铁路发展过程中的建设实践经验，对于当前铁路改革具有一定借鉴意义。

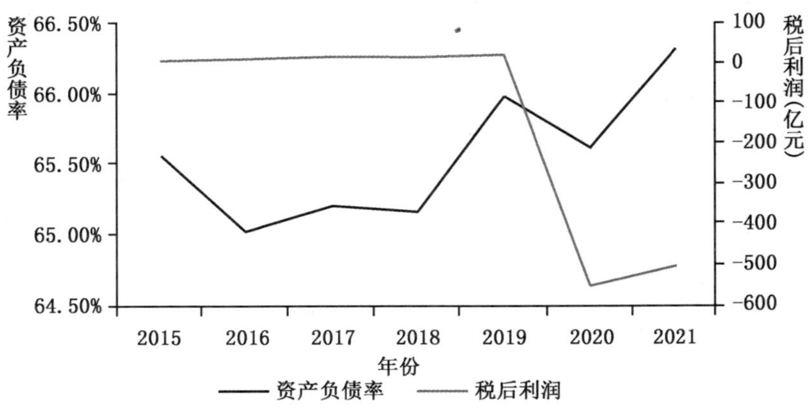

资料来源：中国铁路总公司 2017—2022 年年度报告。

图 1.4 2015—2021 年中国铁路总公司负债与利润情况

(三)铁路对于推动世界发展有着巨大作用

铁路在其诞生后对经济产生的巨大影响，一直深受经济学家的关注。火车发明后的 19 世纪，由于其具有与传统的内河航运相比不受天气影响以及比马车运输快速且价低等特点,因而为西方各国所重视,从而得到了迅速发展。其中铁路促进美国工业化进程,尤其受经济学者关注,因其显著效果而被称为“铁路革命”。

基于美国铁路的光辉成就,经济学家对于铁路与经济发展的关系展开了系统性讨论。Fogel 在其《铁路与美国经济增长》(1964)一书中使用“社会节约量”方法,通过反事实检验,认为铁路相比于传统运河和马车运输,其成本只是有些微下降,如果没有铁路,美国的国民生产总值下降不超过 3%,因此,铁路对于美国经济发展的促进作用并非如人们通常认为的那样巨大。这一结论极大地冲击了经济学家的固有认知,并因此引发了诸多学者对铁路与经济发展的进一步探讨。事实上,铁路等交通基础设施对于商业和经济发展的促进作用,早在亚当·斯密时代就已经得到公认,斯密称“一国商业的发达,全赖有良好的道路、桥梁、运河、港湾等等公共工程”。然而铁路对于经济发展的促进效果、其中的微观和宏观机制、铁路产业组织等问题,却一直未得到明确的解释。在此之后,又有区域经济学和交通运输经济学领域学者从铁路降低交易成本、提高规模经济、有助于市场整合,以及通过促进各类要素流动和聚集来增加就业与提高人均收入水平、提升人力资本与知识溢出等途径,考察铁路促进经济增长与发展的机制。时至今日,铁路对经济发展影响的相关研究依然是顶级经济学和经济史刊物所青睐的话题。[1]

(四)经济转型中的中国近代铁路发展实践需要系统性梳理与反思

中国铁路建设肇始于 1876 年英国商人在上海修筑的吴淞铁路,后因种种反对而被拆毁,1881 年开平矿务局因运煤需要铺设铁路则被视作中国自主兴建铁路的开端。特别是在甲午战争后,清政府进一步放松对外国和民间资本进行铁路建筑经营的限制。通过中国自主修筑、中外合筑以及外资独立修筑的方式,中国境内铁路里程从 1894 年的 364 公里到清朝灭亡的 1911 年已增长到

---

〔1〕 Caruana-Galizia, Paul, and Jordi Martí-Henneberg(2013), “European regional railways and real income, 1870 - 1910: a preliminary report”, *Scandinavian Economic History Review*, Vol. 61, No. 2: pp. 167—196; Donaldson, Dave and Hornbeck(2016), “R. Railroads and American economic growth: A ‘market access’ approach”, *The Quarterly Journal of Economics*, Vol. 131, No. 2, pp. 799—858; Donaldson, Dave(2018), “Railroads of the Raj: Estimating the impact of transportation infrastructure”, *American Economic Review*, Vol. 108, No. 4—5, pp. 899—934; Jedwab, R., E. Kerby and A. Moradi (2017), “History, path dependence and development: Evidence from colonial railways, settlers and cities in Kenya”, *The Economic Journal*, Vol. 127, No. 603: pp. 1467—1494; 梁若冰:《口岸、铁路与中国近代工业化》,《经济研究》2015 年第 4 期,第 178—191 页。

9 600 余公里,但由本国经营的里程仅占 6.9%。民国时期外资独立修筑铁路的方式被限制,铁路修筑主要采用中外合筑的方式,获得外方的资本、技术、材料等方面的支持;与此同时,中国民间资本修筑铁路也在 20 世纪 20 年代达到高峰。南京国民政府统治时期,政府更加重视铁路建设,通过整顿路务、改善铁路经营管理、创新融资渠道,国有铁路建设到达阶段性顶峰,年均铁路修筑里程为 540 余公里,截至 1937 年铁路营业里程达到 2.1 万公里。之后受第二次国内革命战争及抗日战争的影响,铁路发展的速度与质量均大幅下降(见图 1.5)。

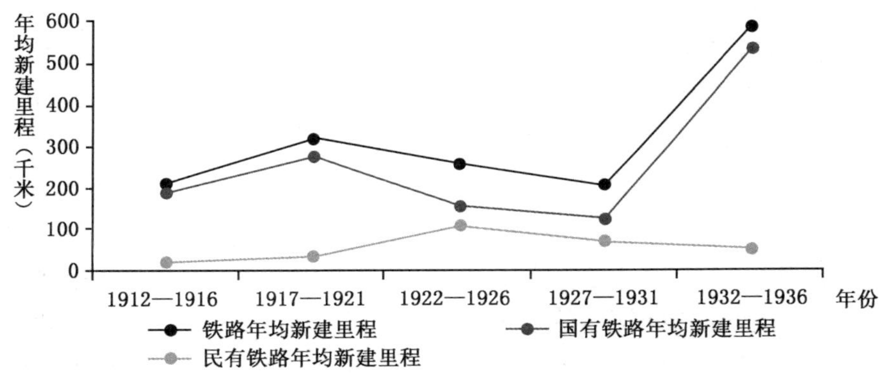

资料来源:根据马里千等《中国铁路建筑编年简史(1881—1981)》(中国铁道出版社 1983 年版)的相关统计数据整理得到。

图 1.5 民国时期铁路新增里程变化(按 5 年平均)

近代中国在外部全球化的冲击下,经济面临转型问题。所谓经济转型,是指一个国家或地区的经济结构和经济制度在一定时期内发生的根本变化。从经济结构来看,近代以来中国传统经济结构趋于瓦解,步入从传统农业社会向近代工业社会过渡的工业化进程,社会经济的商业化程度进一步深化,越来越广大的人口、地区、要素以及产业被整合进入世界市场,参与国际分工;从经济制度来看,面对工商阶层的崛起,近代中国经济政策和制度也处于不断探索之中,伴随国家能力的阶段性变化,以政府主导和以市场化为主导的资源配置模式呈现出阶段性侧重的特征。作为一种舶来的现代交通运输方式,铁路既是关乎国计民生的重要产业,又是具有极大外部性的行业,因此,无论是经济结构转型,抑或经济体制变化,都会在思想上有所反映。这种影响既反映在铁路政策和制度上,也反映在社会各界对有关铁路经济问题的思考和讨论中,由此近代经济转型中的铁路经济思想就有了丰富的时代动因和特点。

近代以来,铁路借款的国际化导致中国铁路呈现多元产权结构,也促使中国铁路建设经营积累了丰富的实践经验。由于外部形势和内部社会经济政治环境的频繁变化,中国铁路管理机构及铁路政策也随之剧烈动荡,产生了不同的铁路发展主张,其中有些主张得以在政策层面实践并得以检验。在外国铁路发展经验与中国自身铁路发展实践的共同促进下,近代特别是民国时期的铁路从业者、政治家、铁路学者以及社会大众纷纷对铁路如何发展的各类问题进行思索与探讨,形成了一系列丰富且独具创见的铁路经济思想。当前关于民国铁路思想史的研究主要集中于两个方向:其一是侧重于对铁路发展史中重要历史人物如孙中山、张嘉璈等关于铁路发展思考的考察;其二是考察政府铁路政策所折射出的铁路发展思想。这导致现有铁路思想史研究存在着诸多问题:首先,现有研究仅仅关注个别人物思想与政策含义,不足以涵盖当时全社会对铁路发展问题讨论的全貌;其次,现有研究多数是片段式、单一时段的考察,缺乏对近代铁路经济思想变迁过程的梳理;最后,现有研究多数利用历史描述的研究手段,缺乏利用经济学概念和逻辑对近代中国的铁路发展思想进行学理性分析。因此,本研究试图通过对近代以来社会各界关于铁路线路规划、运营管理、产业与区域发展相关问题的讨论,研究其背后的理论要素与逻辑脉络,从思想史的视角深化对近代铁路经济问题的认识,同时也为当前中国铁路领域改革和发展提供历史坐标与方向借鉴,并进一步明确市场与政府在近代铁路与经济发展中的角色定位,深化对市场和政府在经济发展中作用的认识。

二、研究意义:兼具学理与实践双重价值

基于以上选题缘由,本研究对 1863—1937 年社会各界对铁路发展问题的讨论所折射出的铁路经济思想及其演进过程进行全方位的梳理,这是一个兼具学理与实践意义的课题。

从理论探索的角度来看,当前关于近代以来铁路发展的研究多数集中于铁路建设史及铁路所产生的短期和长期经济、社会影响等方面,而从经济思想史的视角对铁路经济问题进行系统性梳理的成果并不充分,特别是系统性梳理长周期内铁路经济思想与铁路建设实践双重互动角度的专门性研究至今仍是空

白。[1] 事实上，近代特别是民国时期铁路发展的历史实践为当时学者、政治家以及社会各界思考铁路经济问题提供了丰厚的现实基础与经验数据，同时自西方引进的各类铁路经济学说也为中国铁路经济思想的形成提供了充分的借鉴。在此基础上，众多经济学者、铁路业者、政治家等专家学者从各种视角对铁路经济问题的不同领域进行了深入思考与讨论，形成了相当丰富的铁路经济思想，包括诸多符合中国实际国情的理论创见。在当前中国铁路发展面临着诸多问题、需要进一步改革的实际状况下，学术界和实业界也亟待提升铁路经济理论水平，构建符合中国现阶段发展实际与未来发展趋势的铁路产业组织、产业政策和产业规划。因此，对 1863—1937 年近代中国铁路经济思想的回溯，不仅有助于挖掘近代以来特别是民国时期有识之士关于铁路发展的智慧，传承民族优秀思想结晶，同时也能拓展中国铁路史和交通经济思想史的研究内容，丰富中国近代经济思想的研究领域。

从当前铁路发展的角度看，1978 年后铁路领域各种层面的改革实践极大地促进了铁路路网密度的增长与铁路经营绩效的提升，基础设施改善为中国经济社会发展提供了重要推动力。然而，现有改革未从根本上改变铁路领域内产权结构和激励结构等深层次的问题，特别是随着国际宏观政治经济格局的新变化、中国经济的转型，中国铁路发展面临刚性更强的现实约束，以往依赖于铁路线路增长的外延式扩张难以为继。努力提高铁路经营效率，实现其社会公益性，是当前铁路改革的重要目标。通过观察政府管制和市场机制在近代铁路发展思想中的互动关系，可以增进对政府和市场如何发挥资源配置作用的认识。因此，总结历史上关于铁路经济问题的相关研究成果、制度与政策设计者和学者对铁路如何充分实现与社会经济协调发展的思想认知，将为当前铁路领域的一系列改革提供丰富的历史经验；同时，将为中国交通经济进行经营创新、管理创新、制度创新提供珍贵的理论指导，也有助于从长期动态视角为中国交通经济的未来发展提供政策启示。

第二节　研究对象与概念界定

运输是实现人和物空间位移的活动，与人类的生产和生活息息相关。随着

---

〔1〕 朱从兵：《中国铁路史研究方法漫谈》，《社会科学辑刊》2017 年第 4 期，第 113 页。

旧时以人、畜和风为动力的运输工具逐步发展为现代依赖化石能源的机械动力运输工具,人类社会的运输方式发生了重大改变。为了解决相应的运输经济问题,一系列运输经济思想相继产生并逐步形成运输经济理论体系。自亚当·斯密1776年论述了运输业(主要是帆船和马车)对分工、贸易以及区域经济发展的重要作用开始,运输经济开始得到了经济学家的关注。其后德国历史学派的李斯特在《政治经济学的国民体系》中,将交通运输作为影响国民生产力的重要构成要素加以研究。马克思则论述了运输方式变革对经济社会发展的影响、资本主义工业和商品经济中运输业的作用以及运输业投资等问题。运输经济学的框架内容由E. 萨克斯(E. Sax)于1878年出版的《国民经济中的运输工具》初步奠定,书中讨论了运输政策和运输业经营问题,对日后运输经济理论的研究方向产生了深远影响。直至后来,随着学科分化,运输经营问题中的财务、会计、统计等内容才逐步分离。

交通运输经济学作为一个交叉学科,其主要研究内容包括:(1)运输的性质和特征,运输在社会经济发展中的地位和作用;(2)运输与生产力布局,运输与流通,运输业的管理体制;(3)运输的经济效果,技术进步在运输业中的相关经济问题,如各类运输技术的经济效益计算及评价;(4)运输业的经济、技术政策及其理论依据;(5)运输业的劳动组织、劳动生产率和工资制度;(6)运输价格、成本分析及经济核算等。为了分析这些问题,运输经济学的分析理论综合了微观经济学中的厂商理论、契约理论以及区域经济学和制度经济学要素。运输经济学的研究热点具有较强的现实对策性,如20世纪60年代学术界较为关注交通基础设施投资经营绩效,80年代受运输市场"放松管制"政策影响而关注运输市场的自由化;21世纪初的关注重点是运输安全、运输业投融资以及国际贸易中的运输问题;近年来学者们更为关注微观和宏观层面运输对经济发展的促进作用。

事实上,运输经济学存在着狭义和广义之分。对于交通运输经济学者而言,运输经济学的研究范围侧重于交通运输市场中需求、供给与市场类型分析,交通运输项目的投资收益分析,运输经营活动中的成本、定价、折旧与经营问题,以及交通运输政策对于交通运输外部性的影响。[1] 区域经济学者、城市经济学者及经济史学者则更加关注交通基础设施降低运输成本、促进市场整合与

---

〔1〕 贾顺平:《交通运输经济学》,人民交通出版社2019年版;Kenneth J. *Transport Economics*, Edward Elgar Pub. ,2010。

要素流动,以及对区域经济与长期经济增长产生的影响及其机制。

运输经济学视角下的铁路运输经济学,作为运输经济学在铁路运输领域的重要分支[1],研究铁路领域内资源配置的问题[2]。铁路经济问题具有很强的行业特点,导致传统铁路经济学者在进行经济分析时更像是行业技术专家,而较少使用通用经济学术语和框架;同时,一般经济学以新古典理论的假设为基础,比如交易成本为零、完全竞争、信息完全对称等,在铁路经济学分析中并不完全适用。不过随着经济学发展,当前铁路经济学研究中开始更多地应用契约理论、制度变迁理论、产业组织理论、产权理论、交易成本理论等分析工具。[3]分析手段的丰富也进一步促进了铁路经济学的研究内容与主流经济学界的融合,例如铁路本身所具有的外部经济特征和经济学界对于制度这一原本被认为是外生变量的重视,使得现有铁路经济学者不仅关注铁路领域内部的投资、经营与管理问题,以提高铁路投资和经营效率,更重要的是通过铁路产业组织政策和线路规划等,实现铁路带动经济发展的作用。因此,本研究对于铁路经济概念的定义更加偏向于广义层面,即更加关注铁路产业政策、铁路的外部经济特征对区域经济和长期经济的促进等方面的考察,同时也会关注铁路产业内部产权、治理和产业组织问题。

根据以上对于铁路经济概念的界定,我们可以确定近代中国铁路经济思想的研究范畴。中国近代铁路经济思想以近代铁路经济问题为研究对象,涵盖范围包括两个方面:一方面是铁路产业内部宏观层面管理体制和政策,诸如铁路运价政策、联运等制度安排、线路规划以及铁路产业规制等问题;另一方面是铁路产业具有的经济外部性所产生的影响,诸如铁路影响区域经济和产业结构的机制等问题。此处应当注意,无论是铁路运输经济学还是中国近代学者关于铁路经济问题的讨论,均有大量关于应用铁路新技术的经济效果的论著与文章,但本研究将更加关注广义上的铁路经济问题,即关注近代铁路与产业、区域经济发展相互作用等外部性问题的讨论,同时也会关注时人关于铁路产业内部治理体制和政策问题的研究。

---

〔1〕 现有铁路经济学的研究包括 A. H. 楚普罗夫的《铁路业务》(1875)、T. C. 哈恰图罗夫的《铁路运输经济原理》(1959)。

〔2〕 Meyer, J. R., M. J. Peck, J. Stenason, et al. *The Economics of Competition in the Transportation Industries*, Harvard University Press, 1959, pp. 1—359.

〔3〕 荣朝和:《探究铁路经济问题》,经济科学出版社 2004 年版,第 1—44 页。

第三节 文献回顾与研究述评

一、国内外有关铁路与经济发展的研究

当前关于铁路经济学的研究主要是从要素流动、市场整合、区域和产业溢出效应三个视角进行的考察。

铁路的开通会降低社会人员、资本、商品的流动成本。首先,经济学家们研究了修建铁路节约时间成本的作用。Vickerman(1997)、Givoni(2006)、Preston & Wall(2008)和 Chen & Hall(2011)发现,欧洲高速铁路的应用显著缩短了乘客的旅行时间,从而显著提升了消费者效用水平[1];时间成本的节约也会间接创造经济价值,例如 Okada(1994)和 Leunig(2006)分别观察到修建铁路压缩了日本和英国的人力出行时间成本,而这种旅行成本的节约具有极高的经济贡献[2]。蒋海兵、徐建刚、祁毅的研究则证明中国高铁建设极大地提高了城市经济可达性,促进了经济集聚。[3]

其次,铁路的建设显著降低了商品运输成本。[4] Fogel(1964)的开创性研究发现,美国铁路的运输成本低于传统的运河运输,他还利用反事实检验得出,如果没有铁路,美国国民生产总值下降不超过 3%,这一结果显示铁路对于运输

---

〔1〕 Vickerman, Roger(1997), "High-speed rail in Europe: experience and issues for future development", *The Annuals of Regional Science*, Vol. 31, No. 1, pp. 21—38; Givoni, Moshe(2006), "Development and impact of the modern high-speed train: A review", *Transport Reviews*, Vol. 26, No. 5, pp. 593—611; Preston, John, and Graham Wall(2008), "The ex-ante and ex-post economic and social impacts of the introduction of high-speed trains in South East England", *Planning, Practice & Research*, Vol. 23, No. 3, pp. 403—422; Chen, Chia-Lin, and Peter Hall(2011), "The impacts of high-speed trains on British economic geography: a study of the UK's InterCity 125/225 and its effects", *Journal of Transport Geography*, Vol. 119, No. 4, pp. 689—704.

〔2〕 Okada, Hiroshi(1994), "Features and economic and social effects of the Shinkansen", *Japan Railway and Transport Review*, No. 3, pp. 9—16; Leunig, Timothy(2006), "Time is money: a re-assessment of the passenger social savings from Victorian British railways", *The Journal of Economic History*, Vol. 66, No. 3, pp. 635—673.

〔3〕 蒋海兵、徐建刚、祁毅:《京沪高铁对区域中心城市陆路可达性影响》,《地理学报》2010 年第 10 期,第 1287—1298 页。

〔4〕 Krugman, Paul(1991), "Increasing returns and economic geography", *Journal of Political Economy*, Vol. 99, No. 3, pp. 483—499.

成本的降低并不如人们通常认为的那样显著。[1] 以上发现严重冲击了经济学家的固定印象,也影响了之后铁路经济学的研究,学者们纷纷对此结论进行检验。Donaldson(2018)基于英国殖民地时期所修建的印度铁路网数据,证明铁路的运输成本低于其他运输方式,铁路的建设显著降低了印度地区间商品交易成本。[2] Donaldson & Hornbeck(2016)对美国 19 世纪晚期的各类交通运输成本进行了度量,并使用反事实检验发现,将铁路替换成运河会导致美国农业土地产值下降 60.2%,约等于美国国民生产总值的 3.22%,而如果用运河替代铁路,则仅能弥补因缺乏火车造成损失的 13%,显然火车对于美国经济的影响远大于 Fogel(1964)的估计结果。[3] Faber(2014)则发现因铁路网扩张带来运输成本的降低会促进贸易量的显著增长。[4] 张克中和陶东杰(2016)也发现中国高铁的建设显著降低了国内贸易成本。[5] 运输成本的下降不仅具有重要的经济功能,也能对自然灾害导致的市场波动起到缓解作用。[6]

再次,铁路降低了人口、资本等的运输成本,促进各类生产要素在区域内流动和市场扩大,并通过市场扩大和分工程度的提升,产生所谓的"斯密式增长"。例如,Taniguchi(1992)和 Harman(2006)研究发现日本和欧洲的高铁建设显著促进了居民通勤量的增加。[7] Cao et al. (2013)也发现中国的高铁建设与城市间通勤量具有显著的正相关,铁路建设虽然会促进城市群范围内人口的集聚,

---

〔1〕 Fogel, R. W. (1964), *Railroads and American Economic Growth: Essays in Econometric History*, Baltimore: Johns Hopkins Press.

〔2〕 Donaldson, Dave(2018), "Railroads of the Raj: Estimating the impact of transportation infrastructure", *American Economic Review*, Vol. 108, No. 4—5, pp. 899—934.

〔3〕 Donaldson, Dave and Hornbeck(2016), "R. Railroads and American economic growth: A 'market access' approach", *The Quarterly Journal of Economics*, Vol. 131, No. 2, pp. 799—858.

〔4〕 Faber, Benjamin(2014), "Trade integration, market size, and industrialization: evidence from China's National Trunk Highway System", *Review of Economic Studies*, Vol. 81, No. 3, pp. 1046—1070.

〔5〕 张克中、陶东杰:《交通基础设施的经济分布效应——来自高铁开通的证据》,《经济学动态》2016 年第 6 期,第 62—73 页。

〔6〕 Burgess, Robin and Dave Donaldson(2010), "Can openness mitigate the effects of weather shocks? Evidence from India's famine era", *American Economic Review*, Vol. 100, No. 2, pp. 449—453.

〔7〕 Taniguchi, Mamoru(1992), "High speed rail in Japan: A review and evaluation of the Shinkansen train", Working Paper, UCTC No. 103; Harman, R. (2006), "High Speed Trains and the Development and Regeneration of Cities, report for Greengauge 21", *Greengauge*, June, pp. 5—126.

但对于单个城市人口集聚的影响并不显著。[1] Zheng & Kahn (2013)考察了高铁开通对城市人口的影响,发现高铁降低了通勤成本,反而促进了大城市居民向周边小城市的迁移,因此,高铁开通并未导致大城市人口增加。[2] 而铁路通过人口的流动和集聚对于劳动力市场产生了重要影响。铁路建设会促进沿线地区工业、农业与服务业就业率的提高(李果和徐立新,2001;lin,2017)。[3] 就业率的提高来自铁路促进了外围地区与中心城市之间劳动力市场的整合,促进了劳动力资源的优化配置,阿姆斯特丹和伦敦周边城市都因为高铁的修建而改善了当地就业情况(Willigers et al. ,2007;Chen & Hall,2011)。[4] 铁路对于不同产权类型的企业、不同生产部门以及不同地区就业率的影响也是具有异质性的(Baum-Snow et al. ,2017;杜兴强和彭妙微,2017)。[5] 李欣泽等(2017)则进一步发现高铁的开通促进了资本要素的流动,优化了资本要素在企业间的配置。铁路发展促进了市场整合程度的提高与市场潜力的扩大。[6] Donaldson & Hornbeck(2016)发现铁路建设显著提高了美国市场连通指数,削弱了地区间的贸易壁垒。[7] 类似地,吴意云和朱希伟(2012)认为铁路等基础设施的改善促进了中国省际商品交易市场接入。[8] Zheng & Kahn(2013)则提出高铁开通促进了中国市场潜力的提高与二、三线市场的发展。更重要的是,劳动

[1] Cao,Jing,et al. (2013),"Accessibility impacts of China's high-speed rail network",*Journal of Transport Geography*,Vol. 28,pp. 12—21.

[2] Zheng,Siqi and Matthew E. Kahn(2013),"China's bullet trains facilitate market integration and mitigate the cost of megacity growth",*Proceedings of the National Academy of Sciences*,Vol. 110,No. 14,pp. 1248—1253.

[3] 李果、徐立新:《国有企业、劳动力冗员与就业的增长——1986—1996 年期间中国各省的经验》,《经济学(季刊)》2001 年第 1 期,第 97—110 页。

[4] Willigers,Jasper,Han Floor,and Bert van Wee(2007),"Accessibility indicators for location ch4ices of offices: an application to the intraregional distributive effects of high-speed rail in the Netherlands",*Environment and planning A*,Vol. 39,No. 9,pp. 2086—2898.

[5] Baum-Snow,Nathaniel,et al. (2017),"Roads,railroads,and decentralization of Chinese cities",*Review of Economics and Statistics*,Vol. 99,No. 3,pp. 435—448.

[6] 李欣泽、纪小乐、周灵灵:《高铁能改善企业资源配置吗?——来自中国工业企业数据库和高铁地理数据的微观证据》,《经济评论》2017 年第 6 期,第 3—21 页。

[7] Donaldson,Dave and Hornbeck(2016),"R. Railroads and American economic growth: A 'market access' approach",*The Quarterly Journal of Economics*,Vol. 131,No. 2,pp. 799—858.

[8] 吴意云、朱希伟:《接入效应、市场分割与商品交易市场发展》,《经济学(季刊)》2012 年第 1 期,第 63—82 页。

力与市场整合会促进铁路沿线地区的经济发展。[1] 周浩和郑筱婷(2012)、周浩和余金利(2013)通过中国铁路提速的自然实验,研究发现铁路对经济增长的促进作用来自铁路对区域内和区域间市场可达性的增进,并且对第二产业的促进作用要高于对第二产业的影响。[2]

铁路本身具有巨大的外部经济特征,其发展不仅会对沿线地区产生重要的经济影响,而且对周边地区可能产生"虹吸效应"或者"溢出效应",即具有或正或负的空间溢出效应。在 Krugman(1991)所提出的"中心-边缘"发展模式中,铁路的开通降低了运输成本,使得资源和要素向中心集中,加剧了区域间发展不平衡[3];Vickerman(1997)对欧洲高铁和城市群的研究证实了这一推论[4];张克中和陶东杰(2016)也发现中国高铁对城市经济的"虹吸效应"会在一定程度上阻碍沿途城市的经济增长,其中的机制在于高铁引起资本向中心集中,降低了沿途地区的固定资产投资[5]。Fujita et al. (1999)则认为,铁路对产业集聚的影响,可能存在某个阈值,当运输水平低于该值时,工厂选址对中心城市的依赖变得不敏感,边缘城市因其低地价和低拥堵特征而获得更多企业的青睐,因此,铁路可能对边缘城市产生正的空间溢出效应。[6] Banerjee et al. (2012)对中国铁路沿线地区的研究显示,距离铁路线较近的地区相比于更远的地区拥有更高的人均 GDP 水平[7];陈丰龙等(2017)发现,通过中国高铁建设,人口和资本从大城市向周边中小城市流动,缩小了城乡居民收入差距。另外,铁路投

---

[1] Zheng, Siqi and Matthew E. Kahn(2013), "China's bullet trains facilitate market integration and mitigate the cost of megacity growth", *Proceedings of the National Academy of Sciences*, Vol. 110, No. 14, pp. 1248—1253.

[2] 周浩、郑筱婷:《交通基础设施质量与经济增长:来自中国铁路提速的证据》,《世界经济》2012 年第 1 期,第 78—97 页;周浩、余金利:《铁路提速、可达性与城市经济增长》,《经济评论》2013 年第 1 期,第 52—59 页。

[3] Krugman, Paul(1991), "Increasing returns and economic geography", *Journal of Political Economy*, Vol. 99, No. 3, pp. 483—499.

[4] Vickerman, Roger(1997), "High-speed rail in Europe: experience and issues for future development", *The Annuals of Regional Science*, Vol. 31, No. 1, pp. 21—38.

[5] 张克中、陶东杰:《交通基础设施的经济分布效应——来自高铁开通的证据》,《经济学动态》2016 年第 6 期,第 62—73 页。

[6] Fujita, Masahisa, Paul R. Krugman, and Anthony Venables(1999), *The Spatial Economy: Cities, Regions, and International Trade*, MIT Press.

[7] Banerjee, Abhijit, Esther Duflo, and Nancy Qian(2012), "On the road: Access to transportation infrastructure and economic growth in China", *National Bureau of Economic Research*, No. w17897.

资对于其他产业发展也具有产业间溢出效应[1] Lakshmanan & Chatterjee (2005)从空间和时间维度进行理论分析,指出铁路能够促进产业间交流促进产业集聚。[2] Streb et al. (2006)对德国 1877—1886 年铁路建设高潮期间的实证研究发现,铁路建设推动了产业间技术进步,促进了专利开发。[3] 同时,铁路等运输网络的完善会促进产业间关联度的提升。

二、国内外有关近代铁路发展史的研究成果

当前有关铁路发展史的研究集中于铁路建设史、铁路运营史以及铁路区域经济史三个角度。

国内对于铁路发展史的研究,起源于民国时期学者对中国铁路发展进程的记录,如谢彬的《中国铁道史》(1929)、张嘉璈的《中国铁道建设》(1946)、曾鲲化的《中国铁路史》(1924)。新中国成立后,对铁路发展史的研究侧重于从铁路作为帝国主义对中国经济侵略的重要方式的视角展开,因而大多讨论外资如何通过资本、技术、材料控制国内铁路经营管理,如张瑞德的《中国近代铁路事业管理的研究:政治层面的分析 1905—1937》(1981)、金士宣和徐文述的《中国铁路发展史》(1986)、马里千的《中国铁路建筑编年简史》(1985)、宓汝成的《帝国主义与中国铁路:1847—1949》(2007)均选取这一视角来研究中国铁路的发展历程。近年来,铁路发展史研究的意识形态色彩逐步消退,学术界关注的重点落在了铁路建设史领域。丁贤勇(2009)、朱从兵(2012)、段海龙(2013)分别考察了杭江、广西与张绥铁路的选线过程。[4] 马陵合(2009)、戴鞍钢(2013)、张春艳(2011)、罗桂生(2021)等描述了长三角地区铁路、京奉线、道清线等重要铁路

---

[1] 陈丰龙、徐康宁、王美昌:《高铁发展与城乡居民收入差距:来自中国城市的证据》,《经济评论》2018 年第 2 期,第 59—73 页。

[2] Lakshmanan, T. R. and Lata R. Chatterjee(2005), "Economic consequences of transport improvements", *ACCESS Magazine*, Vol. 1, No. 26, pp. 28—33.

[3] Streb, Jochen, Jörg Baten, and Shuxi Yin(2006), "Technological and geographical knowledge spillover in the German empire 1877—1918", *The Economic History Review*, Vol. 59, No. 2, pp. 347—373.

[4] 丁贤勇:《浙赣铁路与浙江中西部地区的发展:以 1930 年代为中心》,《近代史研究》2009 年第 3 期,第 128—141 页;朱从兵:《线路趋向与区域社会——1930 年代广西铁路筹议、筹建和建设述论》,《广西师范大学学报(哲学社会科学版)》2012 年第 5 期,第 171—180 页;段海龙:《从史料看张绥铁路路线选定过程》,《重庆交通大学学报(社会科学版)》2013 年第 5 期,第 75—78 页。

干支线的修筑过程。[1] Li (2007)从战争与经济发展的视角,研究近代军阀混战对近代铁路发展的冲击作用,发现当年军阀之间战争的爆发会极大地影响铁路的经营和建设。[2] 朱从兵和夏雪(2020)和黄沐言(2021)关注铁路建设中的不同主体,分别考察了清朝皇室和英国工程师金达在中国铁路建设中所发挥的作用。[3] 在近代边疆危机中,铁路具有的"固边"功能被时人所重视而产生诸多讨论和计划,因此,有关边疆铁路建设的讨论也受到一些学者的关注。[4] 近代铁路发展中最重要的是资金筹集问题,得到了学者们最多的关注。马陵合(2012)、姚竹明(2011)与段海龙(2012)探讨了安徽、沪杭甬和京张铁路融资问题。[5] 学者们还研究了不同筹资主体的关系,如孟晓光(2009)、黄伟(2011)、王斌(2010)考察了外资和内资在铁路投资过程中的斗争。[6] 此外,铁路外债也是铁路发展史研究的重点问题,孔永松和蔡佳伍(1998)、马陵合(1996)、吕铁贞(2014)考察了晚清铁路外债的类别、特点与运作模式[7],张庆锋(2005)、黄耀华(2008)、张九洲(1998)、夏良才(1987)则对铁路借款中的不同主体如经办

---

[1] 马陵合:《北洋时期中华全国铁路协会研究》,《史林》2009 年第 3 期,第 81—88、189—190 页;戴鞍钢:《近代江浙沪地区铁路修筑述略》,《徐州工程学院学报(社会科学版)》2013 年第 5 期,第 24—31 页;张春艳:《京奉铁路述考》,《兰台世界》2011 年第 5 期,第 43—44 页;罗桂生:《难以延伸的铁路:道清铁路展筑的多重困境》,《西南交通大学学报(社会科学版)》2021 年第 4 期,第 52—61 页。

[2] Li, D. (2007), "The economic effects of civil war: Evidence from Chinese national railroads, 1906&1923", Unpublished manuscript.

[3] 朱从兵、夏雪:《晚清皇室与近代中国铁路建设事业的起步》,《安徽史学》2020 年第 1 期,第 29—42 页;黄沐言:《克劳德 · 威廉 · 金达与中国近代铁路建设》,《西南交通大学学报(社会科学版)》2021 年第 4 期,第 62—73 页。

[4] 田永秀、刘雨丝:《固边治边:近代边疆危机中的铁路功能》,《民族学刊》2021 年第 11 期,第 78—88、130 页;郭胜利、郭同泽:《近代"绥新"线视野下的西北区域边疆考察》,《河西学院学报》2021 年第 3 期,第 52—58 页。

[5] 马陵合:《华资银行与民国时期安徽的铁路建设》,《安徽史学》2012 年第 6 期,第 102—111 页;姚竹明:《晚清沪杭甬铁路的集资研究》,《内蒙古农业大学学报(社会科学版)》2011 年第 2 期,第 320—322 页;段海龙:《修筑京张铁路的资金来源》,《兰台世界》2012 年第 19 期,第 59—60 页。

[6] 孟晓光:《民国初年东北官民自办铁路及对满铁铁路的抵制》,东北师范大学学位论文,2009 年;黄伟:《清末兴建京汉铁路筹款期间法国的幕后操作》,《河北北方学院学报(社会科学版)》2011 年第 2 期,第 45—49 页;王斌:《德国在华殖民扩张与胶济铁路建设》,《中国科技史杂志》2010 年第 2 期,第 139—152、243 页。

[7] 孔永松、蔡佳伍:《晚清铁路外债述评》,《中国社会经济史研究》1998 年第 1 期,第 58—65 页;马陵合:《论晚清地方外债的阶段性特点》,《安徽师大学报(哲学社会科学版)》1996 年第 1 期,第 28—35 页;吕铁贞:《晚清铁路外债之恶例与流弊:中比卢汉铁路借款合同的考察》,《法学》2014 年第 3 期,第 75—86 页。

官员、中央政府以及外资银团在其中所起的作用进行了考察[1],马陵合(2001)进一步讨论了近代中国铁路借款观念变迁与铁路外债所具有的非经济功能[2]。有关国内资本在近代铁路中的投资,尽管民间资本占铁路投资比例仍然较低且投资过程屡遭挫折,但由于其"鸡鸣不已"的特征而受到宓汝成(1994)[3]的重视;庞广仪(2008)则探讨了晚清政府和商民在粤汉铁路投资中的合作与纷争[4];马陵合(2011)利用浙赣铁路筹款过程,考察了近代华资银行投资铁路的创新模式——债券质押贷款[5];黄华平(2006)则从民营铁路资金募集角度分析了清末民营铁路公司的衰败[6]。

近代铁路经营管理问题也日益受到学界的关注。张瑞德(2020)主要从外部政治压力、内部管理体制、人事组织关系等方面分析了近代铁路管理制度。[7] 朱从兵(2015)采用量化方法考察了北洋政府的铁路经营效率,发现北洋政府时期的铁路运输效益不低于南京国民政府时期,这极大地挑战了传统认为北洋政府时期铁路运输效益低下的观点。[8] 杨玄博(2012)、车辚(2014)对具体铁路经营绩效进行了分析。[9] 影响铁路经营绩效的运价政策、制度以及铁路联运制度等问题也成为学者们关心的热点。宋希斌和熊亚平(2012)、熊亚平和安宝(2012)、黄华平(2010)考察了铁路货等运价制、联运制度发展过程及

---

[1] 张庆锋:《论盛宣怀与卢汉铁路筹款》,《河南大学学报(社会科学版)》2005 年第 2 期,第 110—113 页;黄耀华:《张之洞与湖广铁路借款》,《南昌大学学报(人文社会科学版)》2008 年第 4 期,第 117—121 页;张九洲:《论甲午战后清政府的铁路借款》,《史学月刊》1998 年第 5 期,第 43—48 页;夏良才:《四国新银行团和湖广铁路续借款案》,《近代史研究》1987 年第 6 期,第 50—69、142 页。

[2] 马陵合:《晚清铁路外债观初探——以芦汉铁路为中心》,《史学月刊》2001 年第 6 期,第 77—82 页。

[3] 宓汝成:《中国近代铁路发展史上民间创业活动》,《中国经济史研究》1994 年第 1 期,第 66—89 页。

[4] 庞广仪:《晚清政府与商民在粤汉路事上的合作与纷争》,《苏州大学学报(哲学社会科学版)》2008 年第 5 期,第 106—109 页。

[5] 马陵合:《债券质押贷款与近代华资银行投资铁路模式——以浙赣铁路为中心》,《中国经济史研究》2011 年第 2 期,第 52—60 页。

[6] 黄华平:《20 世纪初中国民营铁路兴衰及原因探究》,《哈尔滨学院学报》2006 年第 12 期,第 100—103 页。

[7] 张瑞德:《中国近代铁路事业管理研究:政治层面的分析(1876—1937)》,中华书局 2020 年版。

[8] 朱从兵:《北洋政府时期中国铁路之数量分析》,《江汉论坛》2015 年第 11 期,第 76—82 页。

[9] 杨玄博:《沪杭铁路客运业务研究——以 1928—1937 年为例》,《三峡大学学报(人文社会科学版)》2012 年第 3 期,第 100—105 页;车辚:《民国时期个碧石铁路的经营情况分析》,《广西师范学院学报(哲学社会科学版)》2014 年第 4 期,第 143—148 页。

其对于铁路发展和经营绩效的影响。[1] 黄华平(2015,2017,2018a,2018b)始终关注民国时期铁路运价及运价政策变动对相关产业和区域经济的影响。[2] 叶舒(2020,2021,2022)、李强(2020)重点关注铁路运输制度和转运公司、铁路物流的运行绩效、演变过程等。[3] 除此之外,铁路经营管理中的政治因素也受到了部分学者的关注。如张瑞德(2020)从政治环境视角出发,探讨 1876—1937 年铁路事业的组织运作、人事管理等内部管理问题[4];马陵合(2019,2020,2023)分别从铁路管理法律条例、管理机构设置等角度,重点考察中央和地方权力博弈对铁路管理制度、体制和机构的影响[5];罗桂生(2022)、张玲玉(2022)则分析了道清铁路货捐、浙路风潮中的中央、地方、货商、民众等各方势力之间的博弈[6];马陵合和吴方(2019)以及杜晓梅和段海龙(2022)分别对北洋政府时期技术官僚和南京国民政府铁道技术标准审订委员会等有关铁路管理的特定群体和机构进行考察[7];王星光和张裕童(2023)描述了清末郑州黄河铁路

---

[1] 宋希斌、熊亚平:《近代中国铁路货等运价制度变迁初探(1915—1937)》,《兰州学刊》2012 年第 7 期,第 47—51 页;熊亚平、安宝:《民国铁路联运制度与铁路运输业的发展——以 1913~1933 年间的华北各铁路为中心》,《史学月刊》2012 年第 7 期,第 102—109 页;黄华平:《民国铁道部与近代铁路联运》,《重庆交通大学学报(社会科学版)》2010 年第 1 期,第 19—22 页。

[2] 黄华平:《20 世纪 30 年代的铁路运输与农村复兴》,《兰州学刊》2015 年第 9 期,第 76—81、88 页;黄华平:《20 世纪 30 年代国有铁路"民生主义"运价政策施行的动因》,《江西社会科学》2017 年第 12 期,第 155—163 页;黄华平:《20 世纪二三十年代津浦铁路客货运价的变动及其影响》,《聊城大学学报(社会科学版)》2018 年第 3 期,第 9—16 页;黄华平:《铁路运价在近代"国煤救济"中的运用》,《史学月刊》2018 年第 7 期,第 85—93 页。

[3] 叶舒:《从照搬西方模式到探索本土发展路径:近代铁路物流的演变轨迹(1901—1937)》,《科学·经济·社会》2022 年第 6 期,第 62—74 页;叶舒:《从三份民间文献看铁路转运公司的收入问题——兼论铁路货物运输制度的发展(1901—1937 年)》,《历史教学(下半月刊)》2021 年第 8 期,第 28—37 页;叶舒:《铁路与物流近代化:民国铁路转运公司运作实态(1912—1936)》,《湖南社会科学》2020 年第 6 期,第 160—168 页;李强:《路政统一视野下的近代铁路负责运输制度及其绩效》,《安徽师范大学学报(人文社会科学版)》2020 年第 2 期,第 98—106 页。

[4] 张瑞德:《中国的代铁路事业管理研究:政治层面的分析(1876—1937)》,中华书局 2020 年版。

[5] 马陵合:《集权抑或分权:清末地方铁路管理机构设置的困境》,《南通大学学报(社会科学版)》2019 年第 6 期,第 84—93 页;马陵合:《近代地方铁路发展的制度基础与约束机制——以〈公营铁道条例〉为中心》,《民国档案》2020 年第 1 期,第 65—77 页;马陵合:《近代中国铁路制度与功能的演进——基于中央与地方的关系》,社会科学文献出版社 2023 年版。

[6] 罗桂生:《道清铁路货捐问题研究》,《西南交通大学学报(社会科学版)》2022 年第 6 期,第 84—93 页;张玲玉:《浙路风潮中的诸权之争》,《法学研究》2022 年第 5 期,第 190—206 页。

[7] 马陵合、吴方:《北洋时期技术官僚在产业行政中的定位——以铁路管理制度变革为背景》,《社会科学研究》2019 年第 6 期,第 135—144 页;杜晓梅、段海龙:《南京国民政府铁道技术标准审订委员会述评》,《山西大同大学学报(自然科学版)》2022 年第 2 期,第 98—104 页。

大桥建设中铁路部门和河政部门的冲突[1]。

当前学术界关注的焦点则是铁路对近代中国经济的短期和长期影响。历史学者侧重于考察不同铁路对沿线地区农业、工矿业、商业以及城市化的促进作用。[2] 而随着GIS技术以及计量方法在经济史研究中的应用,铁路对近代经济产生影响的各类机制也逐步被学者所重视并识别。例如,李楠(2010)使用量化方法考察了铁路对近代东北移民人口流动的促进作用[3];林矗(2015)认为,铁路的开通有利于劳动力市场整合的政策,缩小区域间的工资差异,从而缓解工人的经济罢工行为[4];颜色和徐萌(2015)指出,正是清末铁路修建削弱了基于传统商路联系的市场整合程度,而提高了基于铁路连接的区域间的市场整合程度[5];刘煜泽和雷鸣(2021)对民国前期山西粮食市场的考察发现,铁路对于大宗商品市场整合具有显著效果[6]。王辉等(2014)研究发现,清末民初铁路修建使得铁路通过县的现代经济发展水平比临近非铁路通过地要高20%,这一长期经济促进作用的影响机制在于铁路提高了通过地的长期教育水平、企业生产率和城市化水平。[7] 梁若冰(2015)指出,铁路加强了通商口岸对经济的辐射作用,口岸首先促进了外资企业的增长,之后铁路将这种影响扩展到民营

[1] 王星光、张裕童:《路政与河政的纠葛:以郑州黄河铁路大桥为中心(1903—1937)》,《史学月刊》2023年第3期,第73—90页。

[2] 张瑞德:《平汉铁路与华北经济发展(1905—1937)》,中华书局2020年版;江沛、程斯宇:《安奉铁路与近代安东城市兴起(1904—1931)》,《社会科学辑刊》2014年第3期;江沛、陈夏琼:《京汉铁路与近代漯河城市的初兴》,《中州学刊》2014年第2期;熊亚平、任云兰:《铁路与沿线地区城乡经济关系的重构——以1888—1937年间的石家庄、郑州、天津为例》,《安徽史学》2009年第3期;丁贤勇:《浙赣铁路与浙江中西部地区的发展:以1930年代为中心》,《近代史研究》2009年第3期;葛玉红:《沪宁铁路与近代江苏城市空间演变述论》,《江苏社会科学》2013年第5期;马义平:《近代铁路兴建与豫北城镇的兴衰》,《中州学刊》2013年第7期;刘晖:《铁路与近代郑州棉业的发展》,《史学月刊》2008年第7期;翟戏娟、陶荣:《沪杭铁路与沿线区域经济变迁(1912—1937)》,《民国档案》2023年第1期;易丙兰:《铁路与东北的现代化进程——以奉系自建铁路为中心的考察》,《中国边疆史地研究》2021年第2期;顾万发:《铁路、市场与禁毒——近代郑州烟毒业述论》,《史学月刊》2021年第12期。

[3] 李楠:《铁路发展与移民研究——来自1891—1935年中国东北的自然实验证据》,《中国人口科学》2010年第4期,第54—66、111—112页。

[4] 林矗:《铁路建设对经济罢工的缓解作用——基于中国近代经济史的定量研究》,《财经研究》2015年第5期,第112—122页。

[5] 颜色、徐萌:《晚清铁路建设与市场发展》,《经济学(季刊)》,2015年第2期,第779—800页。

[6] 刘煜泽、雷鸣:《民国前期山西省市场整合研究——以探讨电报及铁路对市场整合作用为中心的量化历史研究》,《中国社会经济史研究》2021年第2期,第62—75页。

[7] 王辉、刘冲、颜色:《清末民初铁路建设对中国长期经济发展的影响》,《经济学报》2014年第3期,第1—20页。

工业，同时铁路促进国际贸易，提高国内市场的整合程度，从而影响了近代工业化进程[1]；欧阳峣和易思维(2020)也有类似发现，并证明了铁路建设对新式教育的促进作用，从而以人力资本为途径促进了近代经济发展[2]。此外，柯丽莎(2023)通过对民国至今中国铁路发展的长阶段考察，从铁路组织视角出发，考察了铁路技术、铁路管理、市场贸易、人口迁移等问题，并展示了经济社会发展和铁路发展之间的双向关系。[3]

三、近代铁路发展思想相关研究

基于思想史角度研究近代铁路问题，其研究对象可以分为两类：一是从铁路发展史上的重要人物入手，如李鸿章、刘锡鸿、盛宣怀、梁士诒、孙中山、詹天佑、张嘉璈等，考察其在近代铁路的兴办、规划、资金筹集及修筑过程中的政策主张与行为，揭示和反映其铁路发展思想；二是从政府铁路政策，特别是对外资、民间资本经营铁路问题的相关政策与制度，来考察其背后蕴藏的铁路发展思想。由于近代铁路问题不只是单纯的经济问题，更是社会和政治议题，因此，关于政治人物与铁路建设之间关系的讨论，特别是政治人物对铁路建设中利用和引进外资的态度成为研究关注的重点。例如，任云兰和熊亚平(2009)、李玉(2015)分析和解构了保守派著名代表刘锡鸿对于修建铁路的态度[4]，而对洋务派代表人物李鸿章、盛宣怀和张之洞的相关铁路建设思想的考察有高志华(2007)、黄华平(2012)、沈和江(2003)、魏明枢(2009)等相关成果[5]。关于其他政治人物如徐世昌、洪仁玕、张静江等对铁路发展的认识，也有一定数量的研

---

〔1〕 梁若冰：《口岸、铁路与中国近代工业化》，《经济研究》2015 年第 4 期，第 178－191 页。

〔2〕 欧阳峣、易思维：《近代铁路、新式教育与经济发展——中国近代铁路影响经济发展的实证研究》，《湘潭大学学报(哲学社会科学版)》2020 年第 5 期，第 58－67 页。

〔3〕 [德]柯丽莎：《铁路与中国转型》，金毅译，江苏人民出版社 2023 年版。

〔4〕 任云兰、熊亚平：《保守中的趋新——刘锡鸿反对修建铁路思想之再分析》，《学术研究》2009 年第 9 期，第 122－128 页；李玉：《接收而不接受——铁路知识的供给与刘锡鸿的选择》，《安徽史学》2015 年第 4 期，第 25－32 页。

〔5〕 高志华：《李鸿章与中国早期铁路》，《学术界》1999 年第 3 期，第 72－77 页；黄华平：《李鸿章与关东铁路的筹议和兴筑》，《贵州文史丛刊》2012 年第 4 期，第 38－44 页；沈和江：《李鸿章早期“自我兴办”铁路思想的形成》，《历史教学》2003 年第 11 期，第 60－63 页；魏明枢：《张振勋与芦汉铁路的筹建》，《史学月刊》2009 年第 5 期，第 91－100 页。

究。〔1〕朱从兵(2013)另择视角考察了晚清宫廷的铁路观念。〔2〕孙中山在实业计划中对中国铁路发展的系统性思考和创见也成为学界研究的热点,关于其铁路规划、引进外资等问题均有较多学者讨论。〔3〕近代铁路作为新鲜外来事物,具有重大的社会经济价值,对近代开眼看世界的中国人形成了巨大的冲击。社会各界对于铁路的认识,如是否要修建铁路,以及采取何种政策等问题,也成为学者关注的热点。〔4〕崔志海(1993)、朱浒(1999)、李学峰(2014)等研究了晚清政府铁路政策的出台与背后的演变过程。〔5〕

从研究内容上看,铁路融资思想特别是外债和内债观念的讨论是其中的重点,讨论的频率远高于铁路的经营管理、线路规划等问题。这里主要有几个原因:首先,铁路的融资方式和来源影响铁路产权构成方式,产权构成与主体会从根本上影响铁路的经营管理目标、方式和效果;其次,铁路融资方式具有多重性质,不仅涉及经济问题,也同近代中国的政治环境、思想观念等社会文化问题密不可分;最后,铁路融资方式牵涉到的铁路政策即宏观铁路管理制度具有重要的现实启示价值。因此,诸多学者对铁路融资思想分别从社会思想史、经济思想史、观念史、政治史等具体角度展开多重视角的讨论。

整体看来,关于铁路发展思想的讨论是不足的,不仅讨论的主题较为单一,而且研究方法多数为传统历史学的描述或归纳分析方法,而较少采用定量的手段。研究也较少从经济要素和理论视角切入,讨论多数描述了思想或者政策本身的变化过程,忽略了思想和政策背后的驱动因素,理论深度较为缺乏,同时思

〔1〕丁英顺、国晖:《试论洪仁玕的铁路思想》,《石家庄经济学院学报》2012 年第 2 期,第 117—119 页;谭备战:《张静江与近代浙江陆上交通建设》,《中国社会经济史研究》2011 年第 2 期,第 79—89 页;苏全有、李惠:《徐世昌与清末津浦铁路》,《鲁东大学学报(哲学社会科学版)》2011 年第 3 期,第 1—7 页。

〔2〕朱从兵:《晚清宫廷的思想动态与铁路兴办(1865—1889)》,《学习与探索》2013 年第 3 期,第 145—154 页。

〔3〕马坤:《〈建国方略·实业计划〉中交通救国思想研究——以铁路、港口为例》,《文化学刊》2021 年第 7 期,第 253—255 页。

〔4〕马陵合:《从救国至治国:国家视野下的近代中国铁路功能演化》,《学术月刊》2018 年第 6 期,第 166—177 页;邹进文、黄范文:《民国时期运输经济思想研究——以留学生英文博士论文为中心》,《中国经济史研究》2022 年第 4 期,第 135—144 页;王昉、张铎:《民国时期铁路规制思想的发展与演变——基于 1912—1937 年中华全国铁路协会刊物的考察》,《中国社会经济史研究》2020 年第 1 期,第 61—71 页;雷环捷:《交错的"铁道":近代中日铁路认知的互动》,《自然辩证法研究》2021 年第 10 期,第 105—111 页。

〔5〕崔志海:《论清末铁路政策的演变》,《近代史研究》1993 年第 3 期,第 62—86 页;朱浒:《甲午战争以前清政府的铁路政策》,《清史研究》1999 年第 2 期,第 71—78 页;李学峰:《载沣与清朝末年的铁路政策》,《史学月刊》2014 年第 8 期,第 33—41 页。

想和政策之间的互动关系也甚少涉及。因此，当前有铁路史专家认为："如果经济史视角的铁路史研究稍显枯燥的话，那么，政治史、思想史视角的铁路史研究则会显得生动、丰满而精彩，可以说，政治史、思想史视角的铁路史研究是铁路史的血肉。从思想史的视角研究铁路史，目前尚无系统的专著，此为一大学术缺憾。思想史视角研究铁路史的内容主要有三个方面：一是为什么要建设铁路的问题，这需要探讨中国近代的先进分子对铁路建设必然性的认识，这种必然性可分解为必要性、可能性和紧迫性。可以说，铁路建设的必然性问题是铁路建设处于起步阶段必须解决的中心问题。二是如何建设铁路的问题，从铁路建设的制度安排到具体环节，都有一个认识的过程，这种认识的过程与中国近代铁路建设的实际进程之间存在着互动的关系。三是如何管理、运营铁路的问题，如何更好地发挥铁路的功能。"[1]

第四节 研究思路与方法

一、研究方法

(一)整体史观的研究方法

整体史观包含两层含义：一是"从宏观视角把握历史的全貌，通过将具体研究对象置于整体史之中，注重研究对象与其他现象之间的联系"；二是"以小见大，以具体研究反映大的问题意识"。[2] 通过整体史观，我们可以避免"一叶障目"，过分地沉浸在史学的碎片化研究之中，而忽视了事物之间的一般联系与具有宏大影响、推动历史运动的重要因素。整体史观是马克思主义经典作家和年鉴学派常用的重要研究方法，例如，马克・布洛赫认为："文明同人一样，决不像机械排列的单人纸牌游戏，就事论事、支离破碎的认识决不会导致对整体的认识，它甚至对部分也不能认清。"[3]同时，整体史观也为中国传统历史学者所重视，如梁启超指出，"历史是整个的、统一的。无论研究任何专史，都要看它放在中国全部占何等位置，放在人类全部占何等位置。此一群史迹不能与他群史迹

[1] 朱从兵：《中国铁路史研究方法漫谈》，《社会科学辑刊》2017 年第 4 期，第 113 页。

[2] 李金铮：《整体史：历史研究的"三位一体"》，《近代史研究》2012 年第 5 期，第 25 页。

[3] [法]马克・布洛赫：《历史学家的技艺》，张和声、程郁译，上海社会科学院出版社 1992 年版，第 113 页。

脱离关系而独立存在,亦犹全社会中此一群人常与他群人相依为命也。故欲明一史迹集团之真相,不能不常运眼光于集团以外”[1]。思想并不是超越历史背景而单独出现的,并且历史现实中的政策、制度往往由某些思想所影响,进而影响了历史发展轨迹。因此,以整体史观作为观察视角,更能够观察思想与实践之间的双向互动关系。

尽管本书所研究的铁路经济思想仅仅是交通经济思想在铁路这一具体领域内的映射,也只是近代铁路史的一个侧面,远说不上是一个足够宏观的话题,但对于这个稍显细微的话题,整体史观仍有其适用之处。

本书使用整体史观视角主要体现在两处。其一,近代铁路由于其外部性特征而成为一个复杂的综合性问题,铁路制度与思想的创建、演变过程不仅是经济学领域的内容,也涉及近代政治、社会等诸方面。例如,铁路网规划的出台是中外政治势力相互博弈发展的产物,规制、联运、运价政策等问题也受到国内政治与社会发展问题的约束。如果不能基于整体史观进行考察,那么对铁路经济思想发展规律的总结及其背后根源的分析,则会“一叶障目”。故本文通过使用整体史观考察影响近代中国国家能力的诸多因素与铁路发展思想之间的互动,整理出近代铁路发展思想的内在逻辑线索。其二,从全球史的视角比较中国和印度近代铁路发展思想之间的差异,从而更好地评价近代中国铁路发展思想。

(二)历史描述与逻辑归纳相结合

历史描述既是对认识对象本身发展的描述,也是对认识对象和认识过程的描述;逻辑归纳则是基于经济学理论、工具以及方法归纳出相关的概念、规律与特征。通过对中国近代以来铁路发展史以及铁路经济思想本身的发展过程进行全面梳理和描述,分析铁路经济思想中规划、规制、经营管理以及产业溢出等内容,总结出其阶段性特征与发展规律;并结合区域经济学以及制度经济学等理论,分析和评价铁路经济思想演变的根源;同时,使用计量史学的方法对思想实践进行绩效评价与理论检验。

(三)跨学科的研究方法

对近代铁路经济思想的研究必须坚持跨学科研究方法,这是由铁路运输经济学本身的学科特点所决定的。铁路运输经济学要研究微观层面与宏观层面铁路经营管理所面临的各类问题,涉及线路规划、运价制定、铁路公共效益、经

---

[1] 梁启超:《中国历史研究法》,中华书局 2009 年版,第 141－142、173－174 页。

营绩效等。铁路运输经济学在其发展过程中，逐步突破其学科研究对象与研究范式，从原本只考察铁路经营管理的技术经济问题，逐步扩展到铁路与区域、产业关系的宏观经济管理领域，研究方法也愈发融入经济学主流范式。这使得运输经济学开始具备交叉学科的特点。

在研究中，我们不能单纯地就思想本身谈思想，而必须将思想进行系统理论化，特别是发掘其背后的理论要素并基于这些要素进行理论分析。只有坚持对思想的理论分析，才能提炼出超越其时代性的思想内涵与本质，具有理论价值和普适特征。由于铁路经济问题涉及铁路规划、经营、管理以及规制政策等诸多领域，因而在研究中必须坚持交叉学科导向，充分利用规制理论、区域经济学来提炼和分析近代铁路经济思想中的现代经济理论要素，进一步分析其中的合理有效部分并抛弃错误成分。另外，铁路发展最关键的问题在于铁路制度政策本身所具有的内生性、延续性。利用制度经济学的制度变迁理论，分析制度的形成与变迁，可以厘清近代铁路经济思想的分析框架与逻辑脉络。因此，本书第三章和第四章使用产业经济学和区域经济学理论分析近代有关铁路产业联动和区域溢出效应思想；第五章利用规制理论对铁路产业组织政策进行研究；第六章利用制度变迁理论讨论铁路联运制度思想的变迁。

（四）历史计量学

对民国铁路经济思想的讨论，需要定量地考察其发展过程与阶段特征。利用文献统计方法对搜集到的相关文献进行分析整理，无疑能够帮助我们更好地实现此目的。另外，近代特别是民国时期所诞生的丰富的铁路经济思想对于当时及当前铁路发展具有实践价值和历史意义，同样也可以为铁路与经济发展讨论提供实证证据。因此，我们将思想史与经济史的研究方法结合起来，同时采用历史计量学的研究方法进行政策效果回归分析。在本书第三章和第四章，我们定量地考察了近代铁路建设对产业和区域经济发展的作用，也为本研究就铁路发展思想所作的理论层面的考察提供了后验证据。

二、研究材料

为了系统考察近代铁路经济相关的思想变化发展过程，我们首先搜集和整理了民国时期铁路发展相关史料（见表 1.1）。

表 1.1　近代重要铁路经济思想史料统计

资料类别	示例	资料形态	馆藏地
民国时期铁路史料汇编	《中国近代铁路史资料1863—1911》《民国文献资料丛编:路政编》《民国铁路史料续编》《民国铁路史料汇编》《中华民国铁路史资料》《民国时期铁路史料续编》等	纸质档案	国家图书馆、读秀数据库
铁路学术团体出版物	《铁路杂志》《铁路协会月刊》《铁路协会会报》《交通经济汇刊》等	电子档案,纸质档案	国家图书馆、大成老旧期刊全文数据库、中国近代报刊原文影像数据库
个人著述	张嘉璈的《中国铁道建设》、孙科的《中国革命后之新建设》等	微缩文献	国家图书馆
一般大众刊物	《申报》《字林西报》《东方杂志》等	电子档案、纸质档案	大成老旧期刊全文数据库、中国近代报刊原文影像数据库
民国时期社会经济统计资料	《东北年鉴》《东三省纪略》《北满与东省铁路》《民国史料丛刊》等	电子档案、纸质档案	上海图书馆、上海财经大学图书馆

第一部分是常见的铁路史资料,包括《中国近代铁路史资料 1863—1911》《民国文献资料丛编:路政编》《民国铁路史料续编》《民国铁路史料汇编》《中华民国铁路史资料》《民国时期铁路史料续编》等。现有铁路史学者也大多利用这些资料开展研究,其中较多的是就某一问题的史料进行整理和归纳,而对这些内容的理论分析及长时段考察相对较少。事实上,在这些史料中,有大量关于铁路政策和制度史的内容,对其应用产权理论或者制度经济学进行相关理论分析,可以更好地考察铁路制度变迁过程以及识别思想与政策之间的互动机制。

第二部分是本书的核心资料——近代铁路学术团体的出版物,主要包括民国时期中华全国铁路协会刊物《铁路杂志》《铁路协会月刊》《铁路协会会报》、交通部发行的《交通月刊》《交通公报》以及铁道部所属的《铁道》《铁道(半)月刊》等报纸与杂志。现有研究较少关注这一部分史料,或仅仅使用其中部分文章,对于这些刊物的长期归纳整理工作尚未开展。民国时期铁路学术团体的活动是随着近代铁路发展而出现的新现象,学术共同体及其研究刊物的出现,促进了铁路知识的传播和更新。得益于铁路领域大量前沿的外国文献的引进,国内铁路实践经验能够以此为平台进行交流。更重要的是,通过学术团体对铁路规划、经营、管理、产业政策等问题的系统性研究，近代铁路研究逐步摆脱了其作为政治论述的从属地位，开始进入正规化和学术化的研究路径。

第三部分则是铁路发展史上重要人物的个人著述，主要包括孙中山、曾鲲化、张嘉璈、孙科等人的文集或著作中关于铁路问题的思考。

第四部分则是一般大众刊物，如《申报》《字林西报》《东方杂志》等。作为近代中国的主要舆论阵地，这类刊物由于其综合性刊物的定位而并未系统或者大量刊载铁路相关话题的文章，但是，由于铁路在近代中国具有特殊的地位，且近代有关铁路的政治事件层出不穷，如“保路运动”“中东路事件”与“胶济铁路赎回案”等，因而铁路作为社会关注的焦点也必将在这类刊物上有所反映。这类刊物与其他资料进行对比，更能反映就某一话题讨论所反映出的不同市场主体的铁路经济思想差异，同时置之于整体史视角下，也可以清楚反映出社会舆论与专家建议对于铁路政策形成的不同作用机制。

第五部分是社会经济统计资料。由于本书是经济思想史和经济史相结合的研究，会对某些铁路经济政策进行一定的评估，从而对相关铁路经济思想的现实价值进行证明或者证伪，因此，近代与铁路相关的社会经济统计资料是十分重要的。特别是东北地区，由于特殊的历史政治原因，其铁路产权主体多元化，当地存在大量基于铁路的微观调查资料，例如满铁调查部和伪满洲国组织实施的一系列调查统计，可以帮助我们去度量和评估铁路经济问题。因此，本书也搜集了相关的资料，如《东北年鉴》《东三省纪略》《北满与东省铁路》《民国史料丛刊》等。

三、研究思路

本书将理论分析和实证分析相结合，基于整体史观的视角，以区域经济学、规制理论和制度经济学为理论基础，使用文献统计学的方法、逻辑分析法与历史演绎法对 1863—1937 年中国铁路经济思想进行系统性梳理，并使用历史计量学中的回归分析方法考察和评估诸多铁路经济思想和政策对近代铁路与经济发展的影响。

从研究思路来看，本书主要考察近代铁路经济中的四个重要问题，即铁路线路规划、铁路规制政策、运价与联运制度，以及铁路与产业发展问题。之所以选择这四个问题，有两个原因：其一，这四个方面是铁路发展的基本内容，涵盖了铁路从兴建时期的线路规划到建设运营期间的宏观经营管理，如运价、规制和联运;其二,这四个问题囊括了铁路企业内外相联系的各个方面,如监管层面的规划和规制、与同市场内其他企业产生关联的联运,以及对市场外其他行业产生影响的溢出效应。因此,通过对这四个方面的考察,就可以较为全面地梳理与分析民国时期铁路经济思想。

在分析思路上,本书采取时间线索与逻辑线索并重的思路。在近代铁路经济思想发展的过程中,随着西方铁路知识的引入和中国铁路建设经验的积累,中国铁路经济思想整体的发展趋势是随着时间变迁而不断提升的。但这并不意味着近代铁路经济思想和时间是一种线性关系。某些思想的提出可能超越了当时的现实条件,但又受限于社会经济发展水平而并未得以实施。随着铁路经济的发展和认识的提升,这些思想可能又被重新发掘,赋予了新的内涵从而具备了现实和理论价值。因此,在研究线索中,对于铁路经济思想的整理不仅需要按照时间顺序归纳出其阶段性特征,更需要对思想发展的逻辑过程进行梳理。

本书首先对近代铁路经济思想进行分类,将之划分为规划、经营管理、规制和产业联动四个不同主题,对这些思想重要内容进行剖析从而获得其理论要素,并把握铁路经济思想的理论逻辑和阶段特征;进而对这些思想相关的经济背景、理论和制度背景进行考察,从制度与思想的互动以及政府与市场的角色的视角考察思想与政策、制度的正负反馈机制;最后对其中付诸实施的思想进行量化考察,进而分析其现实应用价值。本研究的技术路线参见图 1.6。

本书的章节安排如下:第二章主要从铁路史的视角阐述近代铁路的发展与铁路经济研究的兴起过程,从而让读者对近代铁路经济研究主体、研究内容、研究范式、关注的热点及其历史背景形成初步的印象。之后的第三章到第六章是本书的核心章节。第三章侧重于考察铁路规划思想以及基于铁路的区域经济发展思想。该章将从宏观和微观的视角,分别考察铁路规划思想在近代从"商务开发"到"开拓富源"主导思路的变迁,并利用民国时期东北地区的数据来描述铁路对于边疆开发与城市化进程的影响,作为检验民国时期盛行的利用铁路开垦边疆的思想的政策实践。第四章从铁路对产业结构影响的角度,讨论学者们对铁路建设必要性的相关认识。首先通过对铁路与农村经济问题的考察,发现促进农业发展的内在机制是农业商品化以及人口区域性和产业性转移;之后在对铁路促进工业发展思想的讨论中,考察了学者们利用铁路投资促进上游产业发展以及利用运价政策推动横向工业化的主张;最后使用中国东北地区的数

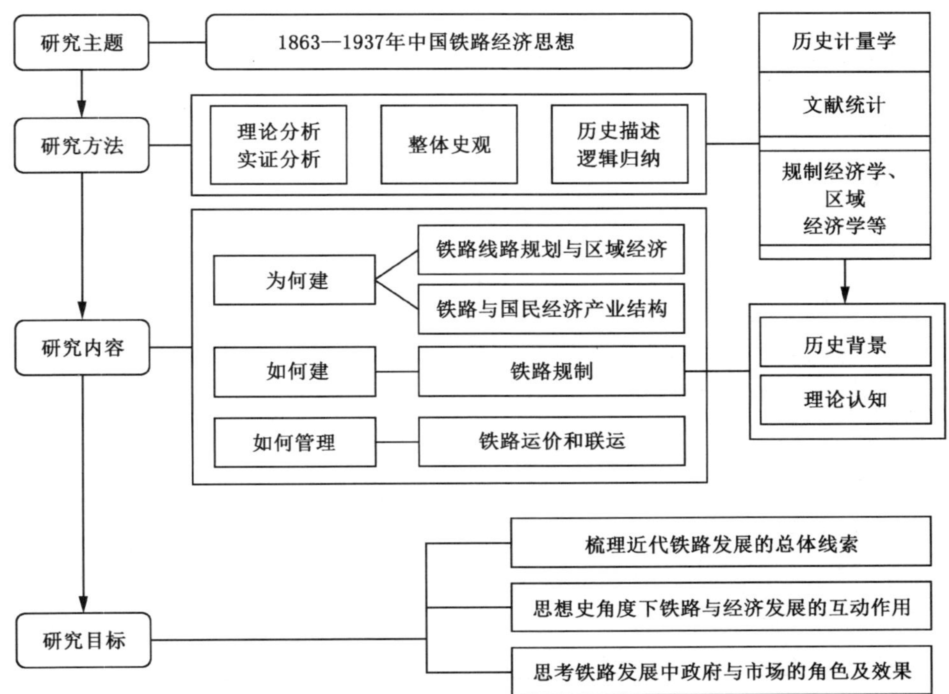

图 1.6 本书的技术路线

据检验了铁路促进工业化的政策效果。第五章主要从政府和民间资本关系的角度分析铁路规制思想和政策的形成过程,从晚清时期在铁路规制问题上出现铁路国营和民营的分歧,中华民国成立后的北京政府时期围绕是否采用铁路“直接规制”的争论,到南京政府时期“经济性规制”和“社会性规制”并行的思想发展历程,本书利用规制理论分析了学者关于铁路发展模式讨论所反映的思想变迁路径。第六章是有关铁路经营与管理思想的研究。该章首先讨论了近代铁路经营中重要因素——运价的理论基础、政策变迁,之后阐述了民国时期铁路管理体制中的重要制度——联运制度的发展变迁。第七章是对全书的总结。第一节从政府与市场角度重新审视铁路经济思想的变迁过程,发现铁路公共品性质与国家能力之间的反身性是近代以来铁路经济思想的总体线索,并指出近代铁路经济思想对当前铁路改革具有一定的借鉴意义;第二节是在当前新发展格局下对铁路客货运发展方向之争的再讨论;第三节则将 1937 年之前的中国铁路发展思想与印度的铁路保证制进行横向对比,指出国民政府时期学者所提出的铁路政策是其基础上的补充与完善。

四、本研究存在的难点与不足

虽然本书在文献、研究方法和将经济史与经济思想史结合等方面尽力而为,但仍难免存在一些难点与不足,有待未来进一步完善。

首先在研究对象方面,本书的铁路经济概念更加偏重于其广义概念,即铁路影响要素、市场、区域经济和产业结构方面。这样可以从更加宏观与普遍的意义上对铁路经济思想全貌进行梳理,也方便经济学者理解和认识。但由于铁路具有很强的技术经济特点,特别是具体的技术、经营管理制度等问题,受限于笔者的知识范围,并未能够给予足够的关注。而近代以来特别是民国时期随着铁路的快速发展,特别是专业铁路学术团体的成立,有关铁路技术经济问题的研究是非常活跃的,也构成了当时铁路经济研究的重要部分。这导致本书在研究广度上存在缺憾,当然也为之后的研究提供了余地和可能。

其次在史料整理上,当前仍不断有铁路史文献被发现和挖掘,尽管本书已尽可能搜集了市面上现有的系统性铁路史丛编或者汇编资料,以及挖掘了民国时期铁路学术团体的一手出版物,但由于时间久远,一些资料保存不全,导致材料缺失现象普遍存在,这也对系统性、长周期研究形成了挑战,造成了缺憾。另外,微观铁路公司史料以及民国政治人物相关档案的发掘和利用仍不充分,这就导致笔者对于铁路政策出台的运作机制、过程及思想背景等了解不够全面和深入。

最后在理论分析方面,铁路经济涉及的经济学理论众多,包括制度经济学、区域经济学、产业经济学,也包括铁路公司内部治理、产权效率等微观命题,而近代社会各界对铁路经济问题的讨论不再限于经济学范畴,更是广泛涉及政治博弈、军事战略等议题。受限于笔者的知识结构与能力,本书仅基于经济史和经济思想史的视角研究铁路经济问题,梳理国家能力与铁路公共性之间的反身性线索,阐述近代铁路发展思想的演变过程,即便如此,仍不免在内容覆盖与理论深度上有所欠缺。

第二章　中国近代(1863—1937年)铁路与铁路经济研究的发展

第一节　1863—1937年中国铁路发展历程

一、晚清时期(1863—1912年)中国干线铁路网络的构建

(一)1863—1895年中国铁路萌芽期

自从1825年史蒂芬森的“运动号”蒸汽机车驶上斯托克顿和达林顿之间的铁轨后，世界范围内基于铁路的交通网络呈现出更加快速、便捷和高效的趋势。伴随19世纪开始的世界一体化进程，中国也逐步卷入世界铁路建设热潮中。通观这一时期的中国铁路建设史，可以清晰地发现中国铁路建设是在外部力量的冲击和推动下进行的。

1863—1895年，中国铁路发展处于萌芽期。尽管受到外在力量的一定冲击，但中国传统保守势力仍然较强，内部改革派推动铁路建设的想法多被阻挠、拖延，铁路建设未在全国范围内形成共识，导致这段时期铁路建造速度甚为缓慢。1840年鸦片战争后，西方各国企图利用铁路将中国与其殖民地连接，将中国市场与世界市场整合，于是在中国商人、中央和地方政府间多次游说，试图在中国境内筹办铁路。从1863年开始，英商谋求在上海与苏州间铺设铁路，就是这种努力的开端。同年，怡和洋行又将凭借修建印度铁路而闻名的英国铁路专家麦克唐纳·史蒂文生(MacDonald Stephenson)请来中国，考察并规划中国铁

路网。1865 年,英商分别在北京和天津架设了实验性质的小铁路,以吸引和宣传铁路的优势,英国蓝迅-瑞碧(Ransonmess & Rapier)公司冀图在同治皇帝大婚时赠送“婚礼铁路”,以游说清朝皇室。这些努力受到当时中国政府与民间上下的普遍反对。

英国商人 1872 年在上海修筑了一条吴淞铁路,这是中国铁路建设的开端。然而在中国社会各界的坚决反对下,这条铁路于 1876 年为中方赎回并拆毁。进入 19 世纪 80 年代,在清政府洋务派官员的推动下,中国开始自办铁路,其中因开平矿务局和基隆煤矿运输需要而筹办了唐胥铁路和台湾铁路。之后唐胥铁路进一步扩展成为从天津至奉天中后所的“关内外铁路”,全长 348 公里。台湾铁路则是刘铭传在任台湾巡抚时期为军事目的而修筑的,从台北到新竹全长 107 公里。1895 年前中国铁路线规模很小,建筑的线路也并非干线,并且尚未形成明确的铁路政策与经营管理机构来推动铁路发展,在此期间总理海军衙门负责管理国内铁路相关的事务。

(二)1895—1912 年主干铁路线的修建

1895 年中日甲午战争后,中国面临的外部开放压力增大,同时清朝统治者将甲午战败归因于缺乏铁路导致军队转运困难,于是内部改革派的呼声也随之增强。清政府迫于内外压力,于 1895 年冬发布“实力兴筑”铁路的上谕,决心建造津卢和卢汉铁路,并号召各省商贾设立公司,采取“官督商办”的体制修建铁路。但由于洋务运动时期“官权重而商利轻”,导致民间商人对此持观望态度。此时外国资本则趁机利用清政府迫切希望修建铁路却缺乏资金和技术的心理,获得了向中国铁路贷款并修筑经营的资格和权利。这一时期,铁路的修建以中央政府与外商直接签订铁路修建合同的模式进行。

1900 年后,清政府力行“新政”,支持民间资本对“农工路矿”等行业投资,希望“合各商之力,兴各处之路”。其成立商部衙门,将铁路事务划归该部专管。1903 年冬,颁布《铁路简明章程》,在该章程中明确告示铁路可以由外商兴办,故此时期铁路的修筑和经营绝大多数由外国资本直接或者间接控制。一直到 1911 年,中国主要的铁路干线如沪宁、粤汉、京奉、中东、柳太、滇缅铁路等陆续开工修建,共计 9 619 公里。这一时期官营资本、外国资本及本国民间资本在铁路修筑权上的争夺趋于激烈,也导致铁路政策反复更迭。民间出于“自保利权”,通过自由认股、强制集资以及举借外债等方式在 15 省相继成立各类商办铁路公司,并积极组织力量反对外国筹建的铁路,在此风潮之下,美国修建闽赣铁路、德国修建上海—乍浦—杭州以及法国修建福建铁路的努力均告失败;同时,中国绅商积极推动赎回粤汉铁路和浙、苏“废约拒款”运动,抵制外国资本。然而,因本国商人资本、技术实力以及管理经验均较为缺乏,实际上国内资本修筑铁路大多并不成功,如粤汉铁路虽由中方承建,但截至 1912 年仅完成了 5% 的路段;另外,政府铁路政策变动,将民营铁路贸然收归“国有”,导致民间利益受损,于是原本经济层面的事件上升至政治层面,引发了“保路运动”,直接加速了中国帝制的终结。截至 1911 年,中国新增 8 200 公里铁路中,外国直接修筑的有 3 700 公里,中国利用外资修筑的有 3 300 公里,中国自行修筑的为 1 200 公里。

二、民国时期(1912—1937 年)中国铁路网的完善

中华民国成立后,政府和民间进一步认识到铁路建设的重要性,积极修建铁路,以促进国家经济发展,加速政治与军事整合,拓边实垦。但如图 2.1 所示,1912—1927 年国内铁路建造速度放缓,其中原因有三:其一,民国时期中央政府人事变动频繁,导致铁路政策时有变化,中央政府与外国商定的铁路贷款常因此而搁浅;其二,地方势力的兴起导致全国大型铁路干线的统一规划、协调建设工作迟滞不前;其三,第一次世界大战的爆发,导致作为国内铁路建设重要资金来源的外国资本对华输出暂缓,影响了铁路建设速度。

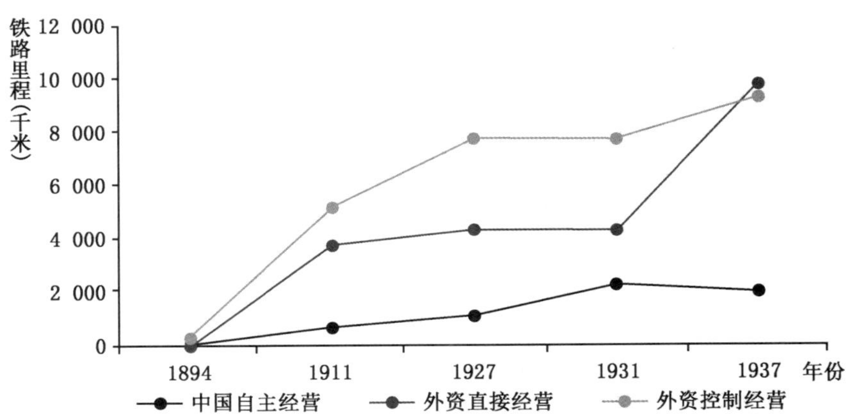

资料来源:严中平等编,《中国近代经济史统计资料选辑》,科学出版社 1955 年版,第 184—191 页。

图 2.1　近代中国不同资金来源的铁路里程变化

因此,1927 年前中国铁路建设呈现三个特征:其一,日本控制下修筑的东北地区铁路是这一时期外国修筑铁路的主要部分,这些铁路多是以南满铁路为主干所修筑的培养线,包括四洮线、天图线、洮昂线、金福线、吉敦线等,约 1 000 公里。其二,地方当局修筑地方铁路成为趋势,特别是东北当局出于同南满铁路竞争而修筑的大通、沈海以及呼海等铁路,以及云南锡务局利用官商合办方式修建的个碧石铁路,共计约 1 200 公里。其三,在原有线路基础上修建展筑线,如粤汉铁路向南北展筑 400 余公里,京张铁路展筑至归绥共计 400 余公里,陇海线汴洛段向东西延长 680 公里等。

1927 年南京国民政府成立后,设置铁道部专管铁路事务,任命孙科担任铁道部首任部长。孙科上任后开展了大规模的路务整顿,包括整理旧路、完善铁路管理制度、扩充铁路业务、整理铁路债务和工程改造等工作,并出台了《铁道法》作为铁路法制化建设的重要成果。

由于国民政府上台后面临日本入侵的战争压力,而铁路作为战时物资、人口的重要运输方式极具战略价值,因此,国民政府冀图凭借国家力量加速铁路的修建备战。国民政府沿袭孙中山的铁路国有方针,通过大量筹借外债来解决铁路建设中资金不足的问题。国民政府当局修建的铁路主要集中在江南地区,包括全长 1 004 公里的浙赣铁路、214 公里的淮南铁路、75 公里的苏嘉铁路及 332 公里的江南铁路。另外,在原有基础上,粤汉铁路株韶段和陇海铁路陕西段也陆续建成通车。东北地区在 1931 年"九一八事变"爆发前已筑成齐克、洮索等铁路干线约 300 公里,山西修筑了全长 977 公里的窄轨同蒲铁路。这一时期全国铁路修建共计 3 400 公里。

民国时期铁路地理分布极不均匀。截至 1937 年止,占全国土地面积 60% 的西南、西北地区铁路长度仅占关内铁路总长度的 6%;华北地区占 70%,长江以南地区则占 24%。如果将时间推移至 1931 年,则东北一地铁路里程占全国的 44%,长江以北地区约占 33%,长江以南地区为 17%,西南地区约为 6%。因此,长期以来中国的铁路建设呈现出东多西少、北重南轻的格局。

第二节　研究主体多元化与近代铁路研究的发展

一、近代铁路研究的发轫:政治人物的铁路发展观点

(一)1895 年前洋务派和传统势力关于是否兴建铁路的争论

19 世纪 80 年代,随着西方各主要资本主义国家经济的迅速发展,其对于中国投资铁路的热情进一步高涨,除英国外,法国、德国、美国均表达出通过各种形式修建铁路的意愿。而在清政府经历“同光中兴”后,洋务派如李鸿章、刘铭传等积极宣扬铁路之利,认为“自强之道……然其机括,则在于急造铁路。铁路之利于漕务、赈务、商务、矿物以及行旅、厘捐者,不可殚述”[1]。而反对派如刘锡鸿等人,反对铁路兴建的理由集中于四点:其一,“开铁路则必用火轮车,方可驰骋如飞。无论盘山塞水,占人田耶,毁人庐墓,沿途骚扰,苦累无穷”[2];其二,“此路一开,遂为外国火车独行之路,中国车马既难与之并驾齐驱,更不堪其横冲直撞,势将断绝往来,商民交困”[3];其三,“内地股匪未靖……遇此等惊世骇俗之举,趁机煽动,作梗生端”[4];其四,“设此铜线、铁路,需用数百万巨项,岂不徒事虚靡,是于外国人亦有损无益”[5]。因此,在这一时期,洋务派与守旧势力围绕铁路兴建的必要性进行了激烈的斗争。出于现实经济原因,清政府同意在边疆地区试办煤矿运输的铁路,但对中央腹地兴建铁路仍不予考虑。这一情况直到甲午战后才逐步逆转。由于甲午战争期间缺乏铁路进行兵员调运从而导致战败,因而战后“筑路救亡”遂成国策,铁路大规模建设开始加速。

(二)1895—1912 年铁路经办人的观点:盛宣怀和张之洞

甲午战后直至清末,随着铁路中央主管机构的成立,推进铁路建设成为朝野共识,但究竟选择何种路线成为朝野上下争论的热点,是否举借外债筑路成为朝野上下讨论的焦点。其中,政府高层的盛宣怀和张之洞分别担任铁路总公司督办和粤汉、卢汉铁路督办,作为清末铁路修建具体负责人,他们在铁路发展

---

〔1〕 刘铭传:《奏请筹造铁路以图自强折　光绪六年十一月初二日(1880 年 12 月 3 日)》,载于杜宏春辑笺《刘铭传文献汇笺(上)》,黄山书社 2020 年版,第 72 页。

〔2〕 两广总督毛鸿宾致总署函,同治四年三月十九日。

〔3〕 两广总督毛鸿宾致总署函,同治四年三月十九日。

〔4〕 宓汝成:《中国近代铁路史资料》第 1 册,中华书局 1963 年版,第 20 页。

〔5〕 宓汝成:《中国近代铁路史资料》第 1 册,中华书局 1963 年版,第 20 页。

路线上的认识和主张有着显著差异。

盛宣怀的铁路筹办策略有三:一是“筑路救亡”,速成南北干线,开发腹地经济以充裕国库,征调内地兵源以攘外安内、巩固疆域;二是“借款筑路”,在国际上募集资金、招聘优秀科技和管理人才,并有针对性地向不同国家“举借路债”,利用债权国之间的矛盾而居中制衡;三是“干线国有”,在确保官方对铁路兴建和经营主导权的前提下,借助“官威”化解矛盾,确保工程进度和经营效率,以便达到富国、强兵、戡乱、御外目的。而张之洞作为地方督抚的经历则使其更加担心筑路过程中的官民纠纷以及铁路代替漕运所导致的民工失业等问题,因此,他主张“民间筹股”“官督商办”之策,由此清末负责铁路事务管理者的关注重点在于铁路所有制政策。

(三)1912 年后铁路交通管理部门负责人的观点

民国时期,交通部和铁道部相继成立,负责铁路事务的处理。伴随着铁路事业的发展,越来越多的铁路专业人才进入中央铁路管理部门。这使得政府交通部门高层官员对于民国时期铁路发展问题的思考充分体现出其深厚的理论学养。北京北洋政府时期的交通部高层官员曾鲲化、叶恭绰等以及南京国民政府时期的孙科、张嘉璈等历任铁道部部长,他们不仅以交通部和铁道部为平台对铁路事业进行了各种形式的革新与推动,而且个人也从事铁路研究工作。例如,曾鲲化在《中国铁路现势通论》(1908)中深入分析了中国铁路发展过程中的各类管理问题;叶恭绰的《交通救国论》(1924)详细阐述了交通与国家的关系,提出了发展交通事业的建议;孙科在担任铁道部部长后以其父孙中山的《实业计划》为蓝本,发表了“铁路救国”的主张与计划;张嘉璈、曾鲲化均出版了中国铁路史方面的著作,对中国铁路发展历史进程进行梳理与反思。因此,这一时期政府高层铁路管理者对铁路的研究范围进一步扩大,涵盖铁路的线路设计、建设资金来源、铁路与经济双向互动关系以及铁路管理制度等内容。

(四)孙中山的铁路规划方案

在近代诸多政治人物中,对铁路的关注与研究最为知名者莫过于孙中山。其在 1894 年发表的《上李鸿章书》中就已有“凡为铁路之邦,则全国四通八达,流行无滞,无铁路之国,动粗掣肘,比之瘫痪不仁。地球各邦今已视铁路为命脉矣”[1]的认识。在 1897 年《中国的现在与未来》一文中,孙中山对中国铁路经

[1] 孙中山:《上李鸿章书》,《孙中山全集》第 1 卷,中华书局 1982 年版,第 14 页。

营低效率现象进行了分析,认为铁路国营是根本原因。其之所以如此重视铁路建设,归根结底在于"有效的、安稳的、敏捷的交通建设,岂但有益于商业,亦且有裨于政治前途也","铁路常为国家兴盛之先驱,人民幸福之源泉也"。[1]

孙中山对中国铁路建设的整体规划与思考集中体现在其《实业计划》中。他详细阐述了关于铁路发展与运河、海港和城市建设统一的立体全面的规划,将铁路视作连接中国东、北、南三大港口,横贯中国腹地的大动脉,并计划以铁路连接欧洲、印度与印度支那等地区。对于铁路建设所应遵循的原则,则有:"1. 必选最有利之途以吸外资;2. 必应国民之所最需要;3. 必期抵抗之至少;4. 必择地位之适宜应采取国有主义原则"[2];除此之外,还应遵循"铁路经济原则",即"从利益之点观察,人口众多之处之铁路,远胜于人口稀少者之铁路。然由人口众多之处筑至人口稀少之处之铁路,其利尤大"[3]。根据这一原则指引,孙中山在1912年详细规划了20万英里铁路修筑计划中的三大铁路干线:(1)南路:起点于南海,由广东而广西、贵州,走云南,循四川东间道入西藏,绕至天山之南;(2)中路:起点于扬子江口,由江苏而安徽、河南、陕西、甘肃,越新疆而迄伊犁;(3)北路:起点于秦皇岛,绕辽东折入蒙古,直穿外蒙古,以达乌梁海。在《实业计划》中,孙中山将三大铁路干线规划进一步扩展为六大铁路系统,以铁路扩张为根基,促进区域间经济文化整合。除了铁路规划方案外,《实业计划》还详细论述了应采取铁路国有并以此向外国借款的模式解决铁路建设经费问题以及私人铁路发展威胁社会公众利益等问题。

二、近代铁路研究的基础:铁路教育兴起

中国铁路人才的培养起始于1871年清政府派遣幼童赴美留学。本次幼童留美计划由容闳首创,经曾国藩与李鸿章倡议和支持,最终清政府于1871年批准在上海设幼童出洋肄业局。1872年8月,赴美留学正监督陈兰彬带领第一批幼童30人由上海乘船赴美,其中学习铁道、交通技艺者有詹天佑、陆永泉、邓士聪、欧阳赓、陈钜镛、吴仰曾、罗国瑞7人。次年6月,黄平甫又带领第二批30名幼童赴美,其中学习铁道、交通技艺者有苏锐钊、邝咏诗、方伯梁、宋文翙、张

[1] 孙中山:《中国之铁路计划与民生主义》,《孙中山全集》第2卷,中华书局1982年版,第489页。

[2] 孙中山:《实业计划》,《孙中山全集》第2卷,中华书局1982年版,第8页。

[3] 孙中山:《实业计划》,《孙中山全集》第2卷,中华书局1935年版,第15页。

祥和、温秉忠、吴应利、张有恭、蔡廷干、邓桂廷10人。1874年11月,第三批30名幼童中学习铁道、交通技艺者有邝景扬、祁祖彝、薛有福、徐振鹏、杨兆楠、袁长坤、梁如浩、吴敬荣、周万鹏与曹嘉祥10人。在总计4批120名留美幼童中,学习铁道、交通技艺的学生至少有27人,约占总人数的1/4。[1] 可以看出,铁路等交通技术是当时政府派遣出国留学的重要目的,由此诞生了诸如詹天佑等优秀人才。表2.1列出了归国后成为中国第一代铁路管理者和工程师的幼童留美计划中的21人及其曾任职务。

由于守旧势力的阻挠和美国排华运动的兴起,在首批留美幼童被迫全数撤回国内后,赴美留学转入低潮,这一时期派遣留学生前往欧洲学习成为主流。虽然前往英国、德国、法国留学的目的更多是为了学习海军,加强船政,但这些学生首先要学习15门必修课后才能学习专业课,而必修课其中一门就是铁路学。1886年后留欧生中开始有人专门学习铁路建筑、桥梁制造等专业。进入20世纪后,铁路专业出国留学出现新的趋势。首先,赴欧洲留学的国家范围扩大,特别是因卢汉铁路与东北地区铁路由比利时和俄国公司承揽建造,所以留学生逐步倾向于前往两国铁路专业学校进行学习。[2] 1904年,驻比利时大使杨晟上奏指出,比利时在路矿制造等方面在欧洲处于领先地位,且所需费用少,故当时学习路矿制造者,十有八九都往比利时留学。派遣留学生前往俄国学习铁路技术出现于20世纪初,到1910年留俄学生共计20多人,绝大多数都在圣彼得堡铁路学堂学习铁路工程。其次,赴美留学重新升温。已知1909年之前前往美国学习铁路的中国人仅有三人:王景春于1904年赴美学习铁路财务,罗忠忱和伍镜湖分别于1906年、1908年在康奈尔大学和纽约州伦塞勒工科大学学习土木工程(含铁路工程)。1909年庚款兴学开始后,赴美留学进入第二次高潮,清政府又选派了约20人赴美学习铁路管理、铁路工程与铁路运输等专业。最后,利用日本现有的教育资源直接培养铁路人才。甲午战争后,由于路程近、费用低、文字难度较低和政治体制相似,去日本留学成为当时的热潮。官方邮传部大量选派留学生前往日本学习,仅1907年至1911年,前往岩仓铁道学校、东亚铁道学校、路矿学堂、东京铁道学堂、铁道院等五校学习的留学生总数达到639人。1906年,湖广总督张之洞将东京路矿学堂买下并更名为湖北铁路学

[1] 第四批留美幼童名单虽全,但缺少学习铁道和交通知识的学生名单。

[2] 1903年南洋公学选派毕业生19人前往比利时学习(部分人学习铁路专业),同年张之洞为修筑卢汉铁路选派24人前往比利时学习铁路专业。

表 2.1　　回国担任铁路相关职务的留美幼童名录

批次	姓名	曾任职务
1	詹天佑	京张铁路设计、建造者
	罗国瑞	湖北、贵州、云南、广东铁路勘测人，浙江省铁路总工程师
	黄仲良	粤汉铁路广东段总办、津浦铁路总办
	钟文耀	沪宁铁路总办
	蔡锦章	铁路官员
2	苏锐钊	广州—三水铁路总办
	方伯梁	铁路官员和唐山路矿学堂监督
	唐国安	铁路官员、清华学堂校长
	陆锡贵	铁路工程师
	梁普照	铁路与矿业工程师
	梁普时	京奉铁路总工程师室秘书
	王良登	铁路官员
3	邝景扬	粤汉铁路广东段总工程师、张绥铁路总工程师
	周长龄	关内外铁路总局总办
	杨昌龄	京张铁路指挥
	卢祖华	铁路官员
	梁如浩	关内外铁路总局总办
	林沛泉	铁路官员
	唐致尧	铁路官员
	沈嘉树	铁路官员
4	黄耀昌	京汉铁路北京段总办
	周传谏	铁路工程师

资料来源：张毅、易紫，《中国铁路教育的诞生和发展(1871—1949)》，西南交通大学出版社 1996 年版，第 66－69 页。

堂，任命知府廖正华为学堂提调，派湖北留学生程明超、黄恭谦为庶务员，拟定《湖北驻东铁路学堂简章》，为湖北省培养铁路人才。

除了出国学习铁路知识外，中国也开始自办铁路学校培养铁路人才。中国自行培养铁路人才始于唐胥铁路建设。最初，唐胥铁路由英国人薄内

(R. R. Burnett)和金达(C. W. Kinder)担任工程司。随着铁路展筑至天津,李鸿章深感外国工程司已不足以应付铁路修筑,故在1888年于天津北洋武备学堂附设了铁路班,以德国人习包尔担任教习,招20人,此为中国自办铁路教育的起点。武备学堂附设铁路班共计培养了18名毕业生,均分配到关内外铁路工作,成为中国自己培养出的第一批铁路管理与工程技术人才,其中知名者包括后来担任北京政府交通部技监的俞人凤和沈琪,此后两人还先后担任北京铁路管理学校校长之职,为铁路教育事业作出了贡献。之后金达在1893年进一步上书李鸿章,建议创设铁路学堂储备人才,但恰逢甲午战争前夜,经费筹集困难,从而未能付诸实行。战后,"叠据中外臣工条陈时务,详加披览,采择施行,如修铁路……立学堂……皆应及时举办"[1],在此形势下,盛宣怀、王文韶、张之洞陆续上书,奏请开办铁路学校,造就人才,这一提议成为朝野上下的共识。光绪二十二年三月二十二日,津卢铁路局总工程司金达再次上书督办大臣胡燏棻,建议:"今朝廷业经定意推广铁路,核计日下人才虽修铁路六百里亦不敷用。既乏人才,仅靠外国员司办理诚非得计,而办工撙节,成路迅速实难专靠洋工程司数人。虽铁路终可造成,惟靡费浩大,而掣肘甚多也。芦汉铁路若有成议,应即教练学生至少二百名。"[2]此项提议获朝廷同意,于是1896年中国第一所高等学校性质的铁路学校——山海关北洋铁路官学堂成立,以其成立为起点,从当年到清朝覆灭的1911年,陆续成立了一批铁路高等教育、职业技术教育、普通中小学、职工教育性质的学堂、传习所、见习所、夜学所、教练所共计四十余所,奠定了中国铁路教育的基础。

铁路中小学在晚清时期仅创办了3所,但进入民国时期后,在铁路同人教育会的呼吁下,在铁道部的重视和资助下,从1912年到1937年,铁路局创设了13所扶轮中学和181所扶轮小学,同时各路局也创立了7所员工子弟中学和141所员工子弟小学。这些学校的创立对于稳定铁路职工队伍、培养铁路后备人才、普及国民教育都具有重要的意义。对铁路发展更具意义的是铁路高等教育与铁路职业技术教育院校的成立。表2.2和表2.3分别列出了近代(1937年前)中国铁路高等教育和职业技术教育学校名录。铁路职业技术教育主要是由

[1] 光绪二十一年闰五月二十八日上谕。

[2] 《西南交通大学校史资料选辑1》第1—3页。原资料存于中国第一历史档案馆。另:近代以来,"卢汉铁路"和"芦汉铁路"存在混用情况,在不影响读者理解的情况下,本书遵循史料原始记录,未统一成"卢汉铁路"。

各地方铁路局为培养服务本路的通信、医疗、服务、机械、安全以及车务管理等应用型人才而创办的速成类培训班,因此多办于铁路通车前并在达成目的后迅速停办。虽然创立时间不长,但较好地满足了我国铁路发展对于铁路应用技术人才的需求。

表2.2　　1937年前中国铁路高等学校名录

学校	创办时间	地点	创办者
南洋公学	1896	上海	盛宣怀
北洋铁路官学堂	1896	山海关	北洋铁路总局
邮传部铁路管理传习所	1909	北京	邮传部
卢汉铁路学堂	1898	天津	卢汉铁路
东三省铁路俄文学堂	1899	北京	
闽皖赣三省铁路学堂	1906	上海	商办安徽、福建、江西铁路公司
浙江铁路学堂	1905	杭州	商办浙江铁路公司
湖北铁路学堂	1906	东京	张之洞
江苏铁路学堂	1906		商办江苏铁路公司
江西铁路专科学校	1907	上海	江西旅沪学会
法律大学	1920	哈尔滨	东清铁路
中俄工业学校	1920	哈尔滨	东清铁路
哈尔滨医科大学	1921	哈尔滨	东清铁路
中法工业专门学校	1921	上海	中法合办
私立畿辅大学	1924	北京	熊希龄、关赓麟等
东北交通大学	1927	锦县	交通部

资料来源:张毅、易紫,《中国铁路教育的诞生和发展(1871—1949)》,西南交通大学出版社1996年版,第168页。

表2.3　　1937年前中国铁路职业技术教育学校名录

学校	创办时间	地点	创办者
关内外铁路总局电报学堂	1899	昌黎	铁路总局
京汉铁路车务见习所	1905	长辛店	比利时公司
东清铁路三所商业学校	1906—1907	哈尔滨	东清铁路
郑州铁路学堂	1907	郑州	京汉铁路局
津浦铁路路政学堂	1908	北京	津浦铁路

续表

学校	创办时间	地点	创办者
正太铁路学堂	1909	石家庄	正太铁路
沙河口工场职工见习养成所	1909	大连	满铁
湖南铁路学校	1910	长沙	粤汉铁路总公司
津浦铁路电报学堂	1908	北京	津浦铁路
蒙自铁道巡警教练所	1910	蒙自	云南省
津浦路南段巡警教练所	1911	南京	津浦铁路
四川铁路学堂	1909		商办川汉铁路公司
湖南交通铁路学校	1913	长沙	袁德宣
营口商业学校	1913	营口	满铁
京奉铁路车徒教练所	1918	北京	交通部
陇海铁路车务见习所	1918	铜山	陇海铁路
辽阳商业学校	1922	沈阳	满铁
吉长铁路职业学校	1923	长春	吉长铁路
东北第一交通中学铁路管理职业班	1927	四平	东北交通委员会
北宁铁路局路电传习所	1927	沈阳	北宁铁路
天津扶轮中学高中商科	1928	天津	铁道部
道清铁路车务传习所	1929		道清铁路
东北交通职业学校	1930	沈阳	东北交通委员会
北宁路简易医学传习所	1930		北宁铁路
粤汉路株韶段车务职工养成所	1936		粤汉铁路局
陇海铁路客车招待生训练所	1935	郑州	陇海铁路局
陇海铁路车务职工训练所	1935	开封	陇海铁路局
陇海铁路车务见习所	1935	衡阳	粤汉铁路局
胶济铁路中学高中职业班	1935	四方	胶济铁路局
郑州扶轮中学附设车务管理人员训练班	1935	郑州	铁道部

资料来源:张毅、易紫,《中国铁路教育的诞生和发展(1871—1949)》,西南交通大学出版社 1996 年版,第 180—188 页。

铁路教育中最重要的则是铁路高等教育学校的创办。从表2.2中我们可以看出,铁路高等学校有官办、商办、私人办等不同的性质。其中官办的主要有交通系三所大学——南洋公学、北洋铁路官学堂与邮传部铁路管理传习所,这三所学校在1921年合并为交通大学并分别作为交通大学上海、北京、唐山分校,是中国近代历史上最著名的交通高等学校,且持续至今。[1] 由于其经费充足,常聘请外国教习任教,且更加偏重于理论和宏观问题的教育与研究,因而成为铁路经济研究的重要力量。

清末地方铁路学堂多数为地方铁路公司所创办,主要服务于地方铁路经营与管理,因而多开设铁路机械、管理等实用课程。因清末时局混乱,所有学校最终被迫停办。进入民国时期,中外合办与私人创办成为铁路高等教育举办的重要形式。综观铁路高等教育的创办过程,我们可以清晰地发现:铁路高等院校从最初仅开设铁路工程、机械等专业,逐渐转为重视铁路管理与铁路经济问题。例如,邮传部铁路管理传习所作为中国近代历史上第一所专门培养铁路管理人才的院校,其创办始自曾鲲化的《上邮传部创办铁路管理学堂书》(1907):英美日因铁路而兴,原因在于重视培养铁路管理人才,而管理者才是支配铁路的关键。特别是当时随着国内诸多干线铁路即将组网,铁路管理、调度等工作成为亟待解决的问题。交通大学的铁路管理科在1921年后的课程设置上涵盖了经济学大义、商品学、货币及银行学、铁路经济、经济史、公司财政学、中国财政史、铁路组织与管理、外国运输政策等课程,并在30年代设置专家演讲、铁道研究及论文,培养学生研究中国铁路运输的能力。私立畿辅大学与东北交通大学亦设立铁路管理科。其中东北交通大学铁路管理科本科学生必修课包括铁路组织与管理、商业组织与管理、铁路财政、运价原理、铁路经济、铁路选线、中国重要商品运销概况、联运铁路问题等。

在这种重视铁路经济问题的氛围下,铁路高等教育学校成为铁路经济研究的重要阵地,其重要标志为相关学术刊物的创办。例如,1928年北平国立交通大学创办的《交通经济汇刊》与1929年上海交通大学创办的《交通管理学院院刊》都是重要的研究铁路经济的刊物。《交通经济汇刊》为季刊,由北平交通大学交通经济学会创办于1928年,直到1934年停办,共出版了15期。该刊主要

---

[1] 尽管南洋公学为盛宣怀所创办,但实际上是由清政府所批准,由招商局、电报局每年盈余支付日常办学所需10万两白银。创立之初原为培养商业人才,但1903年设立铁路工程班,并于1906年划归邮传部领导,改名上海高等实业学堂,铁路工程班改名为铁路工程专科。

刊载关于交通运输(包括航运、铁路与水运)与经济(包括关税、银行)等方面的论著与译述,其中以铁路所占篇幅最多,特别是关于世界铁路经营政策与制度、国内铁路调度、经营、运价与现实铁路问题等。《交通管理学院院刊》是由上海交通大学管理学院学生会出版的半年刊,仅出版一期后即停刊。其登载的文章主要研究外国铁路管理和规划等制度、中国铁路经营概况和铁路内部组织机构管理,以及中国外贸、税收以及人口增长等一般经济问题。

三、铁路学术社团的兴起是铁路研究的核心

近代铁路社团伴随着近代铁路与铁路教育事业的发展而兴起。1910 年,随着湖南、湖北留日学习铁路的人数增多,两湖学生秘密成立了“两湖铁路会”进步团体。1910 年秋,李宽、刘承烈、蒋翊武等革命党人在湖南衡阳江南会馆组织湖南铁路协会,借反对粤汉铁路借款以宣传革命思想。该协会存续时间很短,1911 年夏初,湖南铁路协会即被湖南当局查封。民国时期最著名的全国性铁路社团是中华全国铁路协会与中华民国铁道协会。中华民国铁道协会由孙中山于 1912 年为实现铁路国有、促进铁路发展而在上海发起成立。1912 年 6 月成立的中华全国铁路协会则由梁士诒、叶恭绰、关赓麟、詹天佑等交通系人士发起。有学者认为,梁士诒意图以此协会囊括全国铁路系统内各协会,并对抗兼并孙中山的中华民国铁道协会。但随着存续时间的推移,中华全国铁路协会的组织运作制度化程度不断提高,政治功能逐步淡化,行业性特征持续加强。作为一个专业性的行业社团,其主要功能是加强行业内部成员的联系,利用核心成员的社会地位扩大铁路界的社会影响。协会主要吸纳铁路系统“曾任及现任职事者、与专门毕业人员,及财产事业与铁路有关系者”[1],同时也吸收社会名流,以及与铁路相关的工矿运输业、银行和学校的人员。其于 1912 年及 1919 年颁布的章程规定,协会的主要目的为:(1)研究,“设备各种关于铁路之书籍图标以备有会员随时研究”;(2)演讲,“设立演讲团并邀请中外专门名家讲演关于铁路之事项”;(3)调查,“随时委托会员起赴各处调查铁路建筑管理一切方法”;(4)编辑,“按期发行会报及刊行关于路事之著作”;(5)建议,“遇有铁路上重要

---

〔1〕《中华全国铁路协会发起人冯元鼎、朱启钤、詹天佑、叶恭绰、权量呈交通部文》,《政府公报》第 19 号,1912 年 5 月 19 日。

问题本会得提出意见建议于政府”。[1]

作为民国时期影响力甚广的社会团体，铁路协会不仅在重大铁路事件特别是涉及铁路对外关系的事件中积极发声，而且在加强国内铁路学术交流方面作出了重要贡献。在此期间，协会出版了众多与铁路经营、管理业务相关的书籍、词典和专刊。其出版的主要期刊是于1912年10月20日起发行的《铁路协会杂志》。该刊在1913年7月20日从第10期开始更名为《铁路协会会报》，1928年停刊。南京国民政府成立后，该刊在南京复刊并改名为《铁路协会月刊》。1935年后又更名为《铁路杂志》，直到抗战爆发再次停刊。《铁路协会会报》系列刊物的板块设置主要包括路事短评、论著、研究资料、调查报告、专件、译著等栏目。其刊文重点关注外国铁路运营管理制度、铁路建筑知识、铁路会计制度、本国铁路运营状况、近代重大铁路事件进程，以及铁路经济相关知识。由于其刊物出版具有良好的持续性，因而对民国铁路发展过程中各类经营、管理问题的关注较为充分，且对某些热点问题常会集中刊载文章进行讨论。铁路协会刊物所刊载的文章具有两方面特点：首先，其刊文覆盖范围广泛，不仅关注具体铁路经营事务，也关注铁路发展过程中的规划、经营与管理政策、制度等宏观问题；其次，刊文研究水平较高，其刊文常被其他专业铁路刊物和大众刊物所转载。

综上所述，随着中国铁路的发展，对铁路人才的需求不断增长，中国经历了以出国留学为技术人才培养方式的起步阶段，逐步开始建立铁路院校，自行培养技术人才。随着铁路网规模的日益扩大，中国不仅需要铁路与机械工程技术人才，而且需要建立符合自身需要的铁路管理人才与制度。因此，国内铁路院校在原有工程技术科的基础上，进一步开办了铁路管理专业。铁路不是一个封闭式的工程，本身涉及复杂的政治、经济问题，这导致在国内铁路研究的起步阶段，多为政治人物发表其关于铁路的个人看法，如盛宣怀、张之洞、李鸿章等铁路具体经办人以及其他守旧派大臣关于铁路是否需要修建和采取何种方式修建的争论。随着铁路兴国成为社会共识，如何更好地发挥铁路带动区域经济发展、促进国内政治整合的作用，就需要更为专业的铁路人才贡献智慧。中华民国成立后，随着铁路高等教育逐步成熟(铁路经济成为本科生的必修课)，铁路学术社团相继成立，铁路人才开始以铁路社团为核心，以中华全国铁路协会刊

---

[1] 交通史编纂委员会:《交通史总务编》第5章《庶政》，交通部、铁道部交通史编纂委员会1936年版，第391页。

物为阵地,充分探讨中国铁路发展中的线路规划、经营管理以及体制机制问题。这一过程充分体现出中国铁路建设、铁路教育与铁路学术共同体三者互动发展的历史脉络。

第三节 民国铁路经济学的研究内容及研究方法

"国家之设铁路必先明铁路经济之原理,而后能发展社会上之经济"[1],随着铁路在中国大地上延展,对铁路经济学的研究成为时人的迫切需求。近代铁路经济学研究产生于铁路发展思想,但又随着学科研究的深入而逐步呈现出一定的独立发展特征。铁路业者对铁路经济的研究不断深入,其中最显著的标志就是关于铁路经济的论文大量出版。民国时期,学术界对铁路经济存在两个不同方向的理解:其一是微观视角下研究铁路经营管理问题;其二是宏观视野下考察铁路的外部社会经济影响。

一、微观视角下的铁路经营管理学

自铁路被引进之后,如何有效地经营铁路就成为当时铁路业者关心的重要问题。从研究对象上看,铁路经营管理学主要通过考察国外成熟的铁路运营经验,试图为中国寻找更有经济效率的铁路经营方案。这一派的代表人物为我国著名铁路学者沈奏廷,其在 1934 年所著《铁路经济论文集》中以美国、日本等先进国家的铁路客货运制度为对象,详细考察其卧铺车制度、货物审查制度、货运计费制度、单轨制和双轨制、客运价格、货运杂费、餐车业务、货物损失赔偿制度、货物单据制度,并对本国货运行李制度、货运度量衡提出了相应的改革计划。类似的研究还有周桢的《建筑铁道之经济观》(1934),他主要研究了"美国铁道各项建筑与事务费用之估值",围绕征地付价、清除地面、特别清除地面、土方、山洞、桥梁、钢轨、枕木、道碴、围栏、房屋及其他建筑、转台、煤站、车场用地以及其他等问题进行探讨。而由爱克华士所著、李续动翻译的《铁路经济原理》(1934)围绕建筑铁路的资金问题展开研究,就铁路资本、铁路运行的物质和人力成本支出、运价和铁路收入等问题进行深入的考察。从整体上看,微观视角铁路经济学研究最重要的两个问题一是铁路财政问题,二是铁路运价问题。

---

[1] 曹璜:《铁路经济策》,《铁路协会会报》1921 年第 101 期,第 2 页。

二、宏观视野中的铁路经济学

近代铁路经济学主要是根据古典经济学的分类,从经济的生产、消费、交换、分配四个部门,考察铁路对经济的影响;同时,由于铁路本身具有强烈的溢出效应,因而考察铁路选址的空间效应,如铁路如何影响不同产业的空间分布等,就成为重要的问题。

铁路建设具有直接和间接促进生产的功能。作为一项重大的道路基础设施建设,其投资兴建不仅需要巨额的资金,更重要的是在铁路修建、运营、管理方面的诸多技术、材料、人才等要素的支持。因此,在近代中国,通过铁路投资拉动经济和相关产业的发展就成为时人的共识,“盖铁路之影响于社会者有四大要素:……四曰消耗,建设机械诸种工料,营业修养诸种用费,破坏损失折耗废弃为数之巨,铁路居最”[1]。例如,“一为推广汉阳铁厂,二为与本国木植公司订约”[2],订购本国生产的钢轨、枕木等,可以拉动国家重工业的发展。

更为重要的是,铁路能显著减少运输成本,从而降低生产费用,“生产上所需之一切材料物品,以求之于生产地以外为原则,故其运费之节省可使生产费减少”[3],同时,“运费减轻之作用,并在旅客运输方面”[4],促进了劳动力的自由流动,“从事生产者得移动费用之节省,其效果必及于生产费之上”[5]。同时,由于交通改善,因而“不必拘泥于原料产出地与消费地址如何”,“而生产物质市场,亦借以扩张”。工业企业“经营大规模之设施”,导致出现铁路发达地区“分业发达”的产业集聚现象,而随着产业进一步发展,“同业者间,易起剧烈之竞争,其结果有促成联合合同之趋势”[6]。

近代学者也注意到铁路通过扩大市场和促进分工所带来的斯密式增长。其重要标志是厂商生产产品的种类增加,主要体现在远距离运输大重量的货物成为可能,“如彼原料品、粗制品、食料品、肥料等物,设非运价之低廉,恐生产者虽欲假之运输,而不能不受其限制也”[7]。

---

〔1〕曹璜:《铁路经济策》,《铁路协会会报》1921年第101期,第2页。
〔2〕华南圭:《条陈铁路改良策》,《铁路协会会报拔萃》1914年第1卷,第47页。
〔3〕戴椝:《铁路与经济之关系》,《铁路协会会报》1919年第72期,第5页。
〔4〕戴椝:《铁路与经济之关系》,《铁路协会会报》1918年第72期,第6页。
〔5〕戴椝:《铁路与经济之关系》,《铁路协会会报》1918年第72期,第6页。
〔6〕戴椝:《铁路与经济之关系》,《铁路协会会报》1918年第72期,第8页。
〔7〕戴椝:《铁路与经济之关系》,《铁路协会会报》1918年第72期,第8页。

铁路作为沟通产品生产地和消费地的便捷方式,“运送速度增加,资本之回转,亦得以频繁”[1],促进了要素和商品的交换。当时商业往往依靠借贷来维持运营,通过提高资金周转速度,缩短所占贷款的期限,进而降低资金成本;同时,由于长途运输货物存在较高的风险(包括承运人和运输人之间的委托代理风险,以及因社会治安混乱、盗匪横行所产生的风险等),因而往往需要购买保险,而随着铁路的修建,运输安全性提高,“所有附带保险料性质之利率,亦得节约”。这些作用充分体现了铁路降低经济活动的交易成本的特点。

铁路可以实现商品跨期跨区域配置,增加盈利。“其增加财货之价值,为法有三:一、财货之场所的配合,二、财货之时间的配合,三、以上两者兼出是也。”[2]铁路可以调节不同市场的商品供求状况,“商业依财货之时间及场所的配合,而增加其价值以博利益。有铁路运输,则一地方一国家或世界之财货,其场所的配合,可以得盈虚之平。时间的配合亦可免偏颇之弊,需要之地供给随之,消费之地生产因之,使生产与消费需要与供给得一致。其品质数量形态价格及场所时期,亦得现出相互之投抬,其为利于一般社会,夫岂待言”[3]。

铁路降低了运输成本,增强了商人利用商品跨期配置套利的能力,促进了商业发达,也使得“地方间之物价,亦不至甚相悬殊”[4]。铁路对于缓解饥荒也具有重要的作用。在铁路未发达之前,一旦某地遭受饥荒,粮食运输常常是一项极为困难的工程,不仅仅由于陆地运输的低效,而且也因为运输途中劳力和牲畜对粮食的消耗颇为可观,同时饥馑“腾贵之度遽为增进,一部分之农民,反因是而收其利,盖从事农业者之目的,固希望收获之良好,设使收获丰盈超过地方之需要额,则行销滞,价格必因而低落,损失之来,可断言矣”[5]。

铁路也影响了社会财富的分配。首先,铁路畅通后,劳务收入提高,“最著者谓劳动之报酬,即劳动者得于劳动需要最盛之场所,以其精力为金钱之交换,企业者得于劳费低廉之地,招致廉价之劳动者是也。因是劳费低之地方,得以昂上,劳费高之地方,得以低下,互相调和”[6]。因此,劳动力往往会根据劳动收入的高低进行流动,从而降低不同地区间劳务报酬的差距。

---

〔1〕 戴棨:《铁路与经济之关系》,《铁路协会会报》1918 年第 72 期,第 8 页。
〔2〕 曹璜:《铁路经济策》,《铁路协会会报》1921 年第 105 期,第 2 页。
〔3〕 曹璜:《铁路经济策》,《铁路协会会报》1921 年第 101 期,第 2 页。
〔4〕 曹璜:《铁路经济策》,《铁路协会会报》1921 年第 105 期,第 2 页。
〔5〕 戴棨:《铁路与经济之关系》,《铁路协会会报》1918 年第 72 期,第 8 页。
〔6〕 戴棨:《铁路与经济之关系》,《铁路协会会报》1918 年第 72 期,第 8 页。

其次,铁路影响了土地等资产的价格,“彼此矿山森林游览地等因铁路开通而地代暴腾者,其例甚多”[1]。随着铁路的开通,交通趋于便利,原先毫无经济价值的矿产得以运输,故而土地具备了经济价值。对于非矿产地区,当地的支柱产业为农业,开通铁路的经济影响取决于当地的生产力水平。若某地农业生产成本较低,则“农产物之价格因铁路之发达,出产地较为腾贵而远地之市场,反因而低落。经济上之货币额必由是而增加,故铁路发达地,地价可望腾贵。昔日生产地之价格愈低,而其交通愈不便利者,今则腾贵之作用愈大”[2];反之,则“各处消费低,从来仅恃附近之农产物以供其需用。仅有铁路以便利运输,得自他方而受低廉之供给,农产物之价格,必由是而低落,斯时地价之贵贱,全由竞争上之优劣而定。设使远地之生产物,因费用低廉压倒消费地附近之生产物,而占优势之地位,则消费地之地价为之低落。而地主将受无形之损失矣”[3]。

最后,“消费上,铁路发达,消费物品增加,此自然之趋势”[4],“加之旅行者各地游览,耳目一新,一切趣味好尚。遂有变迁增加。实为促进人类之幸福。而物品之需要,自趋复杂”[5]。从这里我们可以看出,铁路通过提高交通便利性增加了消费品的供给,扩展了消费者的约束集合,从而促进了国内消费。

作为民国铁路经济研究的两个主要分支,微观视角下的铁路经营管理学属于管理学和应用经济学特别是技术经济的范畴,主要试图解决如何更好地处理铁路经营管理中的实际问题,并在一定程度上进行理论探讨;而宏观视野下的铁路经济学则更侧重于从理论角度对铁路建设的必要性进行阐释说明。两者在逻辑关系上相辅相成:宏观视野下的铁路经济学是“干”,用来说明修建铁路的必要性;而微观视角下的铁路经营管理学是“枝”,用来说明铁路建设的可行性。两者共同增进了国人对于铁路的认知,推进了铁路建设。

三、铁路经济学的方法论

近代西方经济理论的引进,给铁路经济学的研究打上了深刻的烙印,如生产、交换、分配、消费等概念的借鉴;同时,中国传统的经济概念也仍然保留了其

---

[1] 戴椝:《铁路与经济之关系》,《铁路协会会报》1918年第72期,第8页。
[2] 戴椝:《铁路与经济之关系》,《铁路协会会报》1918年第72期,第8页。
[3] 戴椝:《铁路与经济之关系》,《铁路协会会报》1918年第72期,第8页。
[4] 戴椝:《铁路与经济之关系》,《铁路协会会报》1918年第72期,第8页。
[5] 戴椝:《铁路与经济之关系》,《铁路协会会报》1918年第72期,第8页。

生命力,如产业分工概念被表述为"分业",显然这是继承自"四民分业"的说法。

基于经济学概念的逻辑推理的方法也逐渐进入中国经济学的研究方法中。众所周知,中国传统思维形态对知识的继承主要依靠经验归纳的方法,较少地应用逻辑推理和演绎的方法。传统社会下的中国尚可以凭借庞大的人口基数产生出足够的"创新英雄",从而在技术发明方面不至于落后。但近代科学出现后,通过科学地逻辑推理和分析,西方的科学技术水平迅速超越中国。重视逻辑演绎和分析的方法论也成为近代国人向西方学习的重要内容。经济学作为西方逻辑分析方式的典型产物被引进中国后,也为中国经济思想方法增加了新的内容。因此,这一时期铁路经济学的研究方法充分体现了逻辑演绎的特点:既有将经济部门分为生产、交换、分配、消费部门,分别考察铁路对它们的影响;也有从产业分类角度,分别研究铁路对农业、工业和商业的经济影响。历史的分析方法也被大量运用,尤其是铁路学者常常利用西方发达国家如美国、欧洲等地的历史经验进行总结归纳。

民国铁路经济学研究从方法论角度来看带有明显的整体主义特征,主要表现为:其一,铁路对全社会经济的影响大于对孤立个体的影响;其二,修建铁路对社会整体效用的追求大于对个体效益的追求。具体来看,在研究中民国学者更加注重铁路整体社会经济效益的分析,尽管铁路的修建可能造成部分地区或行业的衰落,但整体而言铁路对社会整体资源配置的优化与生产效率的提高更为学者们所关注。也是在这种背景下,对铁路修建的负面效应的研究并不充分。同时,铁路建设的目的也随之定位于服务全社会的整体利益,而不仅是铁路行业的经济利益。铁路必须承担相应的社会责任,这一方面是铁路国有投资的公共性要求,因为近代铁路投资大部分来自国家筹措资金,另一方面则体现了铁路本身所具有的"公共性",即巨大的外部性。

近代以来铁路经济研究之所以采用整体主义方法论,笔者认为有两方面原因:第一,铁路经济研究深受德国历史主义思潮的影响。近代以来德国铁路网的迅速扩张及对国民经济的促进作用给民国时期的国人留下了深刻印象。德国历史学派的政策主张和学说在民国时期广泛传播,成为与马克思主义经济学、新古典经济学鼎足而立的经济思想流派。[1] 铁路经济学研究则不免带有这种色彩,特别是在 1930 年之后,随着南京国民政府政权逐渐稳固,民族危机

〔1〕 严鹏:《中国经济学形成过程中的德国传统——德国历史学派与民国时期中国经济学的演化》,《演化与创新经济学评论》2011 年第 2 期,第 86－97 页。

不断加剧,铁路研究中的整体主义色彩则愈发浓烈。第二,中国传统整体主义的经济哲学观念被铁路经济学者所继承。虽然一些学者强调要关注德国铁路制度下所存在的科层制治理低效的问题,但通观民国时期铁路经济研究,整体主义方法论仍然是这一时期的主线。

第三章　近代区域经济发展与铁路规划思想变迁

第一节　铁路网规划与区域经济发展

作为一种突破自然力限制的交通运输方式，铁路的出现不仅提高了运输能力，创造出巨大的经济效益，更为重要的是创造出远大于自身经济效益的社会效益，具有重要的外部经济特征。铁路对于经济发展的促进作用主要通过要素流动、市场整合、区域和产业溢出效应三个路径实现。

一、铁路降低要素流动成本与促进市场整合

铁路开通显著降低了社会人员、资本、商品的流动成本。首先，铁路开通缩短通勤时间不仅能提升消费者的效用[1]，同时所节约的时间成本会间接创造经济价值[2]。其次，铁路建设可以显著降低商品的运输成本，加快了生产要素在区域内的流动，提升了市场整合程度，有利于实现产业和区域分工产生“斯密

---

〔1〕 DeSerpa, Allan C. (1971), “A theory of the economics of time”, *The Economic Journal*, Vol. 81, No. 324, pp. 828—846.

〔2〕 Leunig, Timothy(2006), “Time is money: a re-assessment of the passenger social savings from Victorian British railways”, *The Journal of Economic History*, Vol. 66, No. 3, pp. 635—673.

式增长”。[1] 另外,铁路对于灾荒救助与环境保护等社会价值的实现,也具有重要的作用。[2] 尽管如此,铁路对区域经济发展的影响仍然具有不确定性。由于铁路同时存在正向或负向空间溢出效应,对铁路临近区域的经济发展速度可能存在促进或者延缓效果,进而可能缩小或者扩大区域间的经济发展水平差距。

二、铁路的区域与产业溢出效应

铁路作为重要的交通基础设施,可以对区域间产生负向空间溢出效应,即“虹吸效应”。Krugman(1991)所提出的“中心-边缘”理论认为,交通设施的建设降低了运输成本,促进了劳动力、资本等流向核心区域,这种中心化流动的结果会导致核心区域的经济发展水平进一步高于边缘区域,从而加剧区域间经济不平衡。[3] Kotavaara et al. (2011)以及 Vickerman(1997)对欧洲高铁的研究也证实了高铁建设会导致边缘地区市场规模缩减,资源流入核心城市,从而阻碍了边缘城市的经济发展。[4] 张克中和陶东杰(2016)的研究进一步指出,铁路的“虹吸效应”影响了中国城市间经济增长速度差异:小城市与中心城市的距离越近,其固定资产投资也越低,因而降低了经济增长速度。[5]

---

〔1〕 Donaldson, Dave(2018), “Railroads of the Raj: Estimating the impact of transportation infrastructure”, *American Economic Review*, Vol. 108, No. 4—5, pp. 899—934; Williggers, Jasper, Han Floor, and Bert van Wee(2007), “Accessibility indicators for location ch4ices of offices: an application to the intraregional distributive effects of high-speed rail in the Netherlands”, *Environment and Planning A*, Vol. 39, No. 9, pp. 2086—2898; Chen, Chia-Lin, and Peter Hall(2011), “The impacts of high-speed trains on British economic geography: a study of the UK's Inter City 125/225 and its effects”, *Journal of Transport Geography*, Vol. 19, No. 4, pp. 689—704.

〔2〕 Lalive, Rafael, Simon Luechinger, and Armin Schmutzler(2007), “Does expanding regional train service reduce air pollution?”, *Journal of Environmental Economics and Management*, Vol. 92, pp. 744—764; Burgess, Robin, and Dave Donaldson(2010), “Can openness mitigate the effects of weather shocks? Evidence from India's famine era”, *American Economic Review*, Vol. 100, No. 2, pp. 449—453.

〔3〕 Krugman, Paul(1991), “Increasing returns and economic geography”, *Journal of Political Economy*, Vol. 99, No. 3, pp. 483—499.

〔4〕 Kotavaara, Ossi, Harri Antikainen, and Jarmo Rusanen(2011), “Population change and accessibility by road and rail networks: GIS and statistical approach to Finland 1970—2007”, *Journal of Transport Geography*, Vol. 19, No. 4, pp. 926—935; Vickerman, Roger(1997), “High-speed rail in Europe: experience and issues for future development”, *The Annals of Regional Science*, Vol. 31, No. 1, pp. 21—38.

〔5〕 张克中、陶东杰:《交通基础设施的经济分布效应——来自高铁开通的证据》,《经济学动态》2016 年第 6 期,第 62—73 页。

铁路也可能对周边区域的经济发展产生正向空间溢出效应。中心城市因人口过度集聚导致生活成本高昂、交通拥堵以及污染加剧,使得中心城市居民效用下降,中心城市人口的离心力加强,而人口在边缘城市的集聚又进一步增强了其市场潜力;同时,铁路建设也有利于资本和技术向土地成本更低的边缘区域流动,流动成本的降低使得工厂选址的区域敏感性降低,边缘城市的低地价优势越发明显,催生了边缘城市的工业化。[1] Benerjee 等(2012)发现,距离铁路沿线最远的75%区域比最近的25%区域内人均GDP低17%,证实了铁路建设具有正向空间溢出效应,且这种溢出效应随距离增加而降低。[2] Chen & Hall(2011)对于英国的研究发现,铁路建设反而促进了伦敦周边城市人口增加,导致中心城区人口减少[3];类似的是 Zheng & Kahn(2013)使用中国的数据也发现,高铁开通导致人口从大城市向周边小城市转移[4]。张志和周浩(2012)则发现,铁路的空间溢出效应同样体现在区域间产业差异上,铁路对于第二产业的空间溢出效应大于对第三产业的溢出效应,而铁路会通过区域间产业结构联系实现更大的空间溢出效应。[5]

与此同时,一些现有研究显示,铁路等交通基础设施究竟产生正向还是负向空间溢出效应仍然不确定,基础设施、经济发展水平、产业结构均可能影响铁

---

〔1〕 Fujita, Masahisa, Paul R. Krugman, and Anthony Venables(1999), *The Spatial Eonomy: Cities, Regions, and International Trade*, MIT Press.

〔2〕 Banerjee, Abhijit, Esther Duflo, and Nancy Qian(2012), "On the road: Access to transportation infrastructure and economic growth in China", *National Bureau of Economic Research*, No. w17897.

〔3〕 Chen, Chia-Lin, and Peter Hall(2011), "The impacts of high-speed trains on British economic geography: a study of the UK's Inter City 125/225 and its effects", *Journal of Transport Geography*, Vol. 19, No. 4, pp. 689－704.

〔4〕 Zheng, Siqi, and Matthew E. Kahn(2013), "China's bullet trains facilitate market integration and mitigate the cost of megacity growth", *Proceedings of the National Academy of Sciences of the United States of America*, Vol. 110, No. 14, p. 5288.

〔5〕 张志、周浩:《交通基础设施的溢出效应及其产业差异——基于空间计量的比较分析》,《财经研究》2012年第3期,第124－134页。

路开通的溢出效应。[1] 李欣泽等(2017)发现,高铁的开通优化了基础设施更完善的城市及周边企业的资本要素配置。[2] 张梦婷等(2018)则发现:城市初始交通禀赋越低、行业资本或技术密集度越高,高铁站距离城市中心越近,高铁的虹吸效应越明显;高铁虹吸效应的有效范围是高铁站与城市中心 30km 的道路距离。[3] 魏泊宁等(2019)发现,高铁开通显著降低了沿线城市的工业集聚度,相对于重工业城市和无港口城市,高铁开通对轻工业城市和港口城市工业集聚的抑制作用更大。[4]

三、近代铁路规划思想的研究意义

近代以来,铁路、轮船等现代交通运输方式的引进,改变了传统时代由水运和驿路决定的经济地理,造成了区域间工业化和商品化程度差异,区域间经济发展路径和经济转型进程也随之变化。因此,当时社会各界探讨铁路影响经济转型的不同观点必然会在铁路规划思想中有所体现。与此同时,近代以来关于中国铁路网规划的讨论众多,近代铁路问题的国际性、政治性以及社会性也在铁路网规划中得以充分展现,但影响铁路网规划最关键的因素仍然是经济因素,特别是经济转型产生的内在要求和其他因素存在博弈,深刻影响了近代铁路网规划思想和政策实践的形成与发展过程。

回顾学者关于近代铁路规划思想的现有考察时,我们发现研究主要集中于两个方面:一是针对近代一些重要人物关于铁路规划的论述的梳理与考察,譬

---

〔1〕 Cheng, Yuk-shing, Becky PY Loo, and Roger Vickerman(2015), "High-speed rail networks, economic integration and regional specialisation in China and Europe", *Travel Behaviour and Society*, Vol. 2, No. 1, pp. 1－14; Boarnet, Marlon G(1998), "Spillovers and the locational effects of public infrastructure", *Journal of Regional Science*, Vol. 38, No. 3, pp. 381－400;张志、周浩:《交通基础设施的溢出效应及其产业差异——基于空间计量的比较分析》,《财经研究》2012 年第 3 期,第 124－134 页。现有关于经济发展水平和铁路的空间溢出效应的研究存在截然相反的证据。Cheng et al. (2015)认为,发达经济体中高铁发展更能够产生正向空间溢出,而发展中经济体的高铁建设却会增加区域间经济发展差异,即对经济发达地区产生正向溢出,而对经济欠发达地区具有负向溢出作用。但 Boarnet(1998)、Hulten(2006)以及张志和周浩(2012)的文章揭示了铁路等基础设施在发达国家往往产生负向溢出效应,而在印度等发展中国家却有正向溢出。

〔2〕 李欣泽、纪小乐、周灵灵:《高铁能改善企业资源配置吗? ——来自中国工业企业数据库和高铁地理数据的微观证据》,《经济评论》2017 年第 6 期,第 3－21 页。

〔3〕 张梦婷、俞峰、钟昌标、林发勤:《高铁网络、市场准入与企业生产率》,《中国工业经济》2018 年第 5 期,第 137－156 页。

〔4〕 魏泊宁、杨栋旭、周菲:《高铁开通对工业集聚的抑制作用及其机制研究——来自中国 282 个地级市的经验证据》,《云南财经大学学报》2019 年第 7 期,第 15－26 页。

如张謇、孙中山、盛宣怀等,此类研究相对较多[1];二是少部分学者分阶段考察某一时期的铁路规划思想,重点考察晚清的路网规划思想的阶段划分、时代特征等[2]。然而,通过对现有研究的梳理,我们看到学界仍缺乏对这一对象系统性的考察:一是体现在时间跨度上,较少覆盖民国时期关于铁路规划问题的讨论;二是从研究对象上看,过度集中于某些影响铁路决策的政治人物,缺乏对其他政治界、铁路界官员、学者乃至社会舆论的关注、横向比较和梳理;三是从研究内容上看,缺乏对中国近代以来铁路规划思想变迁整体趋势的描述和归纳,特别是较少从经济转型的视角分析其内在变化动因。

由于铁路主要通过其线路分布发挥区域经济的空间溢出效应,因而铁路路网规划是实现铁路区域经济影响的关键。近代铁路网规划思想不仅反映了当时社会各界关于铁路发展路径的看法,更为重要的是反映了经济转型因素通过交通基础设施建设在近代中国思想领域投射的具体表征。因此,在本章接下来的部分,将会通过考察近代铁路规划思想的思想渊源、发展脉络以及理论内核,并且利用民国时期东北铁路与社会经济发展数据来验证铁路对东北地区经济转型的影响,将其作为对民国时期流行利用铁路拓垦殖边思想的效果检验。

第二节　近代铁路规划思想:从“商务开发”到“开拓富源”

一、中国铁路建设起步时期关于铁路规划的讨论

1840 年鸦片战争战败后,中国逐步被卷入世界资本主义市场。中国因巨大的人口规模和市场潜力被各主要资本主义国家视作商品输出地。与此同时,世界范围内铁路修建也在这一时期达到高峰。19 世纪 60 年代后,英国国内资本过剩,对外资本输出成为迫切需求,“在中国投资兴建铁路,且不说可以立获巨额的利润,更可以突破深入中国内地的障碍,取得难以数计的利益,单是供应建

---

〔1〕 朱从兵:《一个言官的尴尬——赵炳麟的铁路筹建思想与实践》,《广西师范大学学报(哲学社会科学版)》2005 年第 4 期,第 144－148 页;莫起升:《盛宣怀与孙中山铁路规划思想之比较研究》,《求索》2010 年第 7 期,第 236－238 页;郭耀:《论张謇的铁路思想和实践》,《江苏工程职业技术学院学报》2018 年第 2 期,第 25－32、56 页。

〔2〕 张瑞德:《中国近代铁路事业管理研究:政治层面的分析(1876—1937)》,中华书局 2020 年版;张松涛:《晚清铁路路网规划思想研究》,广西师范大学硕士学位论文,2004 年。

筑铁路所需的材料,就将给英国工业和航运业带来极大的利润"[1]。此外,铁路作为一种摆脱了自然因素约束、低成本、高速度的运输方式,对于商品流动具有重要的意义。因此,将铁路引入中国来消化外国过剩的资本,扩大外国商品在中国的市场,成为这一时期外国资本推动中国铁路建设的主要目的。

从19世纪60年代开始,英国政商两界纷纷在华游说官员民众,冀图获得铁路修筑权。在1860年英国商人游说中方修建铁路期间,怡和洋行曾邀请英属印度铁路的主要设计者麦克唐纳·史蒂文生(MacDonald Stevenson)来华进行演讲宣传。史蒂文生初步构想了一个综合的铁路系统计划,要使中国通过铁路交通与外界联系起来。史蒂文生的方案是以汉口作为枢纽,以汉口、上海、广州作为基点,建筑下列各线路:(1)由汉口沿长江至上海;(2)由汉口西至四川,经云南至印度;(3)由汉口至广州;(4)由上海至镇江,北至天津、北京;(5)由上海经杭州至宁波;(6)由福州至宁波;(7)由广州至云南。在此计划中,福州、宁波、上海、广州四个主要口岸与重要的商业中心镇江和汉口,将由铁路互相连通。[2]

在这种思路指导下,西方对中国铁路的注意力集中于建设以上海、广州为中心的江南地区铁路和连通云南与越南、缅甸等中南半岛的英法殖民地铁路。当时在英国国内,修建滇缅铁路的呼声极高,1865年,工程师威廉斯提出了从仰光到车里的线路以及从八莫到腾冲的线路,并对其进行勘测。法国当局也谋划修筑从越南通往云南的线路。双方均希望"以新辟的道路和交通来代替旧时的战争和并吞领土的政策"[3]。从世界范围看,中国西南铁路之所以日趋重要,主要是因为1869年苏伊士运河开通后,英国商品经由运河运到锡兰,再到仰光,仅需要500公里路程即可抵达云南,这对于开拓中国市场的意义远非在长江流域"加上零碎的几英里"所能比拟的。[4]

观察这一时期英法等国家在华铁路建设的路网规划,我们可以发现:无论是建设西南铁路连接印度和中国内陆地区,从而缩短船运经过东南亚与东亚地区的时间与空间距离,还是将镇江、天津、广州、汉口、宁波、福州等口岸作为铁

---

〔1〕译自《北华捷报》(英文),1874年8月29日,第227—229页。

〔2〕[英]肯德:《中国铁路发展史》,李抱宏等译,生活·读书·新知三联书店1958年版,第4—7页;张嘉璈:《中国铁道建设》,杨湘年译,商务印书馆1945年版,第1页。

〔3〕[英]伯尔考维茨:《中国通与英国外交部》,江载华、陈衍译,商务印书馆1959年版,第148—144页。

〔4〕[英]伯尔考维茨:《中国通与英国外交部》,江载华、陈衍译,商务印书馆1959年版,第147页。

路终点相连接,其路网规划的整体思路是利用铁路缩短中国市场与其殖民地的运输距离,从而更好地将中国整合入世界市场之内。换句话说,英法等西方国家所推销的在华铁路规划方案,服务于其对华整体经济战略,按照他们的设想,中国将成为其控制下的进口导向型经济体,所有铁路连通的全是通商口岸与内陆商贸中心,通过铁路重塑中国商贸网络,加强商贸中心的区域辐射作用,使其成为外国商品输入中国内陆地区的关键节点。

1868 年,针对外国对华建设铁路的计划,两广总督瑞麟、湖广总督李瀚章、闽浙总督吴棠、浙江巡抚马新贻、直隶总督官文等一大批地方督抚均表示强烈反对。其反对主要是担心在军事上外国利用铁路入侵内地,顾虑在文化上传教士凭此对华传教。在刚刚经历了两次鸦片战争以及太平天国战争的蹂躏后,为了争取地方督抚支持以及提防西方对华渗透,清政府拒绝了西方各国的筑路请求。

虽然无论是支持修建铁路者还是反对派均承认铁路有利于货物流通,但双方之所以对铁路建设看法不一,实际上是在当时的经济环境下,双方对铁路带来的经济影响的期待不同所致。反对派更加担心当时中国工业化进程尚未起步,连接通商口岸和商业中心的铁路网会不利于国内本土产业发展,容易产生负向溢出效应,不利于中国区域经济发展。

国内反对派对铁路建设可能造成经济影响的看法主要是:修建铁路对中国不利,是因为西方各国铁路建设可以促进对外贸易,而中国修建铁路仅能增加商品在国内的流动,财富总值并未增加。按照反对派代表人物刘锡鸿的观点,铁路的开通首先会导致商人阶层获利而民间百姓更为困苦,“虽商贾得利,何异夺此民以予彼民”[1];同时,流通成本降低使得可获得商品种类增加,奢靡之风盛行将导致消费增加而民间财产积累减少,“今行火车,则货物流通,取携皆便,人心必增奢侈,财产日以虚糜”[2]。这种观点固然有传统的“黜奢崇俭”以及“重农抑商”的思想痕迹,但将其放在宏观经济背景下考察,其担忧并非毫无价值。利于进口的铁路网主要连接了重要港口和商业城市,但最需要利用铁路来运输工矿产出品的企业仍然面临缺乏铁路的困境,这会直接抑制本土企业开设工厂的意愿和盈利能力。进口替代工业发展迟滞导致国内有限的资本陷入进口商品的消耗中,进一步导致国内资本缺乏,从而减缓工业化发展的进程,国内

〔1〕 张德彝:《随使英俄记》,岳麓书社 1986 年版,第 249 页。
〔2〕 张德彝:《随使英俄记》,岳麓书社 1986 年版,第 249 页。

经济结构将出现商业资本比例高而农业资本和工业资本均不发达的情况。

其次，铁路开通导致人口向通商口岸和枢纽城市集聚。“夫通商热闹之区，百工技艺、负贩佣夫，皆倚为谋生之路，食力之人，在穷乡僻壤，生计无聊，不过日趁数十钱，或百文钱而止。及至大埠谋生，每日有至二三百文者，食用虽贵，除去开销外，尚有盈余以畜其妻子。”[1]这客观反映了铁路会通过“虹吸效应”，将周边地区的人力以及资本进一步集中到中心枢纽城市，不利于中国区域间经济平衡发展。

再次，反对派认为与进口导向型经济所配套的铁路网规划也不利于中国出口经济的发展。刘锡鸿对洋务派所提出的铁路网建成后将有利于外贸出口的观点提出批评，他认为“中国……所销大宗惟丝茶耳，今年各路通商沿 江沿海边诸码头，岁销均若有定数，多寡不甚相悬。华商既特为洋装以待销，洋商亦预定华工以采买。倘丝茶所集逾额太远则由拥挤跌价之虞……火车运赴口岸不过徒边洋人，未足利中国也”[2]。尽管中国是丝茶出口大国，但在对外贸易中，华商并未拥有对这些大宗商品的出口定价权，对外市场完全由外国商家采取的订货制所控制。加之国内手工业“民多旷业，董劝无人，制造更鲜知洋式者。车虽疾驰，何所载以远服贾哉”[3]。因此，反对派认为：国内手工业不发达，所产商品仅仅是初级农产品，加之工艺落后，在国际市场并不具有竞争力，铁路的开通对于原有的货物出口帮助并不显著，相反，西方工业制成品价格低廉，在国内市场具有竞争力，产业结构发展水平差异导致铁路更加有利于进口而非出口。

支持建设铁路的意见则主要认同铁路对于市场整合的作用，认为其可以促进国内区域经济发展，产生对进口商品的替代作用。针对刘锡鸿等认为西方铁路建造后“自有铁路则货物流通，各行贸易皆比前繁盛，英商运货直达欧洲之外，所得皆他国之利也”[4]，支持铁路修建派进行了批评。如钟天纬提到：“然亦知我中国商务、矿务事事不及西人者，半由于工艺之不精，半由于运脚之太贵。有铁路则通功易事，物价自平，华货畅销一分，即洋货减销一分，保中国之利源，即以杜洋人之侵蚀。苟使十八省皆彼此以货易货，而不使银钱漏出外洋，

〔1〕 转引自薛毓良编：《钟天纬传》，上海社会科学院出版社 2011 年版，第 190 页。

〔2〕 刘锡鸿：《仿造西洋火车无利多害折》，《刘锡鸿遗稿》卷 1，文海出版社 1988 年版，第 79 页。

〔3〕 刘锡鸿：《仿造西洋火车无利多害折》，《刘锡鸿遗稿》卷 1，文海出版社 1988 年版，第 80 页。

〔4〕 钟天纬：《中国创设铁路利弊论》，载于《皇朝经世文统编》卷 90，考工部四铁路，https://ctext.org/wiki.pl?if=gb&chapter=652103&remap=gb。

即为计已得,原不必牟外洋之利也。"[1]其认为以铁路降低国内工矿商品的运输成本,确保国内工矿产品的价格优势,加之国内需求对生产形成牵引,最终将使铁路发展带动国内工业发展,实现对进口产品的替代。

无论是通过扩大国内货物贸易来替代进口商品,从而"保富于民"、间接促进经济发展的思想,还是反对修建铁路的保守派的主张,均是用传统的重商主义眼光将贸易看作"零和游戏",而对于铁路带来的运费降低和市场整合,以及两者所带动的分工扩大,进而促进工业与商业发展的功能,并未形成清晰认识。

二、清朝末期全国性铁路规划方案的涌现

进入19世纪80年代后,随着以"自强"和"求富"为口号的洋务运动的开展,铁路建设逐渐被提上了议事日程。1881年,清政府内部发生了关于修建铁路的著名争论。在这场争论中,洋务派提出了以"开拓富源"为中心的铁路建设主张。

洋务派"自强""求富"的目标主导了此时期的铁路规划思想。一方面,铁路在军事上可以迅速调运军队的重要价值一直为洋务派官员所推崇。1872年应对新疆危机时,李鸿章称:"俄人坚拒伊犁,我军万难远役,非开铁路,则新疆甘陇无转运之法,即无战守之方。俄窥西陲,英未必不垂涎滇蜀,但自开煤铁矿与火车路,则万国缩伏。"[2]1874年因日本入侵台湾而筹议海防事务时,李鸿章说:设置火车铁路"屯兵于旁,闻警驰援",这样"南北洋滨海七省,自须连为一气"。[3] 另一方面,铁路对于"求富"起着关键作用。如李鸿章称:"中国积弱,由于患贫。西洋方千里、数百里之国,岁入财赋动以数万万计,无非取资于煤铁五金之矿,铁路、电报、信局、丁口等税。"[4]这固然是强调铁路承办货运业务所带来的财政收入,但更为重要的是铁路对于煤铁资源的开采具有重要价值。洋务派认为,"盖铁路虽因运矿而起,而实不专恃运矿之用也,即以矿论,亦以煤铁

---

[1] 钟天纬:《中国创设铁路利弊论》,载于《皇朝经世文统编》卷90,考工部四铁路,https://ctext.org/wiki.pl? if=gb&chapter=652103&remap=gb。

[2] 李鸿章:《复丁雨生中丞》,同治十一年九月十一日,载于《李文忠公全书》朋僚函稿第12卷,第25页。

[3] 李鸿章:《筹议海防折》,同治十三年十一月初二日,载于《李文忠公全书》奏稿第24卷,第22—23页。

[4] 李鸿章:《复丁宝桢》,光绪二年八月二十六日,载于《李文忠公全书》朋僚函稿第16卷,第25页。

为大宗。然一省之矿产，只供一省之用，运诸他方，即不合算，山陕之煤不能供江南之用，川黔之铁亦不能济闽粤之需，何也？以就近有矿可采，自不必求诸远方。但邻近地方仰煤为炊、待铁为铸者，自以转运迅速为便。有铁路则成本可轻，运脚可贱，所利于矿务者，如斯而已。而销路既畅，即矿务愈兴，一矿获利，则人皆争思开矿矣"[1]。煤矿与钢铁工业是第一次工业革命诞生最关键的工业部门，而铁路对其生产原材料的运输极大地减少了开设工厂的地理阻碍。因此，洋务派非常重视铁路对于矿产资源运输和工业化的促进作用。通过修建铁路，不仅有利于煤铁矿开采及冶炼工业扩大其产品市场，也可以降低其原料成本，扩大原料来源。这将促进原本自然资源丰富但交通不便的地区通过工业化发展起来，有利于区域经济的平衡发展。

在此思路的指导下，铁路网规划也以"开拓富源"作为指导性原则。此后，中国的铁路建设非常重视在矿产资源丰富的地区修建铁路，并将其与主要的商业中心即最终产品消费地与港口连接起来。如因煤矿"非由铁路运煤，诚恐终难振作也"[2]，于是清政府计划让在开平矿区内建设铁路的基础上拓展建设的唐胥铁路，或者向北通向山海关，或者向南与南方各省通商口岸连接。这种将铁路与"开拓富源"联系，利用铁路推动开发当地矿产资源与兴办工业的思想，极大地影响了之后的铁路规划。

尽管连接商业枢纽和通商口岸的规划理念得到了继承和实施，但在兴修铁路中注重排斥外国影响也是当时铁路规划思想的一个鲜明特征。由于中国绝大多数干线铁路的修建由外国资本直接或间接控制，因此，铁路规划方案常会因外在压力而妥协。按照传统反对派的观点，铁路不应该连接首都等重要的政治中心和沿海口岸，否则外国势力可以在战争爆发时利用铁路迅速入侵内地。在光绪十四年至十五年，关于天津至通州铁路是否修筑一事，保守派大臣表示，"铁路势必举办，然此法可试行于边地，而不可遽行于腹地……"[3]，"请停津通路，宜设德州至济宁铁路，律通南北运河，不通洋人码头，我可独专其利"[4]。但在这种铁路建设原则下，铁路仅替代了原有的驿路和运河，成为封闭式经济内部循环的工具，且由于不连通海外与本国重要的政治中心等消费市场，因此，

---

[1] 转引自薛毓良编：《钟天纬传》，上海社会科学院出版社 2011 年版，第 189 页。

[2] 唐廷枢：《察勘开平煤铁矿务并条陈情形节略》，光绪二年九月二十九日，载于《开平矿务招商章程》，第 3—8 页。

[3] 转引自曾鲲化：《中国铁路史》，新化曾宅 1924 年版，第 39—40 页。

[4] 李鸿章：《驳京僚谏阻铁路各折函》，《李文忠公全书》海军函稿第 3 卷，第 22—27 页。

铁路的经济功能特别是通过促进市场整合进而扩大市场规模实现“斯密式增长”的功能将被显著削弱,最终铁路的建设无助于外向型经济的增长。

19 世纪末期,随着中国开放程度的加深,西方各国加大了其对于中国经济政策的影响,体现在铁路建设上就是攫取了更多地区的筑路权,并推行以港口辐射内地的铁路计划。法国在 1895 年后就试图从越南龙州接续建造至南宁、百色的龙州铁路,以及从北海至南宁及以北海为起点的滇越铁路,最终通过这一系列铁路的建设,将中国纳入以越南东京(河内)为中心的商务铁路网内。德国则在 1897 年山东教案后出兵山东,与清政府在 1898 年签订中德《胶澳租界条约》,清政府允许德国建筑从胶澳经潍县往济南和从胶澳经沂州、莱芜到济南的两条铁路,这一系列活动也构建了以胶州湾(青岛)为中心向山东内地辐射的铁路网。日本则希望以福建作为其势力范围,修建三条铁路:(1)从厦门对岸内地起,经过福州、邵武以及江西赣州、南昌,至汉口;(2)从福州起,经罗源,至三都澳止;(3)从江西南昌经过浙江衢州,至杭州止。美国和俄国则聚焦于东北地区铁路,如美国和兴公司于 1896 年提出:(1)以辽东半岛某一海港为起点,经牛庄向北经沈阳、吉林、齐齐哈尔,与西伯利亚铁路某站相连接;(2)从沈阳往南,伸向朝鲜边境。这一建筑计划的目的在于巩固西伯利亚铁路,开发满洲富源。之后的中东铁路和安奉铁路的走向,也与此计划有诸多相似之处。英国的铁路建筑计划更为庞大,它试图建筑的线路有:(1)由天津至镇江;(2)由河南、山西至长江;(3)由九龙至广州府;(4)由浦口至信阳;(5)由苏州至杭州或展至宁波。[1] 综观西方各国铁路建筑计划,铁路网的规划不仅延续了以往以通商口岸为中心、连接主要商业枢纽的原则,而且由于这一时期各国普遍进入了资本输出的时代,铁路建设要符合对华资本输出的目的,因此,此时铁路网的建设更为注重以通商口岸向内地的辐射来开发内地“富源”。通过铁路将资本输入内地,间接上促进了内地的工业化进程。

甲午战争后,清政府在反思战败原因时,认识到铁路“富强兼资”的功能,其不只便于调运军队,对于工商业繁荣也具有重要意义,“兴筑铁路,为方今切要之图”[2]。因此,1895 年冬,清廷发布了“实力兴筑”铁路的上谕,并先行设津卢(天津—卢沟桥)、卢汉(卢沟桥—汉口)两线,苏沪(苏州—上海)、粤汉(广州—

〔1〕 相关内容整理自宓汝成:《帝国主义与中国铁路:1847—1949》,经济管理出版社 2007 年版,第 86—103 页。

〔2〕 转引自宓汝成:《帝国主义与中国铁路:1847—1949》,经济管理出版社 2007 年版,第 53 页。

汉口)等线待日后相继开办。在这一铁路建设的热潮之下,负责铁路事务的官员和部门以及地方督抚纷纷提出各自的铁路规划方案。其中影响比较大的有盛宣怀、岑春煊与邮传部的全国铁路计划方案。

(一)以卢汉-粤汉铁路为中枢的全国铁路网计划

盛宣怀在1896年就任中国铁路总公司督办,负责卢汉铁路的借款和建设事宜。而这也构成了其以卢汉铁路为"中权干路",修筑直通南北的卢汉、粤汉铁路,构筑全国铁路网的思想。之所以以卢汉铁路为全国铁路的主干,因"芦汉一路, 乃中国铁路之大纲,将来南抵粤海,北接吉林,中权扼要在此,生发根基亦在此。气势畅通,全局自振"[1]。卢汉铁路居于中国中心位置,"南连湘粤,西通川陕,东达长江。利,则聚天下之全力以保畿辅;不利,亦可联十余省之精锐以保中原。今若改营镇津,芦汉停办,恐以后各路事权均属外人,无一路可以自主。数十年归还中朝之说,尽属子虚,大局何堪设想"[2]。

以卢汉铁路为中心,向东、西、南、北四面延伸构建全国铁路网,是在卢汉铁路修筑过程中逐步形成的规划。张之洞、盛宣怀、王文韶在《请饬各直省将军督抚通行地方帮同招集商股片》中叙述了此规划:"由粤汉以通两广,由苏宁以通上海,此两道为关系商务东南、西南两大干路,固宜展造;其自山海关外以达吉林,自黄河南岸以达关中,此两道为关系边防东北、西北两大干路,亦难从缓。但必照原议,先将芦汉筹定的款,布置就绪,立定根基,逐段推广,并俟前项各干路应用之款,陆续筹定,再听各省商民自行分造枝路。"[3]

此计划拟构建以汉口为中心的四条线路:作为纵横南北的大动脉的卢汉-粤汉铁路,作为东南区域干线的南京-上海铁路,从河南中部向西进入陕西的西北铁路,以及由北京出山海关通吉林关外的铁路。尽管这一铁路计划颇为粗糙,只是大略地概括了全国四条主干铁路走向,对于铁路的支线并未有所涉及,而是留待干线铁路完成后交给各省官民自行修建,但这一规划还是颇具时代前瞻性,由黄河南岸进入关中的铁路是当前陇海线的雏形,东北直达吉林线是之后京奉线的先声,南京至上海线则是沪宁铁路的构思。这一计划颇受英国麦克唐纳计划的影响,包括以汉口为中心以及修建上海至南京(镇江)一线的沿江铁路,均可从中看出这种痕迹。但这一线路也有许多独创性:首先在于对东北和

---

[1] 盛宣怀:《复陈借款保息并无大流弊电奏》,载于《愚斋存稿》1897年第21期,第7页。

[2] 盛宣怀:《寄总署、夔帅、香帅》,载于《愚斋存稿》1898年第30期,第20页。

[3] 宓汝成:《中国近代铁路史资料(1863—1911)》,中华书局1963年版,第264页。

西北等尚未开发或经济不发达地区的重视;其次是以中国内地为重点,而不是一味偏重于沿海沿江地区线路。之所以有这些特点,与当时的时代背景有关,即清廷在甲午战败后极为看重铁路的军事与政治功能。这一时期,随着1891年中东铁路的开工,俄国对于中国东北地区的影响加强,盛宣怀等一批官僚甚感东北地区要修筑与之抗衡的铁路线路,故设想“拟应先将榆路造至吉林,待俄路衔接……并分枝路至大连湾,以占水陆地势,归总公司自守权利,勿为俄人代造”[1]。

盛宣怀等一批洋务派大臣认为,西方各国已经控制了中国沿海地区的主要港口,如果再进一步由其建设以港口为中心辐射内地的铁路,则中国将进一步沦为其原料产地和商品倾销地,因此,中国需要自建内陆干线,同时修建沿海支线与外国控制铁路竞争,以保护本国商民的经济利益。

(二)以京师为中心的干线铁路网计划

晚清重臣岑春煊曾设想以北京为中心设置东西南北四大干线,其中南干线为京汉、粤汉至广州,北干线是出北京经张家口库伦至恰克图,东线由遵化出山海关经东三省到达瑷珲,西线则是经过直隶山西、陕西至伊犁。同时,他也极为简略地叙述了与之配套的支线:关外奉天、吉林、黑龙江的铁路属于东线管理,晋陕甘新青藏等地铁路归西线,热河蒙古线路归北线,齐汴皖苏闽浙赣铁路则属于南线。[2] 其设想充分体现了铁路规划以北京为中心的思路,北京周边地区的线路密集、等级高,走向也多延续传统驿路线路,对南方经济发达地区的铁路关注不足,这体现出其铁路规划方案以政治军事目的优先的特点。

邮传部在此基础上进一步提出了更为详尽的以京师为中心的铁路建设方案。[3] 其中,南线、北线与岑春煊计划一致;东线则在岑春煊基础上进一步明确应由新民过洮南、齐齐哈尔抵达瑷珲;西线则由正太(正定—太原)进入山西,过太原走同蒲线(大同—蒲州),再从潼关进入关中,直至兰州、伊犁。此方案更进一步详细规划了各支线:由北京向南到郑州分出一路支线作为南干线支路,经过开封进入安徽;到信阳则再分一路向东,经南京浦口进入江苏;至汉口向西分一支线,抵达西安;至武昌向东分一路进入江西;到湖南分一路向西进入贵州;最后到广州,则以广州为中心分为四路支线,通九龙,通澳门,经惠州、潮州

---

[1] 盛宣怀:《寄王夔帅》,载于《愚斋存稿》1897年第26期,第18页。

[2] 谢彬:《中国铁道史》,中华书局1929年版,第217页。

[3] 谢彬:《中国铁道史》,中华书局1929年版,第217—219页。

入福建，以及经梧州抵达桂林。北干线支路以张家口为副中心，一路向东抵达热河，一路向西经绥远抵达库伦，之后再分两支线，分别进入内外蒙古。东干线抵达天津后，连接胶济铁路；继续抵达沟帮子后分一路走营口，直达旅顺；到奉天连接中东铁路。西干线则到太原分一路出大同连接张绥铁路；至平阳分一支线向东南抵达泽州；再到潼关后分一路南下洛阳连接汴洛线；到西安分两路，一路向西北连接平凉进入宁夏，另一路走西南进入汉中进入成都，之后向东连接川汉线，向西进入云南连接滇越铁路；到兰州后分一支路出青海卫藏，连接印度。

面对外国势力在甲午战后对华全方位的经济渗透，特别是以铁路作为通商口岸在内地的延伸，晚清各界的全国性铁路规划多数是以北京作为中心向全国辐射的方案，体现出清政府要完全摆脱外部经济控制、加强对内政治和军事影响的思路。因此，以北京为铁路网的中心，侧重于对西部、东北边疆地区的辐射，可以有效地实现“以路治边”的目的。邮传部的方案与岑春煊过度关注铁路的政治、经济目的相比，着眼于进一步深化支线铁路路网密度，开发沿路经济方面的作用。在这一方案中，我们可以看出其受到了西方对华铁路规划线路的影响，例如浦口—信阳铁路以及大同—蒲州铁路的修建想法均与这一时期英国的方案相同。这一方面固然有受外国政治压力所迫的原因，更重要的是铁路所连接的信阳、大同等地富有茶叶、煤矿资源，建设铁路可以更好地实现开发当地资源的目的。并且在这些铁路规划中，沿海港口仅仅是路网的末端，而不是路网的关键性节点，这显然包含着清政府试图利用铁路来尽量控制外国利用沿海口岸对中国内地实施经济政治影响的目的。整体而言，清末全国性铁路规划思想仍然体现了政治目的有限、发展经济兼重的色彩，试图建立以北京为中心、向全国辐射、控制边疆的全国性铁路网，并且有意识地规划开发内地矿产、丝茶资源的线路来带动内地经济发展。

三、民国初年全国铁路规划方案的发展与深化

清政府在川汉、粤汉铁路收归国有事件中处理失当，导致四川保路运动爆发，进而引发了辛亥革命。因此，民国建立伊始，铁路就成为朝野上下共同关心的重要社会问题。在此背景下，如何确定全国铁路规划以实现政治经济社会发展等多重目的就成为各方讨论的重点，也因此形成了多种方案。其中交通部、孙中山、曾昭鹏、黄廷燮等均提出了全国性铁路网规划方案，中华全国铁路协

会、赵惟熙、俞凤韶等也分别提出了北方和南方铁路网草案。

(一)孙中山的“三大干线”到“五大系统”全国铁路网规划

孙中山在19世纪末期即开始呼吁利用铁路招徕内地过剩人口,开发边疆,抵御外国对于中国边疆地区的蚕食。他在1891年指出:“年来英商集巨款,招人开垦于般岛,欲图厚利;俄国移民开垦西北,其志不小。我国与彼属毗连之地,亦亟宜造铁路,守以重兵,仿古人屯田之法。”[1]铁路四通八达,沟通便利,对于经济而言可谓是命脉。因此,在1912年辞任大总统后,孙中山担任全国铁路督办,并形成了初步的全国铁路规划构想,包括三大干线:一是南路,起点于南海,由广东而广西、贵州,走云南,循四川东间道入西藏,绕至天山之南;二是中路,起点于扬子江口,由江苏而安徽、河南、陕西、甘肃,越新疆而迄伊犁;三是北路,起点于秦皇岛,绕辽东折入蒙古,直穿外蒙古,以达乌梁海。

在1919年的《实业计划》中,孙中山进一步完善了全国铁路路网规划。他在之前的基础上,将全国铁路分为五大系统:西北铁路系统,以建立于直隶湾中的北方大港为出发点筑双轨,分别建成8条干线,把沿江沿海人口稠密地区的无业游民运往西北,开发这块富足之地;西南铁路系统,由广州起,向各重要城市、矿产地引铁路线7条,形成扇形铁路网,各线与南方大港相连,以开发种种丰富矿产,城镇亦可以在沿途建立;中央铁路系统,这是铁路系统中最重要的,所及地区是长江经北之本部和蒙古、新疆一部,以北方、东方两大港为此系统诸路终点,拟建24条干线;东北铁路系统,包括满洲全部和直隶、蒙古各一部,以设于嫩江与松花江合流之处东镇为中心,拟建20条干线;扩张西北铁路系统,包括西藏、青海、新疆一部分,以及甘肃、四川、云南等地方,拟建16条干线。[2]五大系统构成一个“全国四通八达,流行无滞”的铁路交通网。

孙中山的铁路网规划思想是以沿海港口为中心,通过铁路向内地横向延伸。在孙中山看来,“当知振兴实业,当先以交通为重要。计划交通,当先以铁道为重要。建筑铁道,应先以干路为重要”[3]。铁路等基础设施的修建是前提,之后进行人口和资本向内地的转移,以铁路的建筑来带动内地资源开发和经济发展。其中,北方大港、东方大港以及广州分别被指定为中国三大出海口和铁路的出发点,内地则通过相互贯通的铁路网连接。三大港口既可以作为内

---

[1] 孙中山:《孙中山全集》第1卷,中华书局1982年版,第3页。
[2] 孙中山:《孙中山选集》,人民出版社1956年版,第97—136页。
[3] 孙中山:《孙中山全集》第2卷,中华书局1982年版,第383—384页。

地矿产开发和工业生产商品出口地，同时也可以引进西方先进的技术和资本。内地铁路网将沿海地区与内陆边疆地区相连接，不仅具有重要的军事意义，更是有利于过剩人口向边疆地区转移以促进边疆开发。

（二）以北京为中心的全国性铁路网计划

民国二年，交通部拟定了以北京为中枢的四大纵贯线计划。[1] 其计划从北向南，分别经过蒙古、山西北部，到达北京，向南走卢汉铁路到达汉口，再由粤汉、广九线直达九龙，这条铁路作为全国铁路的中轴线；东部纵贯线从满洲经直隶、山东、江苏、浙江，到达福建、广东北部；北部纵贯线则从江苏海州为起点，经过河南、陕西、甘肃，到达伊犁，最终和俄国中央亚细亚铁路连接；中央纵贯线则从上海经过武汉进入四川。民国十年，交通部又在已成线路基础上，实施以下计划：建设京奉线的锦州延长线，从锦州出发经过洮南、齐齐哈尔，以此作为东干线；并以京汉铁路连接已成粤汉铁路北段至广东韶州，定为南干线；将陇海铁路已成汴洛段延长至西安、兰州，进入新疆伊犁，定为西干线；以京绥线延长到恰克图，定为北干线。

黄廷燮在 1912 年《地学杂志》上刊登的《规定铁路政策》中叙述了自己以北京、汉口、上海为中心的四干线铁路网规划："(1)中央纵贯线起自蒙古，南达九龙，以北京为行政中枢，以汉口为通商要点；(2)东部纵贯线起自满洲，而直隶、山东、江苏，而浙闽粤，以上海为中枢，以天津、广州为左右翼；(3)北部横贯线本以胶济为起点，为德人敷设，乃开商埠于海州，以徐海路为起点入潼关，越甘肃达伊犁，与中央亚细亚铁路相接；(4)中部横贯线起自沪宁，西溯武汉入四川之沃野，达云南之奥区，与西伯利亚铁路成一平行线。"[2]

（三）以北京、汉口、广州为中心的全国铁路网规划

曾昭鹏设计了以北京、汉口、广州为三大中心，洮南、长沙、南京、成都、奉天、兰州、南昌、贵阳为八小中心的正副干线 20 条，支线 17 道，共计 101 278 里的铁路计划。[3]

纵向干线 4 条：(1)临广线：自吉林临江起，经延吉、长白至奉天，接京奉线、津浦线经过安徽太平、徽州、福州、漳州、惠州到达广州；(2)瑷广线：自黑龙江瑷珲起，经齐齐哈尔接齐昂经洮南、赤峰、热河到北京，接京汉、粤汉到广州；(3)恰

[1] 转引自谢彬：《中国铁道史》，上海中华书局 1929 年版，第 219 页。
[2] 黄廷燮：《规定铁路政策》，《地学杂志》1912 年第 11－12 期，第 20－21 页。
[3] 转引自谢彬：《中国铁道史》，上海中华书局 1929 年版，第 221 页。

钦线:自外蒙古恰克图起,经库伦、大同,接同成线至成都,再经过泸州、大定,抵达贵阳、泗城、百色、南宁至广西钦州;(4)塔亚线:自新疆塔尔巴哈台起,经库车、和田、宗拉济、扎什伦布、江孜到亚东。

纵向副线7条:(1)海营线:自黑龙江海伦府起,经呼兰、五常、蒙江、金城、通化、凤凰厅至营口;(2)襄榆线:自湖北襄阳起,经郧阳、西安、延安、绥远至榆林;(3)安开线:自安庆起,经六安、颍州、陈州至开封;(4)韶九线:自广东韶州起,经南雄、赣州、吉安至南昌接南浔达九江;(5)重厦线:自重庆起,经酉阳、永顺、常德、长沙、袁州、吉安、龙岩到达厦门;(6)宝龙线:自湖南宝庆起,经全州、桂林、柳州、南宁、太平到达龙州;(7)雅理线:自四川雅州起,经嘉定、丽江至大理。

横向干线4条:(1)伊塔线:自吉林伊兰起,经伯都纳、车臣汗、土谢图汗、三音诺颜、乌里雅苏台、科布多至塔尔巴哈台;(2)海疏线:自江苏海州起,循陇海路经凉州、肃州、哈密、库车、温宿至疏勒;(3)沪孜线:从上海出发,接沪宁、浦信(浦口—信阳),经过桐柏、襄阳、荆门、宜昌,接川汉线,经雅州、打箭炉、里塘、巴塘、察木多、拉里、拉萨至江孜;(4)甬腾线:自浙江宁波起,接甬杭线经严州、徽州、南昌、瑞州至萍乡,接株萍铁路经湘潭、宝庆、贵阳、普安、曲靖进入云南,经楚雄、大理至腾越。

横向副线5条:(1)吐伊线:自吐鲁番起,经迪化、精河至伊犁;(2)烟延线:自烟台起,经登州、潍县、兖州、济宁、卫辉接道清铁路,经过泽州、潞安、平阳、蒲州至延安;(3)广宝线:自广西宝州起,经贵县、肇庆、三水接广三铁路到广州;(4)百腾线:自广西百色起,经广南、开化、蒙自、普洱至腾越;(5)广钦线:自广西钦州起,经高州、阳江接新宁铁路,经过顺德到广州。

支路则有17条:(1)吉宁线:自吉林经过额穆到达宁古塔;(2)郧汉线:从湖北郧阳经兴安到达汉口;(3)瓜海线:自江苏瓜州镇起,经过淮安至海州;(4)施水线:自湖北施南起,经淮安至海州;(5)芜沪线:从安徽芜湖起,经过芜广路到达广德州,经过湖州至嘉兴,接沪嘉路到达上海;(6)广温线:自江西广信至玉山接常玉路,经衢州至温州;(7)衢绍线:自衢州起,经金华至绍兴;(8)宝益线:自湖南宝庆起,经新化至益阳;(9)蓬资线:自四川蓬莱镇起,到资阳;(10)郾陈线:自河南郾城经周口至陈州;(11)法新线:自奉天法库门经新邱至新民屯;(12)秦热线:自秦皇岛起,经过永平、喜峰口至热河;(13)汾灵线:自山西汾州起,经孝义至灵石;(14)延图线:自吉林延吉经珲春到达图们江口;(15)镇科线:自新疆镇西县起，经三塘湖至科布多；(16)云广线：自云南省城起，经广西州至广南府；(17)广兴线：自云南广南府起，经西隆州至兴义州。

(四)以广州、福州为中心的南方铁路建设方案

民国八年冬，军政府特任岑春煊为滇黔川陕粤桂湘闽八省铁路督办，当即设立八省铁路公署，由铁路界人士组织，并发行《路政之研究》杂志。其中，俞凤韶在上刊文，介绍其铁路规划。其计划是以广州、福州作为南方铁路中心，建设深入内地的铁路网。[1]

纵干线为从广州出发直达恰克图，连接西伯利亚铁路：第一段自广州经广西、贵州至重庆南岸，与川汉铁路相连，为渝广铁路；第二段自重庆至西安，与陇海铁路兼同成铁路接轨，为渝陕铁路；第三段自西安出河套至绥远，与京绥铁路接轨，为陕归铁路；第四段自归绥经内外蒙古，至库伦恰克图至俄境贝加尔湖滨，与西伯利亚铁路接轨，为蒙古铁路。

横干线则以腾冲到福州连接东南和西南地区：第一段自云南腾冲县，接缅甸八慕铁路，东经省城至贵州镇远，为滇镇铁路；第二段自镇远经湘西常德至长沙，与粤汉铁路接轨，为镇长铁路；第三段自长沙经株洲，接株萍铁路，经江西以达福州，为长闽铁路。

连接纵干线的支线有 5 条：(1)成渝铁路，由重庆至成都，此川汉铁路之干线也；(2)柳耒铁路，由柳州经桂林、湖南永州达于耒阳与粤汉线接轨；(3)浔龙钦铁路，由浔州经南宁，分一支线至钦州，一线至龙州，接法属越南铁路，此线重在国防，亦以利越南之交通也；(4)广厦铁路，由广州经惠潮以达厦门，此线为发展商务之要道；(5)延太铁路，自陕西延安至山西太原，接正太线。

横干线的支线有 3 条：(1)丰南铁路，自江西丰城县至南昌与南浔铁路接轨；(2)南杭铁路，自福建南平县经江西之玉山、浙江之常山，达于杭州，接沪杭甬线，此线于商业极有利益；(3)甬厦铁路，自厦门过福州，经三都澳入浙境至鄞县，接沪杭甬线。

俞凤韶铁路计划的突出特点是极为重视铁路的“商务性”，虽受到英法等国早期对中国西南铁路计划的影响，但是其建造计划在科学性上是存在进步意义的。该计划在宏观上试图以铁路网为枝干，加速内地市场整合，并通过港口以及与世界铁路的连接使中国铁路网融入全球铁路网中，同时完成国内市场与国

[1] 转引自谢彬：《中国铁道史》，上海中华书局 1929 年版，第 226 页。

际市场的整合。这点反映在其对于广州、福州的定位以及纵横干线的认识上,“此纵线如果完全告成,自伦敦至广州十四五日可达。欧洲与南洋呼吸相通,而广州实为中心点。广州必一跃而为东亚第一商港,复唐宋之旧观。此虽非旦夕所能几,而自形势及历史证之,则势有必然者也……此横线成,则中部腹地均得开发。自欧洲来者,可从仰光直达我国,缩减海程十余日。将来英人或更由印度筑路。横贯缅甸以接八募铁路,则欧非两洲旅客,可自孟买登岸,乘车达我东海之滨,福州必成重要商港亚于广州”[1]。该计划在微观上则区分了不同性质的铁路,并未单纯因为关注“商务性”强的线路而忽略不盈利线路的建筑。该计划非常重视沿海地区铁路网的构建,如“广厦铁路,由广州经惠潮以达厦门,此线为发展商务之要道”[2],“南杭铁路,自福建南平县经江西之玉山、浙江之常山,达于杭州,接沪杭甬线,此线于商业极有利益”[3]。该计划同时也注重西南、西北军事性质线路的建设,如“浔龙钦铁路,由浔州经南宁,分一支线至钦州,一线至龙州,接法属越南铁路,此线重在国防”[4],“延太铁路,自陕西延安至山西太原,接正太线,便京陕之交通”[5]。

(五)对清末民初全国铁路网规划方案的评价

相比于清末注重铁路的政治辐射功能,在民国初年的诸多铁路规划中,政府更为看重铁路的经济辐射功能,体现在以下三个方面:首先,铁路不仅以北京这一政治中枢作为路网的核心,商埠、口岸也开始在路网中居于中心地位,有利于发挥其带动周边地区经济发展的溢出效应;其次,边疆铁路规划不仅重视政治效应,而且意在通过与邻近国家铁路连接,将中国铁路网纳入世界范围内,进一步发挥路网扩张促进市场扩大的经济价值;最后,铁路规划方案不仅利用铁路对内地进行产业开发,更希望利用铁路迁移人口垦荒殖边,繁荣内地以及边疆地区的经济,体现出利用铁路线路来平衡区域经济发展的特点。

清末民初,全国性铁路规划思想充分展示了从“商务开发”向“开拓富源”的转变。“商务开发”起初是西方国家为了将中国纳入全球市场而采取的一种策略。在西方国家的计划中,中国应发展外向型农业经济,作为其原料产地和消费品倾销地。“开拓富源”则是由中国人主导进行工业化开发当地资源的策略,

---

〔1〕 转引自谢彬:《中国铁道史》,上海中华书局 1929 年版,第 227 页。
〔2〕 转引自谢彬:《中国铁道史》,上海中华书局 1929 年版,第 228 页。
〔3〕 转引自谢彬:《中国铁道史》,上海中华书局 1929 年版,第 228 页。
〔4〕 转引自谢彬:《中国铁道史》,上海中华书局 1929 年版,第 228 页。
〔5〕 转引自谢彬:《中国铁道史》,上海中华书局 1929 年版,第 228 页。

其目的是通过资源开发生产工农业产品,进行国际竞争,逐步替代国外进口产品,具有一定的"重商主义"特征。

这一时期铁路规划思想的演进历程,反映出国人对铁路网的定位从被动纳入独立自主发展外向型经济的转变。以上全国铁路网规划方案的对比反映在表 3.1 中,从中我们可以较为清晰地看出这种趋势性变化。由于西方国家只是将中国当作其"商务开发"的目的地,国人在铁路网建设之初对于将中国铁路接入西方控制的沿海港口极其抵触,以保守派官员为首的政府高层主张建设以北京为中心、辐射全国、封闭循环的铁路,这主要考量的是铁路的政治辐射功能。故清末铁路网建设后,以北京为中心、卢汉铁路为中轴的观点成为一段时期的主流,可以认为是保守派和洋务派在铁路建设领域观点的一种折中。以孙中山为首的另外一派的主张,则是基于发展外向型经济目的,出发点与早期西方对华铁路网的设想完全不同,关键在于通过掌握铁路和港口自主权,独立自主发展以沿海港口为中心、利用铁路经济辐射内地的外向型经济。在这种思想指引下,学者们主张在原有的外贸中心上海、广州之外,建设"北方大港""东方大港"以及"江苏海州"等作为出海口。这种观念影响了之后 20 世纪 20 年代东北地区与日本争夺铁路网和经济控制权的斗争。

表 3.1　　晚清民国时期铁路网规划方案

时间	设计者	规划范围	核心节点	建设目标
1898 年	盛宣怀、张之洞等洋务派官员	全国	卢汉铁路	卢汉、粤汉通两广、宁沪,山海关出吉林、沿黄河进关中的干线路网
不详	岑春煊	全国	北京	以北京为中心,东西南北四大干线连接各省
不详	邮传部	全国	北京	与岑案基本相同,除西北和东北地区具体路线略有差异;详细规划了各支线走向,主要以各省督抚驻地为关键节点
1919 年	孙中山	全国	东方大港、北方大港、广州	以港口为核心,深入内地的五大铁路系统
1913 年	交通部	全国	北京、江苏海州、上海、满洲	以北京为中心,卢汉、粤汉铁路为中轴线,以沿海港口为核心,建设东、北横贯线,连接西部和北部边疆

续表

时间	设计者	规划范围	核心节点	建设目标
1912年	黄廷燮	全国	北京、汉口、上海	纵向为京广、沿海省份铁路,横向为陇海线与沪宁汉川滇线
不详	曾昭鹏	全国	北京、汉口、广州	以北京、汉口、广州为三大中心,洮南、长沙、南京、成都、奉天、兰州、南昌、贵阳八小中心共计正副干线20条,支线17道
1919年	俞凤韶	南方省份	广州、福州	纵干线为广渝陕归蒙线,接入西伯利亚铁路;横干线为闽湘黔滇线,由腾冲入缅甸铁路网
1930年	东北交通委员会	东北地区	葫芦岛	从葫芦岛出发,分别连接东北地区西、北、东部边境的库伦、黑河、抚远
1906年	锡良等人	西南地区	布达拉	经过察木多经四川巴塘、打箭炉、雅州府到成都
1914年	阚铎	西南地区	成都	以成都为中心,川汉铁路为横向干线,南北以陕西同州—成都—昭通为干线
1936年	张锡龄	西南地区	各省省会	湘川线、湘黔线、湘桂线、滇黔线、川桂线和粤桂线
1935年	章勃	西南地区	成都	成都—重庆—沅陵—株洲线,成都—贵县—北海线,成都—康定—拉萨—亚东线,成都—昆明—贵县—广州线,株洲—贵阳—昆明—腾冲线,成都—宝鸡—西安线

整体而言,这一时期的铁路网规划思想出于政治和经济双重考虑,形成北京和沿海港口的多中心模式,铁路网积极连接外部出境口岸,无论是沿海港口还是外国铁路网,发展外向型经济的观点成为共识。这一时期以"开拓富源"为特征的铁路规划方案充分体现出自我主导发展外向型经济、参与世界市场竞争的心态。从效果上来看,这一时期的铁路规划设计奠定了未来中国铁路网的基本框架。诸如南北方向以卢汉、粤汉铁路为中轴,东西方向有陇海线,东部沿海和西部地区也分别有铁路计划,尽管当时受限于技术条件未能全部实现,但时至今日多数计划已经实现。

四、民国时期区域铁路网规划思想的兴起

民国时期铁路发展进入新的阶段。随着清末和民国初年干线铁路建设陆续完工，国人对于铁路的认识进一步深化，反映在铁路规划领域体现为微观层面区域铁路规划思想的繁荣。这一时期区域铁路网规划思想的兴起与繁荣有着主观和客观两方面的原因。客观原因有：首先，当时铁路空间布局严重不均衡；其次，外部战争和政治压力加大，催生了对于内地和边疆区域修建铁路、发展本土农工商业的现实性需求。

近代铁路布局存在“重沿海、轻内陆”的特点，是由于其发展长期受外部因素的影响。近代中国无论是筑路资金、技术还是铁路修建观念等均主要依靠外部供给，特别是近代铁路修筑资本中绝大多数来自外国借款，外国因此通过借款合同直接或者间接控制了铁路的经营和建设。图 3.1 反映出截至 1937 年中国九成以上铁路被外国所控制。外国为了将其在中国的势力向内地延伸，决定铁路选线基本上以沿海滨江的通商港埠作为起点，向内延伸。[1] 这样的铁路布局，在和平时期便于对中国进行商品输入和资源输出；而一旦发生战争，则可凭借其军事力量夺取港口、车站，长驱直入地进入内地。

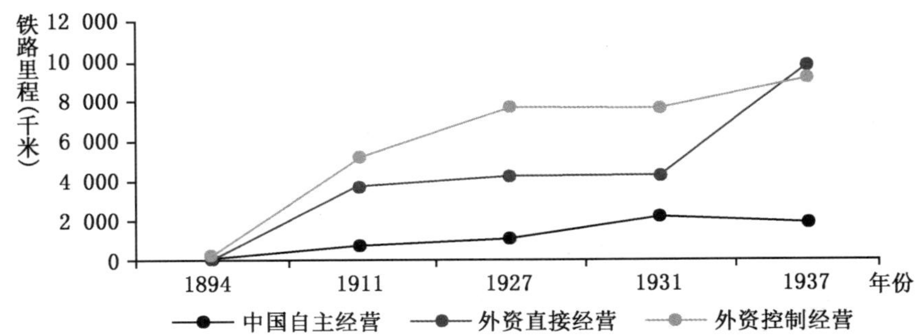

资料来源：严中平等编，《中国近代经济史统计资料选辑》，科学出版社 1955 年版，第 172—177 页。

图 3.1　近代中国不同资金来源的铁路里程变化

在这种布局思路下，中国铁路的空间分布极为偏颇。截止至 1937 年，占据全国土地面积 60%的西南、西北地区的铁路长度仅占全国(不含东北地区)里程

---

〔1〕 宓汝成：《帝国主义与中国铁路：1847—1949》，经济管理出版社 2007 年版，第 263 页。

的6%,华北地区的铁路约占70%,长三角地区的铁路约占24%。在1931年前,全国94%的铁路集中于包头—潼关、蒲州—柳州一线以东地区,其中仅东北地区铁路就占44%,长江以北占33%,长江以南占17%。[1]

除此之外,民国时期中国所遭受外部压力的增加也促使中国思想界日益重视内陆和边疆地区的铁路建设。一方面,日俄以铁路为工具,通过铁路附属地等在东北地区的政治、经济、军事多方面进行渗透,促成了20世纪20年代中国东北地区铁路网的竞争性修建;另一方面,1931年后随着日本侵华压力的增大,完善内地铁路的重要性日益为社会各界所重视。

(一)"以路治边"的东北铁路网计划

19世纪末,俄国获得中国东北铁路的建筑权,中东铁路作为俄国西伯利亚铁路的一部分,使得东北亚地区的货物可以经由大连港和海参崴港出口。而1905年日俄战争后,随着俄国战败,日本获得了长春以南的南满铁路的所有权,并继承了俄国在东北地区铁路上的权利。在日本的强烈要求下,清政府被迫同意:(1)安东、奉天间行军铁路,仍由日本国政府接续经营十五六年,并将"此路改良",作为"转运各国工商货物"的铁路[2];(2)为了保护南满铁路的利益,中方"不敷设与该路临近和与该路平行之任何干线"[3]。对于日方在东北地区的铁路建设意图,时任东三省总督的锡良指出,日方通过安奉线的改建,"一思与(朝鲜)京义线相连接",实现其"满韩联络政策",同时与南满铁路连接,"将安奉线作为南满洲线之支路",从而"彼自仁川而奉天,自奉天而北至长春,南至大连、旅顺,节节灵活,脉络贯通,乃得徐以侵蚀我人民有限之利益,启发我内地无尽之宝藏"。[4]

当时中国各界已经认识到日本和俄国在东北地区的铁路网构想是以港口(大连与海参崴)作为中心,以内地铁路干线作为延伸,并以内地支线作为营养线,从而整合东北地区的资源和发展贸易。为了应对日俄的港口-铁路系统对东北的经济侵略,20世纪20年代,东北当局提出东北交通政策的核心即"东北

---

[1] 金士宣、徐文述:《中国铁路发展史(1876—1949)》,中国铁道出版社1986年版,第584页。

[2] 《会议东三省事宜附约》,载于北京大学法律系国际法教研室编《中外旧约章汇编》第2册,生活·读书·新知三联书店1959年版,第440页。

[3] John, V. A. (1921), *Treaties and Agreements with and concerning China (1894—1919)*, New York: Oxford University Press, pp. 554－555。

[4] 《东三省总督锡良致外务部文》,宣统元年四月二十一日;《清宣统朝外交史料》第4卷,第6－7页。

各省间又须有主权在我之干路，且能与关内各干线衔接，构成系统，配合整个经济文化的共同发展”[1]。1922 年，张学良、杨宇霆等提出以连接东北三省省会城市的东干线和西干线为主体的自建铁路网计划。该计划中的西干线主要是修筑自打虎山到通辽的这段铁路，再经由已经建成的国有铁路郑通路、四郑路一直延伸到黑龙江省城齐齐哈尔；东干线为自奉天省城至吉林省海龙再向北延伸至吉林省城吉林市的铁路以及鹤岗和开丰铁路，实际上是连接沈阳、吉林、齐齐哈尔三大城市的铁路计划。

1924 年 5 月，在前交通总长叶恭绰的建议下，张作霖命令组建“东北交通委员会”，负责掌管东北交通行政管理，“以谋交通的发达、改良为目的”[2]，开始交通修筑计划，将发展铁路作为首要目标，以应对英、日、俄等国在东北的铁路渗透，建设独立自主的铁路网。1924 年，京奉铁路局局长常荫槐等提出以葫芦岛为出海口、延续东西干线铁路计划的动议，针对日本南满铁路修筑包围线路来进行竞争。随后从 1925 年开始至 1931 年，东北地方政府当局陆续开工修建了打虎山—通辽线、奉天—海龙线、吉林—海龙线、呼兰—海伦线、洮南—昂昂溪线、齐齐哈尔—克山线以及洮南—索伦线。

1930 年 4 月 25 日，东北交通委员会召开第一次东北铁路路权会议，并公布了“东北铁路网”计划。这一计划由三条干线及其支线构成：(1)东大干线：葫芦岛—沈阳—海龙—吉林—海林—伊兰—同江—抚远；(2)西大干线：葫芦岛—打虎山—通辽—洮南—齐齐哈尔—宁年—嫩江—黑河；(3)南大干线：葫芦岛—朝阳—赤峰—多伦。通过构建东北铁路网，“我方东、西、南干线各向北延伸，势必困南满路于核心，能从路线的优势，夺回运输权利”[3]。在这一计划中，葫芦岛港处于整个铁路网的核心位置。由于东北地区原有的营口港已经因辽河淤积而衰落，大连港掌握在日本手中，获得独立自主的出海口来发展外向型经济是打破日本南满铁路-大连港联运体系对东北货物运输垄断的关键。时人认识到“年来东北铁路建设兼程并进，线网之密非他省可能比拟，事固甚盛。惟在交通国际化之今日，苟无出口良港，则东省货物非东走海参崴，则南走大连，举凡四洮、吉长、吉敦、沈海、洮昂、齐克等路，名为我有，实则徒为外路之滋养线”，因此，“以无出口良港之故，一切利权尽归外人垄断，一息尚存，不能不亟思补救

[1] 凌鸿勋：《中国铁路志》，(台北)文海出版社 1982 年版，第 306 页。
[2] 袁文彰编：《东北铁路问题》，中华书局 1923 年版，第 85 页。
[3] 黄文焘：《中日俄竞争下之东北铁道网》，南京书店 1932 年版，第 310 页。

……故从地理经济观察,葫芦岛之开港,不特足以抵抗帝国主义者之经济侵略,亦为发展农工商业之要图也”。[1]

(二)西南地区铁路规划动议

西南地区由于地理位置靠近作为英法殖民地的东南亚和南亚地区,在中国铁路网最初的计划中成为关注重点,特别是英法等国均希望在西南的滇藏等地修建其殖民地铁路的延长线,并多次派遣勘测队进入西南地区腹地进行线路勘测。1906 年,四川总督锡良和驻藏办事大臣有泰就提出过以前藏布达拉为起点,越察木多经四川巴塘、打箭炉、雅州府到成都的窄轨铁路修建草案。民国初期,阚铎也曾因“吾国干支各线大都详于东南,而略于西南”而提出想要经营西南地区以成都为中心的西南铁路网,其中以川汉线为东西线,以同州到成都进而南下,经过嘉定、昭通进入云南的线路作为南北线。通过同成线(大同—成都铁路)等完善西南地区铁路网不仅有助于西北和西南地区的军事防御,而且在经济上则“富源大开,其有利于实业经济”[2]。

对西南地区铁路的重视,在 1931 年后民族危机加重之时达到高峰。由于日本加大了对华入侵,强烈的外部战争压力促使开拓腹地、增强战略纵深成了最为迫切的现实动因。而近代以来,中国形成的沿海地区铁路网密集、内陆铁路稀少的格局,极不利于应对外部随时可能爆发的军事入侵,“穷惟今日我国之形势,沿海各省,随时有被侵占之可能,其时为长期抵抗计,势须暂退西北、西南方面固守,然后徐图恢复。惟一旦战事爆发,全国动员,则军事运输,军粮供给,军械补充、战时财政,均非可以随时凑合,必先未雨绸缪,做一整个计划……惟是欲达前项目的,非先从交通着手,势不可能。故铁路网之先向西北、西南进展,实则不容缓”[3]。

张锡龄提出的“西南铁路网”有六大干线:湘川线、湘黔线、湘桂线、滇黔线、川桂线和粤桂线,通过这一铁路网联系西南各省省会。[4] 章勃则进一步提出了西南铁路规划四大原则:“其一,道路线除因军事或地形上不可避免者外,以不与水道公路平行为原则;其二,铁道路线除因军事或国民需要最急切者外,以选择抵抗力至少者为原则;第三,铁道路线除因军事或政治上有绝对必需者外,

[1] 《东北年鉴》,东北文化社 1931 年版,第 549—550 页。
[2] 阚铎:《经营西南两边宜建同成铁路之计划》,《铁路协会会报》1913 年第 10 期,第 11 页。
[3] 劳勉:《铁路网向西北、西南进展之经济价值》,《铁路杂志》1935 年第 1 卷第 3 期,第 1—2 页。
[4] 张锡龄:《关于兴筑西南铁路网的探讨》,《前途》1936 年第 4 卷第 7 期,第 35 页。

以选择有利之途为原则；第四，铁道路线除受地形限制外，所有主要都市及军事重镇必须以相互联络为原则。”[1]概括而言，这四大原则即非竞争性、低成本性、营利性与联网性。基于这四大原则，建立以成都为中心，联络西南、西北广大地区的六大干线铁路网主要包括：成都—重庆—沅陵—株洲线，成都—贵县—北海线，成都—康定—拉萨—亚东线，成都—昆明—贵县—广州线，株洲—贵阳—昆明—腾冲线，成都—宝鸡—西安线。

劳勉进一步阐述了开发西南铁路的重要意义。首先，西南铁路对于缓解全国人口不均衡问题具有重要价值。此时，西南、西北地区人口密度仅为南京、上海、北平、广州、天津、汉口六大都市人口密度的 0.082 8%，尽管“固知农民之奔向都市移动，为近代国家之普遍现象”[2]，但铁路网的完成可以缓解东部地区人口在近代激增与向城市集中导致的“农村愈形荒落，都市之失业人口愈多”的窘境[3]。其次，铁路对于促进金融流通和空间上资源跨区配置具有重要意义。劳勉观察发现，东西部地区金融市场整合程度极低、利差极大，宁陕甘滇贵等省农民平均借款利率为 3 分 9 厘 8 毫，而南京、青岛等城市月息仅 1 分 3 厘 6 毫。东部沿海地区“因之信用膨胀，演成畸形之发达”，如土地之投机买卖“幼稚工业之互相竞争”。[4] 铁路的开通有利于国家基层治理能力的提升，“盖交通既便……且复消息变通，驻防内地之不法军队，贪官污吏……信息遍传国内，则必有所畏忌，不能不稍为敛迹”[5]，扭转因社会不稳定造成的资本集中于都市的趋势。之后在套利动机的驱动下，金融资源不至于过度集中于东部沿海都市，会通过铁路“渐次移归于内地”[6]。最后，西部地区铁路建设对于开发西南地区农业、林业、矿产，发展重工业，提高经济自给能力极为重要，并能够避免因原有铁路均与沿海商埠连接导致的产品与外商竞争激烈的局面。

（三）北方铁路干线规划的提出

民国初年，中华全国铁路协会提出了北方铁路计划，这一计划包括两条干线。其中，中部干线从江苏江北出发，经过开封、西安、兰州、哈密、天山南路至喀什噶尔出境，并跨越帕米尔、克什米尔国、阿富汗喀布尔和波斯德黑兰，经土

---

[1] 章勃：《完成西南铁路系统与民族复兴(三)》，《交通杂志》1936 年第 12 期，第 9 页。
[2] 劳勉：《铁路网向西北、西南进展之经济价值》，《铁路杂志》第 1 卷第 3 期，第 3 页
[3] 劳勉：《铁路网向西北、西南进展之经济价值》，《铁路杂志》第 1 卷第 3 期，第 4 页。
[4] 劳勉：《铁路网向西北、西南进展之经济价值》，《铁路杂志》第 1 卷第 3 期，第 7 页。
[5] 劳勉：《铁路网向西北、西南进展之经济价值》，《铁路杂志》第 1 卷第 3 期，第 7 页。
[6] 劳勉：《铁路网向西北、西南进展之经济价值》，《铁路杂志》第 1 卷第 3 期，第 9 页。

耳其小亚细亚直到伊斯坦布尔。北部干线则以北京为起点,经绥远、乌兰诺尔、乌里雅苏台、塔尔巴哈台出境,之后沿额尔齐斯河至米巴拉汀斯克车站,连接俄国西伯利亚铁路支线阿尔泰线。

1912年,时任甘肃都督的赵惟熙提出以军用为目的的中国北方地区铁路建设方案,此计划以张家口作为铁路中心,包括东西两线。东线由京张铁路展筑至库伦;西线则由张家口西经绥远城沿黄河北岸,迤南到达宁夏,再沿着北纬三十八度,穿越贺兰山,经过蒙古阿拉善厄鲁特旗地,继续沿现有驿路出嘉峪关抵达哈密、乌鲁木齐,最终抵达伊犁。由于此项铁路计划为“国家军用铁路性质”,加之“西北货少人稀,商办必难有成……旷日靡费也”[1],因此,在路线选择上,赵惟熙认为“取径自宜直捷”,线路“不必绕道西安、兰州,旷日靡费”,而把宁夏作为西北地区军粮供应的中心,“宁夏富有水利,加以开辟,粮丰而仓庾盈,东可顾京畿根本之地,西可顾边疆军食之资”[2]。

五、从“商务开发”到“开拓富源”铁路规划思想的转变

近代铁路规划方案肇始于外国势力试图以铁路深入中国内地、开拓贸易的尝试。在这种思路下,铁路主要连通在华通商口岸和外国的殖民地为主,以方便外国货物对中国内地输出,这种以“商务开发”为目的的铁路规划试图将传统中国变成外向型经济体。对于这种带有“经济侵略”性质的规划方案,国人特别是保守派大臣等从安全和经济民生角度对其进行了批判,强调即使建设铁路也应当避开港口,并侧重于发挥铁路对于边疆地区的军事政治辐射功能。这种思想也在一定程度上影响了之后中国铁路网以政治中心为核心的规划思路。清末民初的诸多全国铁路规划方案均体现出以北京作为核心、向全国辐射的思想。但因铁路具有促进经济集聚效应的作用,如果只是将通商口岸等经济发达地区进行连接,可能会造成发达地区和欠发达地区间区域发展不平衡程度恶化及经济结构中商业畸重,这种规划思路不利于中国工业化和实现长期经济发展。所以,洋务派官员在铁路规划中首次提出要利用铁路开发沿线矿产资源来带动地方产业和经济发展,即“开拓富源”的思想。

民国初年全国性铁路网规划中,以政治中心为路网中心节点的思想得到了继承,以重要商埠如上海、汉口、福州等作为路网中心的思想大量出现,并且这

〔1〕 转引自谢彬:《中国铁道史》,上海中华书局1929年版,第226页。
〔2〕 转引自谢彬:《中国铁道史》,上海中华书局1929年版,第226页。

一时期的路网规划思想超越了以往试图在国内建立封闭循环铁路网的观念，主张与世界铁路进行接轨。这种迥然不同于先前保守观念的思路的出现，与国内“开拓富源”思想的发展有着紧密的联系。在此时期，连接世界路网的基础是利用铁路来促进技术、劳动力以及资本向内地欠发达地区流动，并且当地进行工业化后生产的产品可以直接利用铁路以较低的成本进入通商口岸以及国内商业中心，与国外进口商品进行竞争，同时也可以增加对外贸易，开拓世界市场。在 1920 年后，区域铁路网规划的兴起不仅是对于前一阶段全国性干线铁路建设空间分布不合理的回应，同时也受到国内政治势力的分割与对外战争压力增大的大环境的影响。这使得国内区域铁路网规划思想又变得保守：外部日本产生的强大军事压力促使国内铁路规划更偏重于西南、西北等战略腹地，铁路的修建服务于开发内地资源、建设“自给经济”的主要目标。

铁路网规划思想从“商务开发”向资源开发与人口迁移并重的思路转换，体现出了国人对于铁路带动区域经济发展的认识的变化。晚清保守派对西方铁路建设方案的讨论体现出这一时期国人最为担心的是，为“商务开发”而将发达的商业中心和通商口岸连接在一起的铁路网不能使广大内陆地区享受到铁路带来的运输成本降低的好处，通商口岸以及已发达地区富裕的资本、技术等无法快速流入内地，不能促进内地矿产资源开发与工业化进程。内陆地区即便设立了工矿企业，也会因交通不便、产品运输成本过高而不具备与外国进口商品市场竞争的能力，并进一步导致内地资本向通商口岸等铁路沿线发达地区集中。铁路的“虹吸效应”将使区域经济发展水平差异持续扩大。因此，在之后洋务派的路网规划思想中，内地工业化与铁路建设是一起进行的。铁路作为重要的交通运输工具，通过连接资源产地和商埠，降低资本、技术进入内地和产品输出的成本，从而成为晚清工业化的重要推手。孙中山进一步阐述了在货运和客运方面，铁路连接已发达地区和未发达地区所产生的效果要好于连接两个已发达地区。他解释了两点理由：一方面，“在两端皆人口至多者，舍特种物产此方仰赖彼方之供给而外，两处居民大都生活于自足经济情况之中，而彼此之需要供给不大，贸迁交易，不能得巨利。至于一方人口多而他方人口少者，彼此经济情况，大相径庭。新开土地从事劳动之人民，除富有粮食及原料品，以待人口多处之所需求而外，一切货物，皆赖他方之繁盛区域供给，以故两方贸易必臻鼎盛”[1];另一方面,“筑于两端皆人口至多之铁路,对于人民之多数无大影响,所受益者惟少数富户及商人而已;其在一方人口多而他方人口少者,每筑铁路一咪开始输运,人口多处之众必随之而合群移住于新地,是则此路建筑之始,将充其量以载行客”[2]。之后在民国区域性铁路网的规划中,学者们进一步奉行孙中山的铁路建设、资源开发与人口流动的理念,“吾人遵奉总理遗教,再三强调铁路网之完成,战时则有如上述;平时则调剂沿海各人口,救济失业,救济农村,促成农村工业化,形成工业品自给,充实内地金融,凡此种种,均须以铁路为先行条件”[3]。

第三节 铁路与边疆开发的思想实践:来自近代东北的实证证据

一、近代东北地区铁路建设与经济发展的研究意义

近代以来利用铁路开拓边疆的思想为社会各界所重视,开发边疆地区不仅有助于挖掘边疆地区的经济潜力,同时对于边疆地区的政治安全与稳定也具有重要作用。然而,近代各界人士在提出相关观点时,只是进行了逻辑推演,并未能提供足够的证据来证实其观点的有效性。因此,本节试图分析东北地区边疆铁路建设对该地区经济所产生的影响,以此来检验近代有关观点的合理性。

中国东北之所以成为我们的研究对象,原因之一在于其特殊的历史。近代中国东北在整个东北亚地区作为连接满蒙与朝鲜半岛的特殊区位,备受帝国主义列强的注视。东北地区尚未开发的状态与丰富的农业、林业、矿产资源,也吸引了各国列强,它们希望通过修建铁路获得对东北地区的经济影响,加强其与本国的经济联系。在这种背景下,随着中东铁路的建成,以及 20 世纪 20 年代中国东北当局地方铁路建造计划的逐步开展,东北地区成为近代中国铁路里程增长最为迅速的区域。迅速扩张的铁路线,吸引了关内过剩人口向东北地区转移,推动了东北地区人口积累与城市化、工业化进程。1903 年,由俄国人修建并

---

[1] 《孙中山全集》第 6 卷,中华书局 1982 年版,第 262—263 页。

[2] 《孙中山全集》第 6 卷,中华书局 1982 年版,第 262—263 页。

[3] 劳勉:《铁路网向西北、西南进展之经济价值》,《铁路杂志》1935 年第 1 卷第 3 期,第 2 页。

运营的中东铁路开通后，国内移民以及俄国人大量进入东北[1]，并且人口经由该铁路不断扩散，在铁路周边逐渐形成了许多人口密集的集镇。然而，现有研究多集中于铁路如何吸引外部移民进入东北，以及铁路修建对于移民产生的长期经济影响[2]，而另外许多学者通过历史学的方法考察了铁路修建对东北城市化的影响，却未提供有效的因果识别。因此，我们试图利用近代东北地区的铁路与经济发展数据，考察东北地区铁路如何影响移民在当地的分布模式，从而对当时流行的利用铁路实现屯垦殖边的思想的实践效果进行探讨。

研究东北地区的另外一个重要原因是东北作为边疆地区，铁路选址时排除了原有经济发展水平的影响，更便于我们识别铁路建设对边疆开发的影响。当前对交通基础建设和经济增长的研究主要有两个方向：其一是基于新古典经济增长模型，利用时间序列数据考察其影响[3]，然而，由于时间序列数据可能存在“伪相关”，因此，其结论差异过大，从而并不可靠；其二是使用空间计量方法和面板数据，研究交通基础设施对当地的空间溢出效应[4]。但上述研究依然无法很好地解决原有的两个重要问题。首先是交通基础设施尤其是铁路对当地的经济发展是否具有因果关系影响；其次是这种影响的正负性仍然无法明确。

之所以存在这样的问题，原因在于交通基础设施和当地经济发展存在严重的内生性问题：一方面，交通设施的改善促进了当地经济发展，而当地经济发展更好的地区也可能具有更强的修建和改善交通基础设施的需求和能力。为了解决这样的问题，当前经济学界主要使用三种方法。第一种是所谓的虚拟交通线方法。例如，Banerjee et al(2012)通过构造中国历史重要城市与最早开放口

---

〔1〕 吴希庸：《东北近代移民史略》，《东北集刊》1941 年第 2 期，第 31 页。

〔2〕 李楠：《铁路发展与移民研究——来自 1891—1935 年中国东北的自然实验证据》，《中国人口科学》2010 年第 4 期，第 54－66、111－112 页。

〔3〕 Hulten, Charles R. and Robert M. Schwab(1991), “Public Capital Formation and the growth of regional manufacturing industries”, *National Tax Journal*, Vol. 4, No. 4, pp. 121－34; Kelejian, Harry H. and Dennis P. Robinson(1997), “Infrastructure productivity estimation and its underlying econometric specifications: A sensitivity analysis”, *Papers in Regional Science*, Vol. 76, No. 1, pp. 115－131.

〔4〕 胡天军、申金升：《京沪高速铁路对沿线经济发展的影响分析》，《经济地理》1999 年第 5 期，第 101－104 页；张学良、聂清凯：《高速铁路建设与中国区域经济一体化发展》，《现代城市研究》2010 年第 6 期，第 7－10 页；李红昌、Linda Tjia、胡顺香：《中国高速铁路对沿线城市经济集聚与均等化的影响》，《数量经济技术经济研究》2016 年第 11 期，第 127－143 页。

岸之间的虚拟交通线,发现距离交通线更近的地区经济发展更快,贫富差距更低[1];Faber(2014)对于中国高速公路系统的类似研究也证明了相似的结论[2]。第二种是历史自然实验的方法,提供宏观或者微观的实证证据。如Datta(2012)将印度四边形高速公路更新计划作为一次准自然实验,这次高速公路改造计划使用原有的高速公路系统,实验发现道路条件的改善对于沿线城市企业的经营产生了较大影响,这些企业通过更优质的道路得以降低原料存货周期,并且有更多的供货商可以选择[3];梁若冰(2015)则利用中国近代化开放口岸和铁路研究了交通对于贸易和工业化的影响[4]。第三种是安慰剂检验方法。代表就是Donaldson(2018),在对印度铁路网修建对降低贸易成本、提高实际收入与促进福利等效用的考察中,使用原计划但并未实际修建的线路作为"安慰剂",通过考察计划线路与区域经济的关系,并未发现两者之间存在显著正向关系,从而消除了潜在内生性问题。[5] 然而,以上方法并不能完全解决内生性问题。

清代以来东北特殊的地理位置、所施行的人口政策,能帮助我们较好地排除原有交通基础设施、人口分布对识别的干扰。满族发源于长白山地区,其在1644年入关之后对山海关外采取了"封禁"政策。清朝在中国东北地区基本没有设立府县,管理模式主要是通过设立若干都统辖区实行治理,并对关外采取禁止汉人进入的政策,使得中国东北在近代之前基本处于尚未开发的状态。为了应对19世纪下半页俄罗斯和日本对东北逐步蚕食导致的边疆危机以及直隶、山东等华北地区严重的失地农民问题,清政府才逐步放开东北封禁政策,陆续开放了鸭绿江流域和盛京围场、吉林的官荒和参地、松花江以北和科尔沁蒙地。到光绪末年,东北全部土地向移民开放。据估计,清末进入东北地区的移

---

〔1〕 Banerjee, Abhijit, Esther Duflo, and Nancy Qian (2012), "On the road: Access to transportation infrastructure and economic growth in China", *National Bureau of Economic Research*, No. w17897.

〔2〕 Faber, Benjamin (2014), "Trade integration, market size, and industrialization: evidence from China's National Trunk Highway System", *Review of Economic Studies*, Vol. 81, No. 3, pp. 1046—1070.

〔3〕 Datta, Saugato (2012), "The impact of improved highways on Indian firms", *Journal of Development Economics*, Vol, 99, No. 1, pp. 46—57.

〔4〕 梁若冰:《口岸、铁路与中国近代工业化》,《经济研究》2015年第4期,第178—191页。

〔5〕 Donaldson, Dave (2018), "Railroads of the Raj: Estimating the impact of transportation infrastructure", *American Economic Review*, Vol, 108, No. 4—5, pp. 899—934.

民及其后裔总数在1 000万左右。[1] 1896年中俄同盟密约规定，俄国人可以在中国东北修建贯穿东北的“T”字形中东铁路(这条铁路从俄国的赤塔出发，经过满洲里、哈尔滨、绥芬河，最后到达海参崴，其支线从哈尔滨南下经过长春、沈阳到达大连)，并且获得了铁路两边附属土地的经营权。中东铁路在选址过程中主要考虑如何降低工程技术上的难度，并且避开了清朝原有的人口聚集地区，例如宁古塔、吉林、营口等地，使得其选址线路较少受到原有区域经济发展水平的影响。由于这种相对外生性的铁路建设有利于更好地识别铁路对于区域经济影响的因果关系，因而我们使用中国东北地区作为试验场，利用其特殊的历史背景构建面板数据库，使用计量回归的方法考察东北铁路建设对当地城市化的影响。

二、实证策略与数据来源

为了考察东北地区铁路对于边疆开发特别是对人口迁移的影响，我们构建了1931年东北经济社会截面数据库，并使用OLS估计铁路开通对于近代东北经济的促进作用。

估计方程为：

$$y_i=\beta_1 rail_i+\gamma X_i+\epsilon_i \tag{3.1}$$

式中，y_i为被解释变量，本书选取了1931年东北各县的人口密度和城市化率。人口密度常被经济学家用作衡量经济发展水平的代理变量。[2] 本书使用1931年东北文化社出版的《东北年鉴》所记载的东北县级人口数据和各县面积，计算出各县的人口密度；同时利用其中记载的东北各县的城市人口数据，计算出各县的城市化率。

$rail_i$是核心解释变量，用来衡量当地铁路的通行情况。为了从多个角度衡量铁路通行对于当地经济的影响，本书使用当地是否通行铁路(是=1)作为解释变量。同时铁路线路的繁密和火车站设置的数量均可能对经济产生不同程度的影响，为此本书又使用当地火车站密度和当地铁路里程密度作为解释变

---

〔1〕 杨军编：《走向陌生的地方——内陆欧亚移民史话》，兰州大学出版社2011年版，第159—162页。

〔2〕 Acemoglu, Daron, Simon Johnson, and James A. Robinson (2001), “The colonial origins of comparative development: An empirical investigation”, *American Economic Review*, Vol. 91, No. 5, pp. 1369—1401.

量。当地铁路里程、火车站点数据均来自马里千(1983)的《中国铁道建筑编年简史(1881—1981)》和《东北年鉴》(1931),并将其除以各县面积得到火车站密度和铁路里程密度。

X_i 为控制变量,包括经济、政治、资源禀赋以及制度等变量。由于近代商埠的开设对区域人口分布具有重要影响,因而在此实证部分,添加了当地是否为商埠(是=1)以及开埠时间作为控制变量,此数据来自《东北年鉴》《晚清东北商埠格局变迁研究》(2007);由于当地及可能受到作为区域政治中心的省城的辐射影响,特别是这种政治因素可能会影响当地早期的人口迁移,故本书选取当地设县时间、所设县的等级以及该县与省城的距离作为政治因素控制变量,进一步控制政治影响对人口分布的影响,此数据来自《东北年鉴》(1931);由于东北有丰富的矿产资源,而矿产开发会导致矿工以及附属服务业等劳动力的流入,为了控制这一影响,在此添加了东北最主要的煤炭、铁矿与金矿在各地的储藏情况作为控制变量,此数据来自《东北年鉴》(1931);另外,由于日本和俄国在中东铁路和南满铁路沿线设立了诸多附属地,这些附属地因具有日本侵略者和帝俄时代的制度属性,可能会导致商业、人口的集聚,因此,为了控制这一效应,本书将当地是否具有附属地作为控制变量,此数据来自程维荣的《近代东北铁路附属地》(2008)。表 3.2 给出了主要变量的基本统计描述与数据来源。

表 3.2 **基本统计描述**

变量名	观测值 (1)	平均值 (2)	标准差 (3)	最小值 (4)	最大值 (5)
是否通行铁路(是=1)	154	0.474	0.501	0	1
火车站密度(个/千平方公里)	153	0.744	1.244	0	9.043
铁路里程密度(米/平方公里)	153	8.842	14.07	0	80.07
是否有铁路附属地(是=1)	154	0.201	0.402	0	1
人口数量	153	166 393	160 059	234	804 623
人口密度(人/平方公里)	153	37.68	41.50	0.021 6	173.9
城市人口数	136	19 638	38 306	218	361 633
城市化率(%)	136	15.70	31.27	0.603	333.3
面积	153	7 881	7 461	1 063	50 000
是否为商埠	154	4.409	10.81	0	73
开埠时间	154	0.162	0.370	0	1
设县时间	154	39.23	61.27	1	278

续表

变量名	观测值 (1)	平均值 (2)	标准差 (3)	最小值 (4)	最大值 (5)
该县等级	154	2.377	0.929	1	4
该县是否有金矿(是=1)	154	0.169	0.376	0	1
该县是否有铁矿(是=1)	154	0.136	0.344	0	1
该县是否有煤矿(是=1)	154	0.474	0.501	0	1

表 3.3 初步展示了作为实验组的通铁路地区和作为对照组的不通铁路地区的人口分布模式之间的关系。从表中可以看出,通铁路地区的人口密度显著高于不通铁路地区,而两者城市化率不存在显著差异。图 3.2 进一步考察了铁路在当地的分布与人口密度和城市化率之间的关系。从图 3.2 中的图(a)(b)可以看出,当地火车站密度、铁路里程密度与人口密度之间可能存在正向关系;而图(c)(d)则显示出两者与城市化之间的关系并不明显。

表 3.3　通行铁路与人口分布的基本统计描述

	通铁路地区	不通铁路地区	均值差	标准差
人口密度(人/平方公里)	56.537	20.480	36.057***	6.203
城市化率	0.136	0.14	−0.004	0.273

说明:搜集到人口密度数据的通铁路地区有 73 个县,不通铁路地区有 80 个县;搜集到城市化率数据的通铁路地区有 66 个县,不通铁路地区有 70 个县。

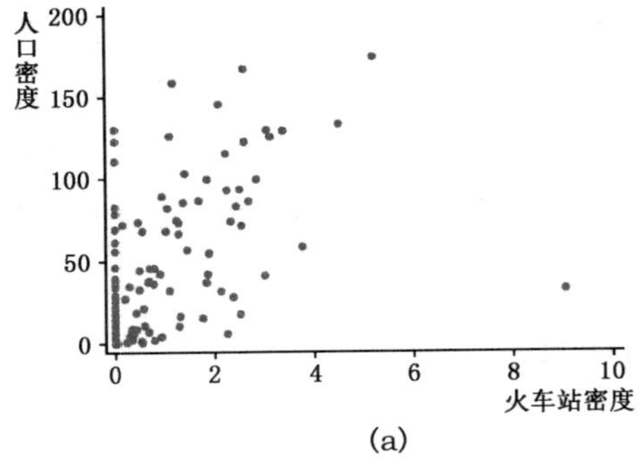

(a)

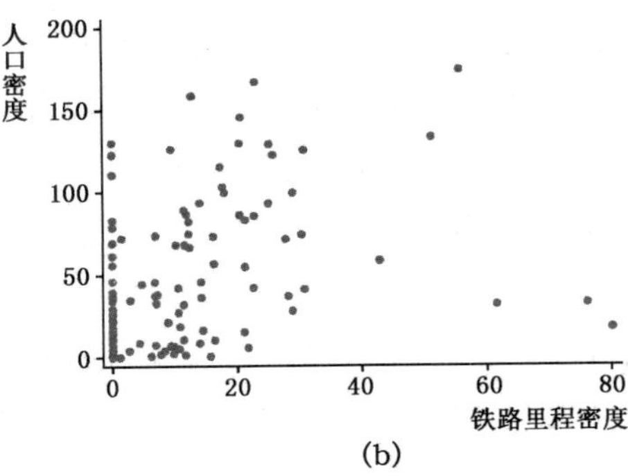

(b)

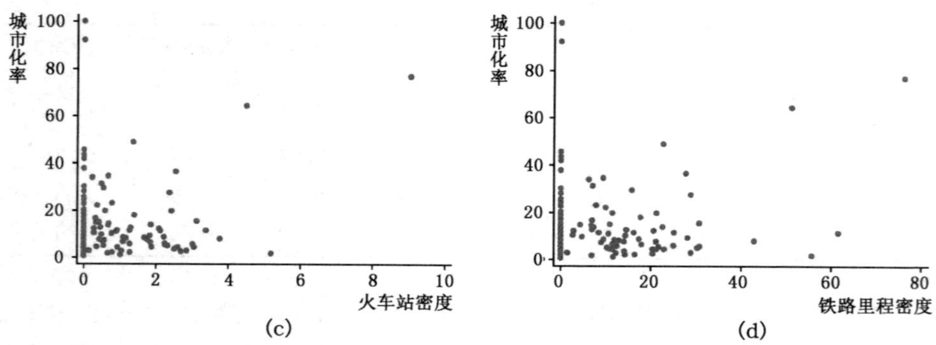

说明:图(a)(b)分别展示了人口密度与火车站密度和铁路里程密度的关系;图(c)(d)则分别展示了城市化率与火车站密度和铁路里程密度的关系。

图 3.2 铁路里程、车站数量与人口分布

三、东北铁路建设对边疆人口分布影响的实证结果

表 3.4 给出了 1931 年东北铁路建设与经济发展影响的实证结果。第(1)列考察了当地通行铁路对人口密度具有显著影响,结果显示当地通行铁路导致人口密度上升 154.7%。而在第(2)列,为了进一步控制各县经济、资源以及政治因素对人口密度的影响,将一系列控制变量加入方程后,回归结果显示当地通行铁路对人口密度仍然具有显著性影响。在第(3)列,将当地是否存在铁路附属地加入方程中,结果显示铁路附属地并未对当地人口密度产生显著影响,铁路开通对当地人口的促进作用仍然十分显著。为了进一步度量铁路站点对人口密度的影响,第(4)列将核心解释变量替换为当地火车站密度,结果显示火车站密度越高,越能促进当地的人口密度;类似地,在第(5)列,将核心解释变量替换为铁路里程密度,结果仍然显示当地铁路里程越长,越能促进当地人口增加。

表 3.4　　铁路与人口密度

被解释变量	人口密度(log)				
	(1)	(2)	(3)	(4)	(5)
核心解释变量:					
是否通铁路(是=1)	1.547***	1.083***	1.330***		
	(0.299)	(0.320)	(0.351)		

续表

被解释变量	人口密度(log)				
	(1)	(2)	(3)	(4)	(5)
车站密度(个/千平方公里)				0.608***	
				(0.123)	
铁路里程密度(米/平方公里)					0.0472***
					(0.0107)
控制变量:					
当地是否有铁路附属地			−0.741	−0.538	−0.429
			(0.448)	(0.407)	(0.410)
县等级		−0.205	−0.192	−0.322*	−0.374**
		(0.192)	(0.191)	(0.180)	(0.183)
设县时间		0.007 47***	0.008 27***	0.007 31***	0.007 80***
		(0.002 64)	(0.002 67)	(0.002 61)	(0.002 64)
开埠时间		−0.100	0.097 3	−0.176	−0.118
		(0.449)	(0.462)	(0.452)	(0.458)
该县是否有金矿(是=1)		−0.755*	−0.718*	−0.795**	−0.780*
		(0.411)	(0.409)	(0.393)	(0.400)
该县是否有铁矿(是=1)		−0.130	0.0103	0.0610	0.0173
		(0.454)	(0.459)	(0.445)	(0.452)
该县是否有煤矿(是=1)		0.778**	0.693**	0.837***	0.849***
		(0.327)	(0.329)	(0.318)	(0.323)
常数项	1.832***	2.040***	1.994***	2.462***	2.569***
	(0.206)	(0.595)	(0.592)	(0.538)	(0.544)
Observations	153	153	153	153	153
R-squared	0.151	0.257	0.271	0.315	0.294

说明：*** $p<0.01$，** $p<0.05$，* $p<0.1$。

表3.5则考察了近代东北铁路建设对城市化水平即人口集聚的影响。第(1)列的核心变量为当地是否通行铁路，结果显示铁路通行对于当地的城市化率没有显著影响。第(2)(3)列又进一步增加了经济、资源、政治以及制度等控制变量，结果仍然显示铁路开通对于城市化率的促进作用并不显著。第(4)列将核心解释变量替换为当地的车站密度，在控制了一系列变量后，发现车站密度对城市化率没有显著影响。与之类似的是，第(5)列铁路里程密度对于城市

化率也没有显著影响。

表 3.5　　铁路与人口集聚

被解释变量	城市化率(%)				
	(1)	(2)	(3)	(4)	(5)
核心解释变量:					
是否通行铁路(是=1)	−0.416	−1.915	−2.902		
	(2.748)	(3.027)	(3.315)		
车站密度(个/千平方公里)				1.707	
				(1.185)	
铁路里程密度(米/平方公里)					0.144
					(0.113)
控制变量:					
当地是否有铁路附属地			3.171	0.0178	0.217
			(4.306)	(4.078)	(4.081)
县等级		0.699	0.695	1.074	1.017
		(1.866)	(1.869)	(1.821)	(1.824)
设县时间		−0.000142	−0.00429	−0.0110	−0.00993
		(0.0249)	(0.0256)	(0.0256)	(0.0255)
开埠时间		10.82***	10.04**	9.021**	9.288**
		(4.134)	(4.274)	(4.308)	(4.298)
该县是否有金矿(是=1)		−5.411	−5.592	−4.650	−4.508
		(3.759)	(3.774)	(3.716)	(3.736)
该县是否有铁矿(是=1)		−1.096	−1.667	−1.633	−1.780
		(4.199)	(4.277)	(4.255)	(4.260)
该县是否有煤矿(是=1)		−3.816	−3.529	−3.369	−3.393
		(3.084)	(3.114)	(3.101)	(3.106)
常数项	14.02***	14.44**	14.55***	11.76**	11.83**
	(1.914)	(5.542)	(5.554)	(5.168)	(5.181)
Observations	136	136	136	136	136
R-squared	0.000	0.081	0.085	0.094	0.091

说明:*** $p<0.01$, ** $p<0.05$, * $p<0.1$。

四、结论：东北人口分布模式与孙中山的铁路规划思想

本书实证结果显示，东北铁路的开通以及铁路站点和线路的密集会显著促进当地人口的增加，但这种作用并不会促进人口集聚程度的增加。铁路的设立在东北等边疆地区会促进人口向边疆流入，但不会使得区域人口向城市集中。东北铁路的开通吸收了大量原本在山东、河北、河南等地的无地流民，形成了清末至民国时期"闯关东"的移民潮。铁路对于东北移民具有显著正向影响[1]，流民进入东北的主要通道有两条：一条是从海路由山东龙口出发到达营口、大连，之后沿着南满铁路向内地延伸；另一条则是从陆上由山海关沿着京奉铁路进入关外。但东北铁路网究竟如何影响移民在东北地区的分布，现有研究尚不明确。因此，本书利用较为规范的实证研究，证实了铁路的修建对于东北地区人口促进和分布的作用。然而更有意义的是，东北地区铁路修建并未对人口集聚产生正向促进作用，从表 3.5 可以看出，当地开埠时间越长，当地城市化率越高，说明商业的发展对于东北地区的人口集聚有着重要意义。这进一步证实东北地区的城市是伴随商业的发展而形成的，而非工矿开发的作用。由于东北地区的土地适合大豆生长，且欧洲对豆油需求剧增，促使大豆贸易兴起，因而出关移民多数选择定居在铁路沿线地区，种植大豆等经济作物。这种产业导向的人口分布模式使得铁路沿线地区的城市化水平并未显著高于非铁路沿线地区。而农作物等可以沿着铁路进行运输，运往主要商埠，进而出口至国外各地，故商业发展导致人口向商埠集聚，形成东北外向型农业经济特征。[2]

这种现象在一定程度上验证了孙中山所提出的屯垦戍边计划的合理性，即未发达地区铁路的修建会显著促进人口向这些地区流入，并促进当地农业开发。从经济学来看，铁路对区域经济具有集聚或者溢出效应，从而导致铁路沿线地区和非沿线地区的经济发展产生差异。但根据本书的研究，在近代中国，铁路的修建主要体现为溢出效应，不会导致沿线地区的经济更向中心集中，即铁路沿线地区城市化程度提高。在孙中山的规划中，偏僻地区应该尽快建筑铁路，并且连接已发达地区和未发达地区能够产生更好的经济效果，就是为了充

---

〔1〕 李楠：《铁路发展与移民研究——来自 1891—1935 年中国东北的自然实验证据》，《中国人口科学》2010 年第 4 期，第 54—66、111—112 页。

〔2〕 杜丽红：《论清末东北区域经济结构的形成(1897—1911)》，《中国经济史研究》2019 年第 6 期，第 109—124 页。

分发挥铁路对于区域经济的溢出效应,这种溢出效应能够促进货物和人口的流动。如果铁路只是连接已发达地区,由于两地经济发展形态相似,无论是资源禀赋还是产业结构均不具有互补性,这意味着铁路会促进两地之间的资源竞争,不能产生经济互补功能。欠发达地区与发达地区两地资源禀赋的差异会更有效地发挥铁路降低运输成本的功能,促进发达地区过剩人口向欠发达地区流动。在这里体现为人口从关内或大连等地向东北腹地的流动,而关外经过开发后生产出的农产品向关内和大连港等地流出,从而促进区域经济的平衡发展。

本节为铁路区域经济的溢出或集聚作用的讨论提供了新的实证证据。在经济未发达地区修建铁路,特别是连接经济发展程度存在较大差异的地区,更能够发挥铁路的经济溢出效应。此结论存在一定的现实意义,特别有助于理解关于当前西部地区铁路建设的讨论。当前在西部地区建设铁路,可以有效地促进西部地区的资源和产品输出,更为重要的是促进东中部地区人才、资本与技术等资源向西部边疆地区流动,这样才能更好地缩小区域发展差异。

第四章　近代铁路与国民经济产业协同发展思想

第一节　产业协同发展视角下的铁路与经济发展

自铁路诞生以来，铁路对于促进经济发展的重要作用已经成为经济学者们的共识。从产业的角度来看，铁路对经济的促进作用可以分为直接影响与间接影响。由于铁路投资具有长周期、高投资的特点，因而可以通过巨额铁路投资直接拉动短期经济增长〔1〕；与此同时，铁路产业链较长，可以通过相关路桥基础设施建设、机车装备制造等途径促进了相关上游制造业的发展；同时，基础设施条件的改善降低了物资流通的时间成本与资金成本，有利于市场整合，进而促进第一、二产业产品的销售及服务业的扩张。〔2〕

从历史上看，19 世纪的美国经济史也证实了铁路对国民产业发展的促进作用。19 世纪美国大规模的铁路建设迅速推进了工业化进程，因而也被经济学家称为"铁路革命"。铁路的迅猛发展带动了钢铁、煤炭、机器制造以及各类轻工业的发展，1922 年美国铁路设备相关产值达到 199 亿美元，超过了工业机器和

---

〔1〕 Jenks, Leland H. (1944), "Railroads as an economic force in American development", *The Journal of Economic History*, Vol. 4, No. 1, pp. 1—20；蒋茂荣、范英、夏炎、陈全润、姚晔：《中国高铁建设投资对国民经济和环境的短期效应综合评估》，《中国人口·资源与环境》2017 年第 2 期，第 75—83 页。

〔2〕 Krugman, Paul(1991), "Increasing returns and economic geography", *Journal of Political Economy*, Vol. 99, No. 3, pp. 483—499；Donaldson, Dave(2018), "Railroads of the Raj: Estimating the impact of transportation infrastructure", *American Economic Review*, Vol. 108, No. 4—5, pp. 899—934.

农业机械产值的总和;太平洋铁路的修建有力推动了美国西进运动,极大地促进了全国性市场的形成。到1920年,美国铁路系统雇用职工约200万,铁路投资总额从1876年的近40亿美元增长到约200亿美元,营业收入也随之从5亿美元增长到60亿美元,铁路运输量占国内货运量的75%。经过19世纪铁路的迅猛扩展,铁路基本垄断了全国的货运和客运业务,成为美国的支柱性产业。铁路的普及降低了美国产业进入世界市场的交易成本,使得美国大宗农产品出口具有极大的竞争力,"(美国在农业上的这种革命),加上美国人所发明的革新的运输工业,使它们运往欧洲的小麦价格非常低廉,以致任何欧洲的农场主都不能和它竞争"〔1〕。因此,有经济学家认为"铁路是资本主义工业的最重要的部门,即煤炭工业和钢铁工业的总结"〔2〕。

铁路对于国民经济建设的重要作用也日益体现在当前我国的经济发展中。我国铁路固定资产投资额从21世纪初开始了快速的增长,占全社会固定资产投资总额的比重始终稳定在1.5%左右。特别是2008年后,为了应对日趋严峻的世界经济金融危机,我国实行积极的财政政策和适度宽松的货币政策,特别出台了"加快铁路、公路和机场等重大基础设施建设。重点建设一批客运专线、煤运通道项目和西部干线铁路……"〔3〕等共计1.5万亿元的基础设施投资计划,约占全部4万亿元总投资额的四成。2008年后,铁路年度固定资产投资超过6 000亿元,在2014年后持续保持在每年8 000亿元的高位,近些年来虽有一定回落,但仍保持在7 000亿元以上的规模。铁路投资作为固定资产投资的重要方向,对于扩大国内需求以及应对金融危机带来的短期经济下滑和中国经济长期平稳发展具有重要意义。

铁路建设与产业协同发展之间有着复杂的关系:产业协同发展是影响铁路运输的重要因素〔4〕,而铁路开通对国民经济产业发展也有着重要影响。当前经济学者对此分别进行了较多探讨。一般来看,铁路的建设通过加速要素流动,从而促进途经地区各产业发展,具有优化当地产业结构的作用。例如,Hirota(1985)考察日本新干线高铁发现,高铁站点的设立促使当地的建筑业、工业

〔1〕《马克思恩格斯全集》第19卷,人民出版社1963年版,第296页。

〔2〕《列宁选集》第2卷,人民出版社1958年版,第733页。

〔3〕详见 http://www.gov.cn/ldhd/2008-11/09/content_1143689.htm。

〔4〕王岳平:《产业结构对交通运输业发展影响的定量分析》,《管理世界》2004年第6期,第65—72页。

以及批发零售业增速高于未设立高铁站点的地区[1]；刘勇政和李岩(2017)的研究发现，中国高铁开通城市的第三产业占比较未开通城市高 9%，而第二产业占比低 10%，即人口流动促进了服务业的发展，推动了产业结构的调整[2]；李中(2018)也发现高铁的开通促进了人才流动，从而有助于当地知识密集型服务业发展和产业结构升级[3]；蒋华雄等(2017)则证实：高铁提升了中国城市服务业的比重，降低了制造业比重，通过提升制造业型城市的一般服务业比重而促进了其产业结构升级，同时通过提升高端服务业比重而优化了服务业型城市的产业结构[4]。与此同时，铁路的开通对于产业间和产业内部存在着异质性影响。现有研究发现，生产性服务业和旅游业会显著受益于铁路开通而得到更好的发展[5]，但服务业内部会因为铁路的开通而产生分化。例如，法国高铁的开通压缩了获取服务的时间和空间成本，从而增大了高铁沿线地区服务型企业的竞争压力，同时促进了当地经济更好地融入巴黎等中心城市的较大市场，当地服务型企业能否采取合适的竞争战略会影响其绩效。[6]

在当前工业化程度较高、产业转型和升级压力增大的背景下，对于铁路促进产业协同发展的关注主要集中于铁路对服务业的促进作用，而关于铁路对第一和第二产业影响的研究较为不足。在近代中国工业化以及商业化经济不断发展的进程中，社会各界对于铁路建设和国民经济主要产业发展之间关系的认识究竟是怎样的，特别是学者们如何将铁路作为一种重要的经济政策来促进各产业的协同发展，对于这些方面，现有研究仍然较为欠缺。近代有关铁路与产业协同发展的讨论主要见于民国时期，面对民国时期的农村衰退和工业困顿，特别是在 20 世纪 30 年代后发展国货的呼声下，当时铁路业界和学界围绕铁路

---

[1] Hirota, Ryogo(1985), "Present situation and effects of the Shinkansen", *Transport Policy and Decision Making*, Vol. 3, No. 3, pp. 255－282.

[2] 刘勇政、李岩：《中国的高速铁路建设与城市经济增长》，《金融研究》2017 年第 11 期，第 18－33 页。

[3] 李中：《高速铁路与产业结构升级的关系研究》，《铁道运输与经济》2018 年第 10 期，第 38－44 页。

[4] 蒋华雄、蔡宏钰、孟晓晨：《高速铁路对中国城市产业结构的影响研究》，《人文地理》2017 年第 5 期，第 132－138 页。

[5] Moshe, M. (2006), "Development and impact of the modern high-speed train: A review", *Transport Reviews*, Vol. 26, No. 5, pp. 593－611；胡静、程露萍、周密：《高铁对湖北省旅游产业集聚水平的影响》，《重庆交通大学学报(社会科学版)》2015 年第 5 期，第 22－26 页。

[6] Bonnafous, A. (1987), "The regional impact of the TGV", *Transportation*, Vol. 14, No. 2, pp. 127－137.

促进农业和工业发展开展了大量讨论。与之相比,晚清时期由于铁路建设肇始,相关建设运营经验尚不丰富,从而限制了对这一问题讨论的深度和广度。因此,本章接下来的部分将会着重考察民国时期(1912—1937 年)社会各界关于铁路促进农业、工矿业协同发展的相关思想,并进行梳理,从经济学的视角对其内涵、影响机制和效果进行分析,从而更好地认识现实经济背景、交通基础设施与产业协同发展之间的关系。

第二节　民国时期铁路与农村经济问题的相关讨论

民国时期关于铁路与农村经济问题的研究开始于孙中山的实业计划,在 20 世纪 30 年代,随"农村复兴"运动兴起而达到鼎盛。20 世纪 30 年代,"中国农村极其衰败、凋敝之中,到处都是崩溃现象"[1]。当时社会各界形成共识,一旦农村陷于崩溃,"农业相继衰颓;金融随之枯涸,社会立即顿呈饥馑现象,结果哀鸿遍野,盗匪丛生,国家之基础由此根本动摇"[2],如何复兴农村经济成为全社会共同关注的问题。1933 年,国民政府成立行政院农村复兴委员会,并将铁道部纳入其中,政府十分重视铁路在"发展交通、调剂粮食"[3]方面的重要作用,因此,"现阶段中,(农村经济)实居全社会经济政策之中枢,而铁路方面必需协助推行此项政策,以期无负其任务"[4]。随着"农村复兴"运动的开展,铁路界人士也卷入这场论战之中,并从铁路与农村经济发展的角度对这一问题进行了论述。

一、铁路与农业发展关系的探讨

民国学者认为,铁路的发展与沿线农业生产的发展和农村的复兴具有互相影响、互相促进的关系。首先,铁路沿线农业的发展是铁路营业收入的重要来源,故扶持农业生产对于铁路企业具有重要价值。农产品因重量大、价值低成为铁路运输中的大宗货物,农产品运输是铁路企业十分重要的收入来源。表 4.1 统计了 20 世纪 30 年代铁路货物运输量的比重,从中我们可以看出,在这一

〔1〕 罗廷光:《教育与复兴农村》,《湖北教育月刊》1933 年第 4 期,第 1 页。

〔2〕 廖汉文:《如何复兴农村及其根本办法》,《大道月刊》1933 年第 1 卷第 1 期,第 1 页。

〔3〕《农村复兴委员会之决议案》,《大中国周报》1933 年第 2 卷第 8 期,第 15 页。

〔4〕 吴绍曾:《核减铁路运价与发展农村经济》(上),《京沪沪杭甬铁路日刊》第 1067 号,1934 年 9 月 3 日,第 9 页。

段时期，农产品运输量占总运输量的比重接近三成，故“各国铁路当局明铁路业务之繁荣之有赖于农人之繁荣”[1]。其次，农产品又是诸多工业产品的原材料，“故先进国之铁路对于沿线农业之发展，常不遗余力，以求推进”[2]。

表 4.1　　1931—1937 年铁路货物运输量统计

年份	商运品(千吨)	矿业品(千吨)	农产品(千吨)	矿业品占比	农产品占比
1931	20 438	12 646	3 583	61.87%	28.33%
1932	21 529	14 136	3 374	65.66%	23.87%
1933	21 217	13 712	3 638	64.63%	26.53%
1934	25 168	15 983	4 998	63.51%	31.27%
1935	27 875	17 700	5 640	63.50%	31.86%
1936	27 885	18 169	4 923	65.16%	27.10%
1937	10 259	6 668	1 847	65.00%	27.70%

资料来源：国民政府主计处统计局，《中华民国统计年鉴》，中国文化事业公司 1948 年版，第 283 页。

学者们对铁路与农村经济发展关系的考察，是将其放在现代市场经济整体框架内进行的，通过铁路促进农业生产商品化与生产区域化，从而促进农业、农村经济的发展与农民收入的提高。学者们认为，“铁路是分工发达后的产物，分工制度下的生产，其目的在交换而不在直接消费，农村所生产的品类或原料品，而农民所需要的则除食粮以外，还有其他衣住用料及各种消费品，此种物品，农民则只有他们的品物来交换，方能获得，凡此品物及原料品的输出，与工业制造的输入，都是铁路来负运输的责任”[3]。学者们由此指出，铁路建设对于农村经济的作用关键在于铁路促进了城乡经济之间的生产要素如原材料、知识等的流动。

学者张秉明、郑宝照等陆续刊文，分析了中国农村凋敝和铁路运输之间的关系。在其看来，中国农村的凋敝原因有四：其一，国内交通基础设施欠缺与政治势力割据导致市场分割，商品特别是农产品贸易成本过高，导致市场整合程

[1] 张秉明：《铁路运输与农村经济》，《南诏季刊》1935 年创刊号，第 57 页。

[2] 郑宝照：《发展沿线农业与铁路业务之关系》，《铁路月刊-粤汉铁路南段》1933 年第 4 卷第 7—9 期合刊，第 5 页。

[3] 章江波：《铁道运输对于复兴农村经济上之责任》，《津浦铁路月刊》1934 年第 4 卷第 9 期，第 2 页。

度较低,不利于农产品的生产与销售。这一方面会造成“交通不便,商品运输至感困难……捐税繁重”[1],导致农产品“价格反较远涉重洋而来之同种洋货为高”[2],从而削弱本国农产品的竞争力,导致市场为外国农产品所占据;另一方面则因为市场整合程度低而套利不易,反而导致农产品丰收地区“供过于求,物价骤落”,生产者因此受损,而当地歉收地区“供不应求……贫乏者不克购置,饥饿随之”[3]。其二,外国产品与内地机械工业发展,与农村手工业间形成了激烈的竞争关系,“本国土货,因之反无由销售,农村经济,遂根本动摇”[4]。其三,频发的自然灾害与战争进一步摧毁了农村经济。其四,农业技术与信息落后,使农村未能主动适应市场竞争,“盖彼等过于守旧,不肯接受新知识,不知适应现代之环境,对于出品之贩卖,因循守旧,不知新市场之如何开拓,贩卖法之如何改良”[5]。

因此,面对农村衰落,张秉明等学者们认为,“其中运输问题之影响,亦至深且巨”,而“良以欲免除物产之不能互相调剂之恶果”,则“尤赖运输至改良”[6];如果不能增强交通基础设施的建设,提供“普遍便捷低廉与夫联贯之运输制度,则农产之销路,将永无开拓之望,饥馑固足以贫民,丰年将亦不免冻馁矣”[7]。因此,学者们认为,“开发交通,非特应与振兴农业同时并进,且为振兴农业之先决条件”[8]。

二、铁路促进农业商品化思想

(一)铁路线路设置与农村经济

实现铁路带动农村经济的前提在于实现铁路运输带动农村经济发展。因此,学者们呼吁兴筑深入产地的路线。由于近代铁路大量集中于沿海地区,且“大都限于干线,而支线甚少”,因而导致铁路所经之地多数为“巨镇大邑,未能深入乡间”[9],对农村经济辐射不足,从而不能带动农业生产发展。

---

〔1〕 张秉明:《铁路运输与农村经济》,《南诏季刊》1935 年创刊号,第 57 页。
〔2〕 张秉明:《铁路运输与农村经济》,《南诏季刊》1935 年创刊号,第 57 页。
〔3〕 张秉明:《铁路运输与农村经济》,《南诏季刊》1935 年创刊号,第 57 页。
〔4〕 张秉明:《铁路运输与农村经济》,《南诏季刊》1935 年创刊号,第 57 页。
〔5〕 张秉明:《铁路运输与农村经济》,《南诏季刊》1935 年创刊号,第 58 页。
〔6〕 张秉明:《铁路运输与农村经济》,《南诏季刊》1935 年创刊号,第 58 页。
〔7〕 张秉明:《铁路运输与农村经济》,《南诏季刊》1935 年创刊号,第 58 页。
〔8〕 曾养甫:《发展交通与振兴农业》,《浙江省建设月刊》1932 年第 6 卷第 1 期,第 2 页。
〔9〕 张秉明:《铁路运输与农村经济》,《南诏季刊》1935 年创刊号,第 64 页。

增大铁路路网密度，不仅应建设主要干线铁路，更需要“干线营养之源”的支线得到充分发展。学者们认为，铁路沿线的水道或者公路未必能够负担便利农产运输的任务。因为“水道出于天然所经之地，未必便于产物之输出”[1]；而公路运输的成本较高，其在货运上的运输能力比较薄弱，因而多以客运为主。因此，整车的大运量运输，仍必须依赖于铁路。建设铁路支线，“深入民间，从事收集，自产地以至市场，一气呵成之为省廉敏捷”[2]。最终通过建设铁路支线促进农产区域化与专业化，“应就沿线农产主要产地……设施有效运输，以资联络吸引，使腹地农村之所出，不必辗转搬运……省时省费，增高其效用或价值，其有益于农产之分布当亦无待言也”[3]。

兴筑铁路支线首先需明确当地的农产生产状况，因此，民国时期铁路部门十分重视对农村经济进行调查，“各计划线沿线经济实况之研究，俾将来决定兴筑程序时有所依据”[4]及“以供选择新线及改进旧线之参考”[5]。20 世纪 30 年代铁路界人士更进一步注意到，“农村破产到如何田地？必须加以调查，然后救济之法，方能有所根据”[6]。在这一时期内，铁路部门开展了广泛的铁路沿线工农业货物产销情况调查，并出版了大量的铁路沿线经济调查报告。

（二）以运价调整为中心的铁路促进农产品商品化的思想

这一时期，诸多学者提出了利用铁路运价作为保护国内农业生产和销售的重要政策的主张。中国近代铁路多为举借外债建设，建成后的经营管理权限往往属于债主国，因此，运价方面遵循各国习惯，运价率以及客货运输分等均根据自身状况自行决定，各铁路当局根据运输成本核算制定出各自的客货运价率，同时在债务压力之下，不断提高运价率。运价高昂，商旅不得已改用其他运输方式，铁路货运量持续下降。1923 年国有铁路发送旅客 40 444 657 人次，货运量 51.37 亿吨公里，到 1928 年分别下降到 28 704 650 人次和 23.36 亿吨公里，

[1] 张秉明：《铁路运输与农村经济》，《南诏季刊》1935 年创刊号，第 64 页。

[2] 张秉明：《铁路运输与农村经济》，《南诏季刊》1935 年创刊号，第 64 页。

[3] 张秉明：《铁路运输与农村经济》，《南诏季刊》1935 年创刊号，第 64 页。

[4] 《铁道部经济调查经过及未来计划》，《铁道公报 · 铁道部成立二周年纪念号》1930 年 11 月，第 47 页。

[5] 《铁道部经济调查经过及未来计划》，《铁道公报 · 铁道部成立二周年纪念号》1930 年 11 月，第 47 页。

[6] 郑倍光：《本路沿线经济调查》，《平汉铁路月刊》1934 年第 53 期，第 1 页。

分别下降了29%和54.5%。[1] 当时各铁路当局试图提高运价的行为不仅没能提高铁路收入,反而导致收入锐减,国有铁路收入从1923年的11 941万元下降到1927年的10 502万元,账面盈余也从5 469万元下降到3 494万元。[2] 铁路沿线的农产品因运费高昂不能及时运出,导致商业的凋敝与农村商品经济的萧条。[3] 因此,时人评论:“各路总平均运价复逐年增高,不顾货物的负担能力如何,只图增加营业收入,而结果反致生产的衰落,航运的发达,货运的低减,而无何增进,实为一种饮鸩止渴的办法。”[4]

面对这种现实,学者们主要提出了调整货运价格、确立“递远递减”运价原则和减低附加税费三个解决办法。

(1)通过重新调整铁路货运商品分类和设定农产品运输特价,提高外国农产品的运价而降低本国农产品的运价,以增强本国农产品的竞争力。中国近代铁路货运实行分等运输价格制度,货物分为六等,等级越高,则运价越高。俞棪记载:“就农产品货物分类而言,从……二等至六等均有,二等如荔枝、桂圆、生丝,六等则由高粱皮、麦糠、谷壳之类,中间者为三至五等,以四五等者居多,如米、麦、谷多列五等,水果多列四等。”[5]尽管当时铁路运价体系中存在一定程度上保护国产商品的歧视性定价,例如“棉纱疋头之进口或外国制者,列二等,其他列四等;皮布之进口或外国制者,列三等,其他列四等”[6],但运价体系中保护性定价主要适用于工业制成品,而“在农产品中尚无规定,例如米麦鲜果棉麻烟茶油类等物,均有外货输入,但在分等表中尚无外货国货之分”[7]。对此,学者们呼吁,铁路货物分等制对于存在外国竞争者的农产品,应该实行“差别之等级与待遇”,使本国产品得到更大的竞争优势。

除了实行国内外商品差别等级制度外,还可以实行农业产品货物等级。例如,高凤介提出要将棉花、烟叶、小麦等货物从四等改为五等,其他本国大量出产的黄豆、芝麻等,“最好亦按照运输成本及各该货等负担能力,减至最低限

---

[1] 金士宣:《铁路运输业务》,天津大公报馆1932年版,第186、337页;严中平:《中国近代经济史统计资料选辑》,科学出版社1955年版,第207—208页。

[2] 宓汝成:《帝国主义与中国铁路(1847—1949)》,上海人民出版社1980年版,第675页。

[3] 黄华平:《20世纪30年代的铁路运输与农村复兴》,《兰州学刊》2015年第9期,第76—81、88页。

[4] 陈晖:《中国铁路问题》,生活·读书·新知三联书店1955年版,第114—115页。

[5] 俞棪:《最近三年铁路减低运价述略》,《铁路杂志》1935年第1卷第2期,第22页。

[6] 张秉明:《铁路运输与农村经济》,《南诏季刊》1935年创刊号,第58页。

[7] 张秉明:《铁路运输与农村经济》,《南诏季刊》1935年创刊号,第58页。

度”,只有如此,才能够使得农产区域化生产地区“免去壅塞之虞”。〔1〕

另一种降低农产品运输成本的方法是制定本国农产品“特价”。所谓“特价”,是“铁路于货物等级及运价规定以后积分等运价规定以后,遇有特殊情形不能适用时,将该项运价予以减低者”或“规定某项物在某某地点间运输适用之特别运价”。〔2〕学者们认为,在农产品生产上,尽管外国人工成本较中国为高,“然其生产为有组织的,为大规模的,且为机械的、科学的”,规模效应导致生产成本反而低于中国,加之“倾销政策”盛行,因此,只有对本国产品较低的运输“特价”,而对外国进口商品实行较高的运输“特价”,才能更为彻底地确保国产农产品的竞争优势。

在此,学者们提出了一种“分区特价”设想。所谓“分区特价”,是指“将产地分成若干广大之区域。凡由同一区域内之甲地运往乙地之同一货物,即得收同一之途费,其里程之远近,在同一区域以内,不加区别”〔3〕。区域内同种货物均一运价,使得该范围内货物运输成本不随距离而增加,促进偏远地区的农业生产得以商品化,“远近各地之农产,均得与外货竞争市场,并起而代之”〔4〕。而“分区”的原则“须视各地之产物而殊,凡产物相埒之地,均可划入同一区域以内,以资平衡”〔5〕。

(2)实行“递远递减”的货运计价制度,“使远程货物不必因里程之长而担过高之运价,藉以发展长途客运,促进生产经济,增裕铁路收入”〔6〕。“递远递减”计价制度是根据运输距离的远近,确定运输费率的高低,里程越远,则单位运价越低。

“递远递减”运价政策的出台,实际上是针对当时铁路运价高造成农产品长途运输成本过高,进而导致一系列经济困难的局面。

首先,农产品消费市场近似于完全竞争市场,“售价大率受普遍性之市价所束缚”〔7〕,当预定售价高于市价,将会被排斥出当地市场。而运费是增加其成

---

〔1〕 高凤介:《铁路界的农村复兴运动》,《铁路月刊粤汉线南段》1933 年第 3 卷第 3—6 期合刊,第 47 页。

〔2〕 金士宣:《铁路运输学》,正中书局 1945 年版,第 354 页。

〔3〕 张秉明:《铁路运输与农村经济》,《南诏季刊》1935 年创刊号,第 59 页。

〔4〕 张秉明:《铁路运输与农村经济》,《南诏季刊》1935 年创刊号,第 59 页。

〔5〕 张秉明:《铁路运输与农村经济》,《南诏季刊》1935 年创刊号,第 62 页。

〔6〕 张蕚:《铁路运输学理论与实务》,(台北)商务印书馆 1984 年版,第 530 页。

〔7〕 吴绍曾:《核减铁路运价与发展农村经济》,《农村经济》1934 年第 1 卷第 12 期,第 92 页。

本的重要因素,特别是长途贸易成本随着距离增加而呈指数级递增。无法整合成全国范围的市场,导致农产品"指其运销居于一短距离之范围,遂形成供过于求之状态"[1],农民因此会降低其产量。

其次,长途运输成本过高导致的运输量萎缩或运输方式的改变也不利于铁路经营活动。由于铁路长途运价提高,商人不愿进入偏远的内地长途贩运农产品,或者改用水运或公路运输。根据表 4. 2 统计的京沪路沿线运米情况可以看出,在 1933 年大米的丰收期内,京沪全线上行运米,总数不过 6 000 余吨,只占全部产量的极少数。而此 6 000 吨运输中,又集中于长江以南范围,运往北方的大米仅占全部运输量的不到三成,可以看出铁路长途运输并不十分发达。

表 4. 2　　京沪路各站运米概况

(1933 年 9 月至 1933 年 12 月)　　单位:吨

到达站	丹阳	镇江	栖霞山	南京	南京江边	徐州	济南	南宿州
苏州		0. 757		313. 279				
无锡		4. 195		2 743. 167	1 369. 080	543. 540	899. 025	30. 000
常州		0. 196		5. 889				
丹阳	1. 773	0. 095						
镇江			2. 276	0. 158				
合计	1. 773	6. 007	2. 276	3 062. 493	1 369. 080	543. 540	899. 025	30. 000
到达站	兖州	德州	开封	福履集	藤县	枣庄	天津	桑园
苏州							0. 091	
无锡	30. 00	69. 825	40. 00					40. 000
常州				2. 490	0. 163	0. 325		
丹阳								
镇江								
合计	30. 000	69. 825	40. 000	2. 490	0. 163	0. 325	0. 091	40. 000

资料来源:吴绍曾,《铁路联运运价之减低与农村经济之发展》,《北洋理工季刊》1934 年第 2 卷第 3 期,第 4 页。

最后,因为长途运输困难导致的市场分割加剧了区域粮食丰歉所带来的价格波动,造成消费者和生产者效用的损失,同时也导致非粮食产区特别是沿海

---

〔1〕 吴绍曾:《核减铁路运价与发展农村经济》,《农村经济》1934 年第 1 卷第 12 期,第 92 页。

通商和工业发达地区消费国外进口农产品,以代替国产,造成资本外流。

对此,吴绍曾等人提出了"递远递减"的运价制度。其具体建议如下:"由铁道部指定与民生上或经济上有重大关系之本国农产品若干种,特订特种联运运价。参照等级,分别规定每运输一百公里每公吨(整车)或每五十公斤(不满整车)运费若干,每二百公里若干……由此类推。而斟酌各该种货品负担能力及竞争情形,分别订定最高限度之里程;过此以往,不分远近,一律照规定之最高里程运价计算。"[1]

吴绍曾进一步对"递远递减"的运费率的制定作出了规定:第一,考察各该种农产品本身的生产成本;第二,考察本国各该种农产品的普通市价;第三,考察国外输入相等农产品的售价;第四,酌情制定各种农产品每吨(整车)或每50千克(不满整车)运输各级距离的最低运价,原则是使得各种农产品生产成本与运费之和不超过该产品的市场价格,并且该价格与外国进口农产品相比应具有竞争力。

(3)废除铁路运输附加税。从20世纪20年代开始,中央、地方政府均将铁路客货运收入作为重要的财政来源,在铁路运价之外收取相应的附加捐税。特别是南京国民政府成立之初,为了应对巨大的军事开支,铁路运输附加税甚至超过了运价本身。例如,陇海铁路最初所征收的军事附加捐税率为100%,后期陆续增加到150%,甚至180%。[2] 尽管南京政府铁道部成立后多次通令各路裁撤附加税,但并未得到严格执行,因此,税费高昂仍成为发展农业生产的一大障碍。高凤介认为,尽管这种问题"本来不仅在铁路方面",但铁路同仁仍应当督促"由当局向该管方面予以切实之督促注意,是必不可少的"。[3]

(三)铁路与农业技术传播思想

针对国内农业技术的落后状况,学者们提倡铁路部门利用铁路来推广农业技术。针对如何通过铁路促进农业技术传播,当时学者形成了两种思路:其一是铁路部门直接提供先进农业技术和器具;其二则是铁路部门从事宣传农业技术的工作,而不直接提供新的农业技术和器械。

---

[1] 吴绍曾:《铁路联运运价之减轻与农村经济之发展》,《北洋理工季刊》1934年第2卷第3期,第5页。

[2] 熊亨灵、何德川:《中国国民党与中国铁路》,(台北)"中国国民党(台北)区铁路党部委员会"1965年版,第341页。

[3] 高凤介:《铁路界的农村复兴运动》,《铁路月刊粤汉线南段》1933年第3卷第3－6期合刊,第46页。

高凤介等学者认为,铁路直接提供农业器具和种子,对于铁路和农村经济是"两利之事,无逾于此"[1]。针对农业生产器械落后、新式农具使用不广的问题,学者们认为有两个原因,"一以无钱购买,二因不解使用"[2]。对此,铁路部门可以在自有火车后加挂农具专用车厢,"若干精良农具,向沿线农民出租"[3],同时聘用技术人员来教育农民使用农具。铁路部门直接经营农具租赁业务来服务农民,"农人亦得以支少许金钱得到实利,且获实学",而铁路"以此事为副业,将来展转收租,小之可以收回购价,大之可以发展农产之货运"。[4]类似的还包括铁路部门直接经营种子业务。"今日的中国农民,对于种子改良,或因根本上怀疑,或因心中虽知之,而苦于财力之不足,又或虽有财力而不知向何处购求。"[5]而铁路部门因处于物流行业的关键位置而具有信息优势,故其一面"向各方向搜罗农产的优种,免费输送,以减轻成本,一面向沿线农民廉价出售,有现款收进固好,即无现款,亦可赊账,只须要相当保人便妥"[6]。

另外一些学者提出了铁路以宣传等手段间接推广先进农业技术的方法。具体包括三类方法来促进农业技术的传播:其一是"召集铁路沿线农业改进会议,择其老农中之有知识及地主中有农事经验者集聚一堂,将农事之应革者,作确切之探讨,定议后,使其归而传之于人"[7];其二,学习欧美铁路刊发农业刊物的经验,与农业专家合作,对沿线农业生产进行调查研究,"然后用极浅显的文字,编印农业小册,派员深入农村,加以讲解指导"[8];其三,开办展览活动,从而"使商人明了本国物产状况、运输销售情形,便于投资经营;在人民则得购

〔1〕 高凤介:《开发华北产业声中铁路对于农业之使命》,《铁路月刊津浦线》1935年第5卷第11—12期,第19页。

〔2〕 高凤介:《开发华北产业声中铁路对于农业之使命》,《铁路月刊津浦线》1935年第5卷第11—12期,第19页。

〔3〕 高凤介:《开发华北产业声中铁路对于农业之使命》,《铁路月刊津浦线》1935年第5卷第11—12期,第19页。

〔4〕 高凤介:《开发华北产业声中铁路对于农业之使命》,《铁路月刊津浦线》1935年第5卷第11—12期,第19页。

〔5〕 高凤介:《开发华北产业声中铁路对于农业之使命》,《铁路月刊津浦线》1935年第5卷第11—12期,第19页。

〔6〕 高凤介:《开发华北产业声中铁路对于农业之使命》,《铁路月刊津浦线》1935年第5卷第11—12期,第19—20页。

〔7〕 高凤介:《开发华北产业声中铁路对于农业之使命》,《铁路月刊津浦线》1935年第5卷第11—12期,第19页。

〔8〕 高凤介:《开发华北产业声中铁路对于农业之使命》,《铁路月刊津浦线》1935年第5卷第11—12期,第19页。

买国货之机会,调剂供求之需要,奖励国产之繁荣;在铁路方面,可增加运货收入,意至善也"[1]。这类展览活动既包括铁道部所举办的"全国铁路沿线出产货品展览会",也包括开行"农业展览车"。学者们认为,相较于"全国铁路沿线出产货品展览会","农业展览车"更有利于偏僻乡村的农民,通过"将农作物佳品,一一装载车上……附以说明,所有出产销路、运价、卖价、用途、制法等等详载无遗"[2],让列车在经过沿线各站点时均停留一段时间,聘请专家对产品进行详细演讲,使得农民对其获得充分的了解。而这种工作,学者们认为"只有铁路能以办到,效力多而费用并不甚多"[3]。

除此之外,学者们还注意到铁路具有促进沿线农村人力资本提升的外部性作用。有学者指出:"铁路兴筑之后,其所经区域之教育必随之发达,是农民明了世界市场之情形,以谋改良其生产物,注重卫生之讲求,健康其体格,保养其精神,以谋生产力之增加。"[4]尽管学者在这里将铁路与当地人力资本的提升视作一种公理,而并未对其影响机制加以说明,我们仍然可以从近代铁路史料中略微探知一些途径。民国时期铁路部门曾大力开展职工识字教育,并且在铁路站点附近设立扶轮中小学来吸收职工子女入学。据统计,通过职工识字教育的开展,铁路系统不识字与略识字的职工所占比重从 1932 年的 68.62%下降到 1935 年的 54.58%。[5] 另外,民国时期铁路系统为应对鼠疫等烈性传染病,设立卫生防疫机构,广泛开展卫生防疫活动,并且向民众宣传防疫常识,均有助于提高铁路沿线地区居民的卫生健康知识。[6]

(四)完善铁路物流设施以开拓农产品市场的思想

完善铁路农产品物流设施与改善服务主要包括三个方面:一是开展多种形式的联运制度;二是进行物流仓库等基础设施建设;三是开展铁路运输与销售

---

[1] 曾仲鸣:《最近三年来的路政情形》,《津浦铁路月刊》1934 年第 4 卷第 10 期,"路争论辑",第 5 页。

[2] 高凤介:《开发华北产业声中铁路对于农业之使命》,《铁路月刊津浦线》1935 年第 5 卷第 11—12 期,第 19 页。

[3] 高凤介:《开发华北产业声中铁路对于农业之使命》,《铁路月刊津浦线》1935 年第 5 卷第 11—12 期,第 19 页。

[4] 佚名:《铁道运输对于复兴农村经济上之责任》,《交通经济汇刊》1934 年第 4 卷第 9 期,第 51 页。

[5] 赵启凤:《最近设施的我国铁路职工教育》,《教育与民众》1933 年第 5 卷第 3—4 期合刊,第 573 页;黄华平:《20 世纪 30 年代的铁路运输与农村复兴》,《兰州学刊》2015 年第 9 期,第 76—81、88 页。

[6] 黄华平:《近代中国铁路卫生防疫与铁路卫生建制化》,《温州大学学报(社会科学版)》2012 年第 4 期,第 77—82 页。

结合服务。

1. 开展多种形式的联运制度

铁路联运制度的发展对于中国农产品商品化具有十分重要的作用。通过扩展铁路网,能够促进市场的扩大、分工程度的提高,从而实现铁路规模经济。然而,近代中国铁路建设大多利用外债,导致各铁路当局自行订立运输制度,造成了区域性运输市场的隔离,不利于全国性统一市场的形成。因此,学者们十分重视铁路联运对于农产品运输、市场扩大的意义。在他们看来,"在中国可实行之联运,一为国内各路之相互联运,一为与近铁路之内河航船联运,一为与海港之海运联运,以前二者,使内地的农产品,相互调节,后者则帮助农产品尽量向国外市场推销,但今日中国的铁路,除与国内各路稍有联运外,其余二者,是素来不很注意的。结果铁路本身营业既无由发展,而农产品的运输,则迟缓多阻,不仅无法输出外国推销,就是国内各地,也不能以有余济不足"[1]。

由以上可以看出,学者们不仅希望铁路单一运输方式的联运制度能形成,更呼吁建立以铁路为核心,连接水运、公路运输等多种运输方式的联运体系。通过多种形式的铁路联运体系,充分凸显铁路运输量大、成本低廉的优点,而水路、公路运输方便灵活的特点,能够更有效地覆盖广大内地农村,推动农产品商业化。

(1)为方便农产品出口,加紧实现远程长途运输的海陆联运。张秉明指出,"今欲鼓励农产输出,则非实行海路联运不可,否则辗转搬运,既多消耗,亦多麻烦"[2],故主张建筑铁路码头,方便农产品经铁路运输后直接装到航船上,进行出口。

(2)为实现铁路与市场更好地联系,大力推进沿线的水路与公路联运。中国内地广大,"每多水道纵横,农产之运入市场,有赖于水道者"[3],但铁路建设所需固定成本巨大,能够充分利用现有内地水运体系,发展水路联运,"则内地农产之输出,当能因便利省费而增加矣"[4]。同时,"公路深入内地村镇,实为收集乡间农产之利器,亟应创办或推广其包裹及物运业务,从事农产之集散,俾

〔1〕 章江波:《铁道运输对于复兴农村经济上之责任》,《津浦铁路月刊》1934年第4卷第9期,第11页。

〔2〕 张秉明:《铁路运输与农村经济》,《南诏季刊》1935年创刊号,第62页。

〔3〕 张秉明:《铁路运输与农村经济》,《南诏季刊》1935年创刊号,第63页。

〔4〕 张秉明:《铁路运输与农村经济》,《南诏季刊》1935年创刊号,第63页。

内地产物均得使捷之运输”[1]，故可以更为有效地深入农产品市场，推动交通不便地区的农产品销售。

2. 进行物流仓库等基础设施建设

物流仓库等农产运输便利性基础设施包括冷藏及保鲜设施、专用仓库等。有学者认为，铁路不发达影响了城乡之间的产品交换，但货物仓库的建筑不仅能够方便农产品的运输，更重要的是可以在一定程度上平抑物价，有利于区域间商品调剂。“收入农村生产过剩之货物，使农村生产者，得以其剩余之货物，囤积以待善价，并可以货物抵押款项，俾资周转，而俟其复兴，则铁路货物，亦因此而可日趋于繁荣”[2]，最终使得区域物产可以供应相等。

3. 开展铁路运输与销售结合服务

部分新鲜农产品具有储存时间较短的特点，需要特定的保鲜运输设施，否则只能局限于产地销售，“较诸外国运输鲜货，能达数千里者，奚啻天壤”[3]。故学者提出要改进相应的冷藏设施，使得“鲜果蔬菜鱼肉卵等物，均能远运各地，销路至广……而后鲜货既可远运，复可久藏，既广销路，复免贬卖”[4]。同时，也可以进一步发展城市周边的鲜货销售。原先城市周边农村鲜货“向来乡人之肩挑手提，以应逐日之需要，其买卖数量既少，生产区域亦小”[5]，因运输成本过高导致消费数量很低。因此，通过发展铁路近郊运输，“有益于农民经济，亦有俾于市民生活也”[6]。

三、铁路促进农业人口区域性流动和产业性转移的思想

近代以来农村经济不发达还有一个重要原因在于农村人口过剩，农民在有限的土地上投入大量劳动，但农业的边际产出迅速下降，导致人均产出下降的“内卷化”增长。[7] 因此，在近代解决农村经济问题的一种重要观点，是将农村过剩人口转移，从而提高农民的人均收入与生活水平。转移的思路分为两种：一种是进行区域性移民，特别是将东部地区的过剩人口转移到东北、西北等边

[1] 张秉明：《铁路运输与农村经济》，《南诏季刊》1935 年创刊号，第 63 页。
[2] 张秉明：《铁路运输与农村经济》，《南诏季刊》1935 年创刊号，第 64 页。
[3] 张秉明：《铁路运输与农村经济》，《南诏季刊》1935 年创刊号，第 61 页。
[4] 张秉明：《铁路运输与农村经济》，《南诏季刊》1935 年创刊号，第 61 页。
[5] 张秉明：《铁路运输与农村经济》，《南诏季刊》1935 年创刊号，第 61 页。
[6] 张秉明：《铁路运输与农村经济》，《南诏季刊》1935 年创刊号，第 61 页。
[7] [美]黄宗智：《华北的小农经济与社会变迁》，中华书局 2000 年版，第 56 页。

疆地区,进行“殖民垦荒”;另一种则是通过发展实业,将农民吸纳为工人,实现劳动力的产业性转移。

首先,在城乡二元经济模式下,针对当时农村人口过剩、城市资本过剩的现实,有学者也提出利用兴建铁路吸纳农村过剩人口的观点。如章江波认为,国内农村资金不足,城市金融却存在过剩。由于本国城市工业面临外资竞争致经营艰难,因此,城市金融机构可将过剩资本贷给铁路部门。投资铁路建设不仅可以获得较高利润,同时也会通过“购买原材料,来雇佣多数的工人,因此资金便可由都市而重返农村,于是枯竭的农村经济,也就随着活跃了”[1];同时,在农村经济衰退时兴建铁路,由于“各处农村破产,人口早呈了过剩的状态”[2],铁路部门招工也会较为低廉,铁路的修筑成本也较低,从而改善铁路部门的利润。

其次,铁路修建后,可以利用铁路将内地的过剩人口转移到边疆地区进行农业开发。有学者指出,“铁路经过的区域,人民必随着移去开垦,譬如中国西北铁路完成,则内地各省的农民,纷纷迁往西北数省,开辟耕地”[3],通过铁路重新将人口进行合理分配,促使“在内地无田可耕或有极少耕田之农民,在荒废未垦的区域,就可获得大量的新地,所以建设铁路实际上无异于增加全国农民的耕地”[4]。耕地增加,土地边际收益提高,则人均收入也会增加,由此内地农村可以繁荣起来,而荒僻的边疆地区也会得到充分发展。此外,在广大新增的耕地上,“国家或公共机关均可随着铁路来从事大规模的经营,并可利用金融机关巨额的投资来组织移民团体,购买新式机器,进行最新式农场经营法,用力既少出产又多”[5]。

民国时期,中国民族产业资本与金融资本均得到了迅速发展:商业资本向产业资本转化,土地等传统投资向实业投资转化;金融资本出于长期确定性收

---

〔1〕 章江波:《铁道运输对于复兴农村经济上之责任》,《津浦铁路月刊》1934年第4卷第9期,第14页。

〔2〕 章江波:《铁道运输对于复兴农村经济上之责任》,《津浦铁路月刊》1934年第4卷第9期,第14页。

〔3〕 章江波:《铁道运输对于复兴农村经济上之责任》,《津浦铁路月刊》1934年第4卷第9期,第15页。

〔4〕 章江波:《铁道运输对于复兴农村经济上之责任》,《津浦铁路月刊》1934年第4卷第9期,第15页。

〔5〕 章江波:《铁道运输对于复兴农村经济上之责任》,《津浦铁路月刊》1934年第4卷第9期,第15页。

益的需求，也逐步倾向于加大对实业的投资。这种趋势推动了国内资本投资铁路的潮流。在近代二元经济的框架内，充分利用本国资本进行铁路建设的好处有三点：其一，为城市内的过剩资本找到投资出口，实现资本要素的合理配置，改善铁路成本结构，提高路网密度，有利于国内金融业和交通运输业的发展；其二，通过主动投资，拉动短期经济增长，防止短期内经济衰退；其三，通过雇用农村过剩人口，实现农村人口的产业性转移，有利于整合城乡二元经济结构；其四，铁路建设与路网优化，促进人口的区域性转移，提高全国人均耕地面积与机械化水平，最终实现农业生产的“资本化和合理化”，提高农业生产效率。

四、民国时期铁路与农村经济发展思想的评价与现实启示

（一）民国学者提出的各项铁路促进农村经济发展思想的评价与政策实施效果

通过以上考察，我们发现民国时期学者对于铁路与农村经济发展存在两种思路：其一是通过铁路提供交通运输服务，通过降低运费、多种交通运输方式联运、运输过剩人口垦荒以及优化铁路路网密度等措施，促进农产品的区域化生产和商品化程度的提高，扩展农产品产销范围，同时降低农村急需的生产资料如良种、农业机械的获取成本，从而提高农民经济收入；其二则是利用铁路自身作为信息、资本和商品中介，招募农村劳工兴建铁路、开展农业机械租赁业务以及农产品收购销售等业务，促进农村劳动力产业性转移，并促进农产品产销结合。

在这两种思路中，学者们均将铁路作为城乡二元经济模式中交换的重要媒介。在近代城乡二元结构中，城市特别是通商口岸提供了更好的产权制度，促进了产业、资本和劳动力的集聚，使之形成了较为发达的近代工业和金融业，即所谓“城市产业化与产业城市化”[1]；而广大农村商品经济呈现结构化差异，部分迎合出口需求的农产品种植地区得到了一定繁荣，而更多地区则因为外国农产品的倾销以及国内封建主义的压榨盘剥，导致乡村经济濒临破产。尽管在南京国民政府成立后中国经济呈现过“黄金十年”，但繁荣之下隐藏着诸多危机：首先，随着“一战”结束，中国近代工业发展面临外国资本输入带来的巨大竞争压力；其次，农村战乱加剧和农村经济衰退导致金融资本进一步向城市集中，金

〔1〕 杜恂诚编：《中国近代经济史概论》，上海财经大学出版社2011年版，第267页。

融资本在城乡呈现极不均衡的分布,刺激了城市金融市场的投机,而农村金融资本不足也限制了农村"资本化"生产;最后,农村剩余人口过多产生了"内卷化"增长模式,人均收入进一步下降。而铁路作为重要的交通基础设施,处于整个二元经济交换模式中的核心地位,有助于进行区域、城乡以及产业间的生产要素和产品的交换,同时铁路经营得益于此时的经济环境,对于全社会经济发展具有正向促进作用。

通过铁路学者的呼吁,国民政府铁道部在 20 世纪 30 年代调整了一系列铁路运输政策,主要包括:发展联运,实施货物负责运输、减等减价,以及推广"递远递减"运价制度。1933 年 10 月,为进一步促进工农业发展,铁路当局制定《联运货物运价递远递减办法》,规定:"凡联运货物经行在五百公里以上者,除经行各路之递远递减百分率外,联运货物递远递减之百分率,自五百零一公里到六百公里者减收百分之一,以下每远一百公里递减百分之一,至二千五百公里以上者,递减百分之二十止。"翌年 12 月,铁道部为进一步降低工农业货品运价,将联运起点公里数由原来的 501 公里降为 301 公里,至 2 500 公里以上者,递减百分率最高达 22%。1936 年,铁道部再次提高了"递远递减"率,至最高 25%的优惠。[1]

这些活动的开展,有效地降低了农产品运输成本,扩大了农产品运输量。1932 年,各路平均货运基本运价率为 0.017 1 元每公吨每公里,至 1934 年降为 0.014 8 元每公吨每公里。[2] 1931 年至 1935 年间,全国铁路农产品运量分别达到 3 583 千吨、3 374 千吨、3 638 千吨、4 998 千吨和 5 640 千吨,分别占铁路商运品总量的 17.53%、15.67%、17.14%、19.86%和 20.23%(见表 4.1)。

(二)民国时期铁路与农村经济发展思想的现实启示

民国时期学者所提出的铁路多元化经营思路对于当前我国铁路发展的困局也具有相当程度的借鉴价值。新中国 70 多年的铁路建设取得了丰硕成就,但当前铁路领域仍然面临着诸多问题。长期以来,以铁道部为主导的铁路运营管理模式,日益不适应当前经济社会发展对铁路的要求。尽管中国铁路近十多年来不断改善路网规模、路网结构以及技术等级,特别是高铁建设取得了相当大的发展成绩,2020 年以来面对疫情冲击,铁路客运受到的冲击相对较小,呈现出客运占比不断上升的趋势,但从绝对数量上看,客运人数仍大幅下滑,年铁路

---

〔1〕 铁道部联运处:《通令运价类一号》,《铁道公报》第 1448 期,1936 年 4 月 16 日,第 4—5 页。
〔2〕 俞棪:《最近三年铁路减低运价述略》,《铁路杂志》1935 年第 1 卷第 2 期,第 21 页。

营业性客运量从 2019 年的 36.6 亿人分别下降到 2020 年和 2021 年的 22.03 亿人和 26.12 亿人，客流下滑给铁路经营带来了一定的困难。除此之外，在面对公路、航空运输迅速增长带来的激烈竞争时，铁路货运市场份额也不断下降。图 4.1 清晰展示了铁路货运量占全部运输量的比重在 2004 年后持续下降的趋势，近些年来铁路货运量占比已不足 10%。最后，依赖高投资拉动的铁路建设运营模式，受到偿债压力等影响，铁路负债和利润情况不断恶化。图 4.2 显示出 2015—2021 年我国铁路总公司每年的净利润常年仅有十多亿元，近些年来甚至出现 500 多亿元亏损，并且资产负债率常年维持在 65%以上。在这背后，诸如多式联运开展不足、铁路运输时效性差等问题不能满足现代物流业的发展要求，严重影响了铁路经营绩效。因此，优化铁路业务模式，更好地服务于现实经济，不仅可以实现铁路促进社会经济发展的外部性，同时有助于铁路自身经营的改善。

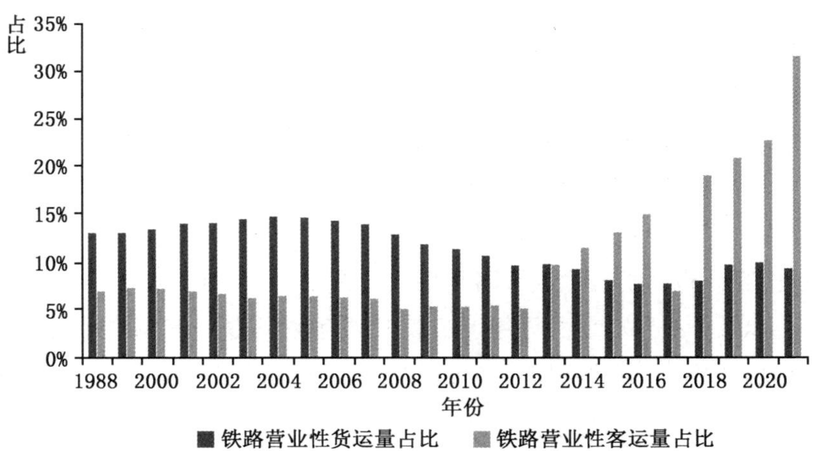

资料来源：国家统计局网站；历年交通运输业发展统计公报。

图 4.1　1998—2021 年中国铁路营业性货运量和客运量所占比重

民国时期学者所提出的铁路促进农产品运销的诸多措施在当下仍然具有现实价值。例如，利用铁路与公路、航空、水运等交通运输方式开展客货联运，改变铁路与物流企业的合作形式，加快鲜货等高附加值货物的运输服务，特别是开展铁路与沿线农业合作运输等模式，乃至开展多元化铁路农产品经营业务等，均对当前的铁路经营管理改革具有一定的借鉴意义。

民国时期学者也提出了一些颇具时代特征的铁路促进农业的思想。例如，

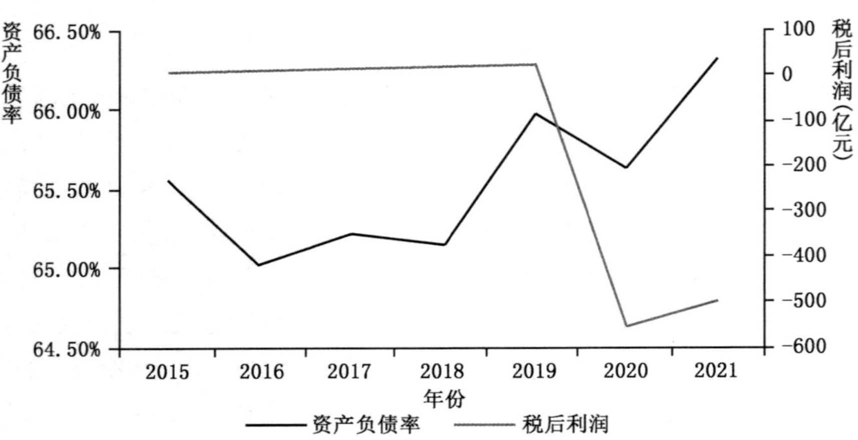

资料来源:中国铁路总公司历年年报。

图 4.2 2015—2021 年中国铁路总公司负债与利润情况

铁路经营农用机械租赁,以及利用铁路发展城市近郊农产品运输的业务。当然,在今天看来,这些措施实际上并不能有效地利用铁路在长途、大吨位运输方面的优势,并且这些业务的开展也更需要企业充分了解地区农业供需信息,开展灵活多样的经营模式,因此,此类业务在公路运输及信息高度发达的当今社会,已经失去了可供利用的现实基础。

同样,我们也从学者建议铁路聘用农业技术专家、编印农业技术和农产品信息书籍以及开办"铁展会"等建议中看出,学者对于铁路的期望已经超越了单纯的铁路短期经营效益的目的,而是以长远的眼光从繁荣地方经济、培育未来运输来源来看待铁路与农村经济发展。

第三节 铁路促进工业协同发展思想

一、进口替代思路下的铁路带动上游工业发展思想

铁路建设离不开机车、钢轨、能源供应。因此,铁路发展特别是本土化建设需要相应的上游配套工业体系的建设。在近代中国铁路发展的早期阶段,由于技术和工业势力薄弱,铁路建设所需的钢轨、枕木、机车均自国外引进。但这种全盘引进产生了诸多问题:首先,在修建铁路过程中,国外通过与中国订立筑路

材料的采购与技术扶持合同，掌控铁路关键技术标准（如铁轨宽度等）及铁路运行管理权，这不利于全国铁路制度的统一与独立；其次，购买筑路材料的巨额经费也成了财政上的沉重负担；最为重要的是，筑路材料的全盘引进并不能通过铁路产生对上游工业的辐射带动作用。因此，中国铁路产业的发展，是从铁路运营维护的本土化逐步向筑路材料的本土化生产迈进的过程，也是从铁路产业链逐步实现上游产业本土化的过程。

在1912年至1937年间，一些学者提出了"兴办直接以铁路为销场之实业"的观点。所谓"以铁路为销场之实业"，"盖此为筑路所欲培养之新工业，亦即供给铁路材料"〔1〕，即铁路产业链中的上游产业，包括客车、货车、铁轨、枕木的生产。

首先，利用铁路沿线钢铁企业供应当地铁路的钢轨。华北及西北地区利用现有钢铁厂生产铁路配套钢轨材料。"（山西）晋城、高平、长治……均产铁，山西阳泉有保晋铁厂，太原有育才钢厂，应将该厂整顿扩充，以供给修筑陕西铁路、西安至新疆铁路、西安至重庆铁路之钢轨及配件。"〔2〕西南地区因原有基础薄弱，则利用当地煤铁矿资源新建钢铁厂。"四川綦江、资中等处产铁，成都叙州等处产煤，宜在綦江设立钢铁厂，以便供给修成都至打箭炉与松潘铁路，成渝铁路，重庆至贵阳、广州铁路，及株洲至云南腾冲铁路之钢轨及配件。"〔3〕这类企业主要作为铁路钢轨的供应者，"该厂等之市场即为铁路本身，无须外求，自无需与外货竞争，而钢铁实业本身亦可巩固矣"〔4〕。

其次，将汉口作为客车货车生产基地。"将平汉铁路之江岸机厂扩充之，以供给全国新修及旧有各路之客车货车……而汉口居全国之中部，交通四达，对于各路供给甚便利也。"〔5〕

再次，开发林木资源，设立枕木厂，并进行森林资源储备。"查四川西部、湖

〔1〕常计高：《中国最低限度主干铁道之完成及振兴实业刍议》，《铁路杂志》1936年第1卷第10期，第7页。

〔2〕常计高：《中国最低限度主干铁道之完成及振兴实业刍议》，《铁路杂志》1936年第1卷第10期，第8页。

〔3〕常计高：《中国最低限度主干铁道之完成及振兴实业刍议》，《铁路杂志》1936年第1卷第10期，第8页。

〔4〕常计高：《中国最低限度主干铁道之完成及振兴实业刍议》，《铁路杂志》1936年第1卷第10期，第8页。

〔5〕常计高：《中国最低限度主干铁道之完成及振兴实业刍议》，《铁路杂志》1936年第1卷第10期，第8页。

南湘江流域、福建布溪流域、江西吉安以南及定南以北、贵州贵阳附近均有大森林,可择适宜地点设枕木厂。"[1]同时,为了预备未来的枕木资源,则"再查沿平汉线由河南确山、信阳至湖北武胜关,铁路西边一带多山,宜广植林木以备全国铁路枕木之需"[2]。

最后,引进模仿机车制造。学者们承认机车工业所需技术复杂,且"相关之工业均未发达,技术上亦非可一蹴而就"[3],虽然可以从外国引进,但之后应当努力自行制造,"以培养技术而立自给之基础"[4]。

二、以铁路运价为核心促进内地工业化思想

在民国时期学者看来,近代以来,国内不断爆发对内对外战争,如太平天国运动、捻军起义以及民国各派系军阀之间的混战,军阀为筹措军费而横征暴敛,社会治安混乱,盗匪横行,加重了工商业发展的困难,这些均导致国内正常经济秩序遭到严重破坏,也使得工厂在选址时尽量靠近沿海通商口岸,形成沿海都市工商业高度集聚的产业格局,而沿海地区"均为外货竞争最烈之区",极大地挤压了本国工业的生存空间。为了应对外资与本国工厂的竞争,随着 20 世纪 30 年代后内地政治逐渐稳定,学者们提出了在工业基础薄弱的湖北、河南、陕西、山西等内地省份设厂,并利用铁路运价作为价格工具调整中国工业布局,"由内地向海岸方向运输之货物,得利用奖励出口名义减低运费百分之十至五十;凡由海岸向内地运输者无论中外商人均纳全费"[5],从而达到三个目的:"第一可享优越之运费;第二因原料就地购买,节省运费;第三市场就近,运费亦可减轻,内地厂家,在此种优势之下,当不至为外货所困矣"[6]。

通过铁路直接扶持山西的煤铁工业、四川的钢铁厂、汉口的车辆制造业,以

---

〔1〕 常计高:《中国最低限度主干铁道之完成及振兴实业刍议》,《铁路杂志》1936 年第 1 卷第 10 期,第 9 页。

〔2〕 常计高:《中国最低限度主干铁道之完成及振兴实业刍议》,《铁路杂志》1936 年第 1 卷第 10 期,第 9 页。

〔3〕 常计高:《中国最低限度主干铁道之完成及振兴实业刍议》,《铁路杂志》1936 年第 1 卷第 10 期,第 9 页。

〔4〕 常计高:《中国最低限度主干铁道之完成及振兴实业刍议》,《铁路杂志》1936 年第 1 卷第 10 期,第 9 页。

〔5〕 常计高:《中国最低限度主干铁道之完成及振兴实业刍议》,《铁路杂志》1936 年第 1 卷第 10 期,第 9 页。

〔6〕 常计高:《中国最低限度主干铁道之完成及振兴实业刍议》,《铁路杂志》1936 年第 1 卷第 10 期,第 9 页。

及四川、湖南、福建、江西的枕木制造业等铁路上下游产业，间接扶助、巩固煤业、农业、纺织业、面粉业，在产业层面上“使中国工业能够与外货竞争，同时因铁路工厂之新兴及分配，全国劳动市场大为增加”〔1〕。更重要的是，通过资本流动而促进内陆地区工业化，使得“凡困居乡村及踯躅都市之劳动者俱有获得职业之机会，人民之收入既增，购买之能力自大，工商繁荣之根基自固，而国家富强之大业，于焉开始矣”〔2〕。

民国时期学者所提出的以铁路直接或者间接促进工业发展的构想，较为符合当时中国经济发展的实际背景：近代以来，外资大量涌入，对中国工业产生了挤出效应，并降低了中国经济内生发展的能力。“中国实业之所以不振，实以缺乏振兴实业环境之故”〔3〕，“国内市场被人侵占，国外市场无地容足，国人贫困，购买力弱”〔4〕。

在这种不利的市场环境下，垄断性行业与竞争性行业间产生了分化。垄断性行业如铁路运输行业各条线路“无不获利”，而非垄断性行业“无不陷于衰弱颓靡之状态，或暂时停工，或根本倒闭，即暂能维持者亦在困苦挣扎之中”〔5〕。因此，学者们提出了以垄断性行业为中心扶持非垄断性行业的思想，“必须以独占性质之实业扶持非独占性质之实业”〔6〕。

此思想沿循着两种思路：其一是利用垄断下游产业部门来刺激上游配套工业部门的发展；其二是利用铁路运价的调整来降低物流成本，以干预资本向内地流动，开发内地的人力、物质资源，促使市场与需求扩大。在此思想中，垄断性部门的国有化是前提，只有垄断性部门收归国有，才可能实现歧视性定价策略。铁路运输部门和上游的配套机车制造、钢铁、枕木等行业互为补充，铁路建设可以创造需求，解决市场内生需求不足问题，从而缓解其对上游工业发展的

〔1〕 常计高：《中国最低限度主干铁道之完成及振兴实业刍议》，《铁路杂志》1936 年第 1 卷第 10 期，第 9 页。

〔2〕 常计高：《中国最低限度主干铁道之完成及振兴实业刍议》，《铁路杂志》1936 年第 1 卷第 10 期，第 9 页。

〔3〕 常计高：《中国最低限度主干铁道之完成及振兴实业刍议》，《铁路杂志》1936 年第 1 卷第 10 期，第 1 页。

〔4〕 常计高：《中国最低限度主干铁道之完成及振兴实业刍议》，《铁路杂志》1936 年第 1 卷第 10 期，第 1 页。

〔5〕 常计高：《中国最低限度主干铁道之完成及振兴实业刍议》，《铁路杂志》1936 年第 1 卷第 10 期，第 2 页。

〔6〕 常计高：《中国最低限度主干铁道之完成及振兴实业刍议》，《铁路杂志》1936 年第 1 卷第 10 期，第 1 页。

阻碍,同时国产零部件和人力成本也有助于降低铁路行业的建筑经营成本;更为重要的是,内地工业化的推进扩大了对劳动力的需求,同时,劳动力因从事工业,收入提高,又进一步促进了总需求的扩大,从而形成需求刺激工业化投资、工业化深入进一步扩大总需求、促进国内经济和工业化的良性循环。

使用铁路运价来保护本国工业的观点,实则受到20世纪30年代德国历史学派的以关税等保护幼稚产业政策学说的影响。"吾国新兴之实业,乃幼稚之实业也,不能与外货竞争,此在他国可以关税保护之"[1],然而,由于签订了不平等条约,中国的关税无法自主,于是学者提出了以铁路运价作为关税替代性政策的想法。

两条道路兼顾了产业结构互动和区域经济协调发展的考虑,具有一定的理论意义。但这一想法仍具有时代局限性:以铁路带动上游工业发展只能是短时期内的措施,通过一定时期铁路投资的拉动,关键的是需要上游的钢铁工业、机器制造业等具备自生能力,并逐步摆脱铁路建设的单一市场。然而,在这一时期的学者看来,这些行业只需要产品皆由铁路部门消费,避免进入市场与外国货物竞争即足够成功,显然这种所谓的"成功"不仅并不完全符合德国历史学派保护幼稚产业的初衷,也并不代表发展中国家最终工业化的目标。

第四节　铁路建设对近代东北地区产业结构影响的实证检验

尽管本章之前的章节阐述了大量民国学者关于铁路促进国民经济产业结构改善的思想,但仍然缺乏详细的实证证据予以验证。因此,本节使用民国时期东北地区铁路与产业结构数据进行实证检验,从而更好地验证民国学者所提出的相关思想的现实价值。之所以使用东北地区数据,主要原因是东北地区在20世纪之前经济发展程度与人口水平极低,原有驿路和水运体系主要为军事目的服务,当地尚未形成具有规模化的农业、工业和商业活动,而中东铁路建成后,东北地区的铁路和工业化成果十分突出,有助于我们剔除传统运输对区域产业结构的影响,将铁路的影响分离出来。

尽管东北地区大量铁路线并非在中国控制下建设和经营,因而并非民国学

〔1〕 常计高:《中国最低限度主干铁道之完成及振兴实业刍议》,《铁路杂志》1936年第1卷第10期,第1页。

者们关于铁路促进产业结构演进思想的直接实践结果，但这并不妨碍我们利用东北地区数据检验这些思想本身所具有的理论价值。换言之，我们是利用东北地区作为一种实验场来为其思想提供证据支持。同时我们也要看到，在20世纪20年代东北交通委员会带领下，东北地方政府推动的自建铁路网计划取得了相当成就，其正是以收回利权，发展自主的工业、农业、交通运输、通讯、教育等为目的。因此，使用东北地区数据验证铁路对国民经济产业结构的影响是具有逻辑基础和历史根据的。当然，之后如果有机会，可以进一步使用关内铁路以及东北自建铁路进行更为细致的实证设计，以更好地实现对思想的检验。

中华民国成立后，铁路的发展进一步促进了东北地区的经济发展与工业化进程。随着铁路线的延伸，煤铁矿逐步被发掘开采，东北地区的重工业获得明显发展。与此同时，大量关内失地农民"闯关东"，满足了东北地区产业发展对劳动力的需求。然而，对于东北地区铁路究竟如何影响东北产业结构形成，现有研究尽管给出了一些历史证据，但并未进行实证考察。因此，在这一部分，我们使用《东北年鉴》(1931)所提供的东北地区的农工商业人口数据来考察近代东北铁路建设对这一时期产业结构的影响。

类似于第三章第三节的实证模型设定，在此模型中，被解释变量分别为各县农业、工业、商业人口比例，这一数据来自《东北年鉴》(1931)。核心解释变量分别为当地是否通火车(是＝1)、车站密度(个/千平方公里)、铁路里程密度(米/平方公里)，数据来自马里千(1983)的《中国铁道建筑编年简史》和《东北年鉴》(1931)。其他控制变量包括经济、政治、资源禀赋以及制度等因素。由于近代商埠的开设对区域产业结构具有重要影响，因而在此实证部分，添加了当地是否为商埠(是＝1)以及开埠时间作为控制变量，此数据来自《东北年鉴》《晚清东北商埠格局变迁研究》(2007)；政治控制变量依然选取当地设县时间、所设县的等级以及该县与省城的距离，此数据来自《东北年鉴》(1931)；由于东北富含矿产资源，而开采矿产会影响工业的发展从而影响地区的产业结构，为了控制这一影响，在此添加了东北最主要的煤炭、铁矿与金矿在各地的储藏情况作为控制变量，此数据来自《东北年鉴》(1931)；另外，由于日本和俄国在中东铁路和南满铁路沿线设立了诸多附属地，这些附属地因具有日本侵略者和帝俄时代的制度属性，可能会影响产业发展，因此，为了控制这一效应，回归中添加了当地是否具有附属地这一变量，数据来自程维荣(2008)的《近代东北铁路附属地》。表4.3比较了通铁路地区和不通铁路地区之间的各产业人口比例。从中可以看到,通铁路地区从事工业和商业的人口比例显著高于不通铁路地区。

表 4.3　　通行铁路与产业人口分布的统计描述

	通铁路地区	不通铁路地区	均值差	标准误
农业人口比例	0.455	0.474	−0.019	0.040
工业人口比例	0.064	0.035	0.028***	0.011
商业人口比例	0.068	0.043	0.026***	0.010

说明:第一行中通铁路地区和不通铁路地区的观测值分别为 68 个、70 个;第二行中观测值分别为 67 个、67 个,第三行中观测值分别为 68 个、70 个。*** 表示显著性水平小于 1%。

表 4.4 首先给出了铁路对各县农村人口比例的影响的实证结果。第(1)列考察了当地通行铁路对农业人口比例并不具有显著影响。而在第(2)列,为了进一步控制各县经济、资源以及政治因素对农村人口比例的影响,将一系列控制变量加入方程后,回归结果显示当地通行铁路对农村人口比例仍然不具有显著性影响。在第(3)列,将当地是否存在铁路附属地加入方程中,结果仍然显示铁路附属地也未对当地的农村人口比例产生显著影响,铁路开通对当地农村人口比例并不具有促进作用。第(4)列和第(5)列分别将核心解释变量替换为当地火车站密度和铁路里程密度,结果显示火车站密度和铁路里程密度对当地农业人口比例并无显著影响。

表 4.4　　铁路与农业人口比例

被解释变量	农业人口比例				
	(1)	(2)	(3)	(4)	(5)
核心解释变量:					
是否通火车	−0.019 0	0.011 9	0.004 03		
	(0.039 9)	(0.044 2)	(0.048 6)		
车站密度(个/千平方公里)				0.012 2	
				(0.021 0)	
铁路里程密度(米/平方公里)					0.000 925
					(0.001 83)
控制变量:					
当地是否有铁路附属地			0.024 9	0.018 9	0.020 1
			(0.062 0)	(0.058 2)	(0.058 2)

续表

被解释变量	农业人口比例				
	(1)	(2)	(3)	(4)	(5)
县等级		0.064 3**	0.063 7**	0.064 4**	0.063 7**
		(0.026 7)	(0.026 8)	(0.026 3)	(0.026 2)
设县时间		−7.32e−06	−3.71e−05	−7.87e−05	−6.37e−05
		(0.000 352)	(0.000 361)	(0.000 367)	(0.000 363)
开埠时间		0.017 6	0.012 0	0.009 54	0.009 88
		(0.061 5)	(0.063 2)	(0.063 3)	(0.063 3)
该县是否有金矿(是=1)		−0.026 7	−0.028 2	−0.026 5	−0.025 9
		(0.054 7)	(0.055 0)	(0.054 4)	(0.054 6)
该县是否有铁矿(是=1)		0.052 6	0.047 4	0.047 6	0.047 2
		(0.061 4)	(0.062 9)	(0.062 8)	(0.062 8)
该县是否有煤矿(是=1)		0.013 0	0.015 8	0.016 5	0.016 6
		(0.045 1)	(0.045 8)	(0.045 7)	(0.045 8)
常数项	0.474***	0.297***	0.299***	0.294***	0.295***
	(0.028 0)	(0.080 7)	(0.081 1)	(0.076 2)	(0.076 1)
Observations	138	138	138	138	138
R-squared	0.002	0.065	0.066	0.068	0.068

说明:(1)括号内为标准误;(2)*** $p<0.01$,** $p<0.05$,* $p<0.1$。

表4.5则考察了近代东北铁路建设对工业人口比例的影响。第(1)列的核心变量为当地是否通行铁路,结果显示铁路通行会显著促进当地工人比例,使得当地工业人口比例上升2.85%,且在5%水平上稳健。第(2)列则进一步控制了各县经济、资源以及政治因素,回归结果显示当地通行铁路将显著提高工业人口比例,这一影响略微下降为2.56%。第(3)列将当地是否存在铁路附属地加入方程中,结果仍然显示出当地通行铁路使得工业人口比例上升2.33个百分点,且在10%水平上保持稳健。第(4)列将核心解释变量替换为当地火车站密度,结果显示火车站密度每上升1个/平方公里,当地的工业人口比例提高1.1%,且在10%水平上保持稳健。类似地在第(5)列,将核心解释变量替换为铁路里程密度,结果仍然显示出当地铁路里程越长,越能促进当地工业人口比例。

表 4.5　　铁路与工业人口比例

被解释变量	工业人口比例				
	(1)	(2)	(3)	(4)	(5)
核心解释变量:					
是否通火车	0.028 5**	0.025 6**	0.023 3*		
	(0.011 2)	(0.012 4)	(0.013 6)		
车站密度(个/千平方公里)				0.011 0*	
				(0.005 82)	
铁路里程密度(米/平方公里)					0.000 910*
					(0.000 507)
控制变量:					
当地是否有铁路附属地			0.007 12	0.011 9	0.012 4
			(0.017 2)	(0.016 1)	(0.016 1)
县等级		−0.016 6**	−0.016 8**	−0.018 5**	−0.019 1***
		(0.007 40)	(0.007 44)	(0.007 27)	(0.007 26)
设县时间		−0.000 174*	−0.000 182*	−0.000 205**	−0.000 194*
		(9.72e−05)	(9.96e−05)	(0.000 101)	(0.000 100)
开埠时间		−0.006 21	−0.007 79	−0.009 59	−0.009 47
		(0.017 0)	(0.017 4)	(0.017 4)	(0.017 5)
该县是否有金矿(是=1)		0.001 54	0.001 11	−0.000 760	7.58e−05
		(0.015 1)	(0.015 2)	(0.015 0)	(0.015 1)
该县是否有铁矿(是=1)		0.010 6	0.009 09	0.009 96	0.009 48
		(0.017 3)	(0.017 8)	(0.017 7)	(0.017 7)
该县是否有煤矿(是=1)		−0.018 3	−0.017 5	−0.016 2	−0.016 0
		(0.012 6)	(0.012 8)	(0.012 7)	(0.012 7)
常数项	0.034 8***	0.090 6***	0.091 2***	0.098 6***	0.099 3***
	(0.007 95)	(0.022 3)	(0.022 4)	(0.021 0)	(0.021 0)
Observations	134	134	134	134	134
R-squared	0.046	0.119	0.120	0.125	0.123

说明:(1)括号内为标准误;(2)*** $p<0.01$,** $p<0.05$,* $p<0.1$。

表 4.6 考察了近代东北铁路建设与商业人口比例的影响。第(1)列的核心变量为当地是否通行铁路,结果显示铁路通行显著提高了当地商业人口比例 2.57 个百分点;第(2)(3)列又进一步增加了经济、资源、政治以及制度等控制变

量，结果仍然显示铁路开通对于商业化的促进作用十分显著。第(4)列将核心解释变量替换为当地火车站密度，在控制了一系列变量后，火车站密度对商业人口比例为正但并不显著。与之类似的是，第(5)列将核心解释变量替换为铁路里程密度，其对于商业人口比例也没有显著影响。

表 4.6　　铁路与商业人口比例

被解释变量	商业人口比例				
	(1)	(2)	(3)	(4)	(5)
核心解释变量：					
是否通火车	0.0257***	0.0263**	0.0331***		
	(0.00967)	(0.0109)	(0.0119)		
车站密度(个/千平方公里)				0.00854	
				(0.00527)	
铁路里程密度(米/平方公里)					0.000535
					(0.000460)
控制变量：					
当地是否有铁路附属地			−0.0212	−0.00972	−0.00807
			(0.0152)	(0.0146)	(0.0147)
县等级		0.000541	0.000991	−0.00212	−0.00262
		(0.00661)	(0.00659)	(0.00658)	(0.00660)
设县时间		5.11e−06	3.05e−05	2.52e−05	3.94e−05
		(8.71e−05)	(8.87e−05)	(9.19e−05)	(9.15e−05)
开埠时间		0.00367	0.00842	0.00739	0.00790
		(0.0152)	(0.0155)	(0.0159)	(0.0159)
该县是否有金矿(是=1)		−0.0177	−0.0164	−0.0204	−0.0204
		(0.0135)	(0.0135)	(0.0136)	(0.0138)
该县是否有铁矿(是=1)		−0.0130	−0.00861	−0.00769	−0.00794
		(0.0152)	(0.0155)	(0.0158)	(0.0158)
该县是否有煤矿(是=1)		−0.000446	−0.00283	−0.00130	−0.00133
		(0.0112)	(0.0113)	(0.0115)	(0.0115)
常数项	0.0425***	0.0456**	0.0440**	0.0594***	0.0612***
	(0.00679)	(0.0200)	(0.0199)	(0.0191)	(0.0192)
Observations	138	138	138	138	138
R-squared	0.049	0.071	0.085	0.049	0.040

说明：(1)括号内为标准误；(2)*** $p<0.01$，** $p<0.05$，* $p<0.1$。

根据以上的回归结果，我们可以得出以下结论：东北铁路的开通将促进当地工商业人口比例的上升，而对从事农业的人口比例并未有明显影响。这可能是因为东北地区铁路开通后,尽管从关内来的农民提供了较为充足的劳动力供给,但铁路沿线地区因铁路显著降低了资本流动成本而产生了工业集聚,相比于非铁路沿线地区更容易吸引工业劳动力,而铁路导致的商品流动也促进了沿线地区商品经济的发展与从业人口的增加,最终使得铁路沿线地区的产业结构中工商业人口比例相比于非沿线地区更高。因此,从民国时期东北地区的实证证据可以看出:铁路的开通有助于当地产业结构的转换。这也为民国时期学者所提出的铁路振兴实业的观点提供了一定的实证证据。

第五章　近代铁路规制思想的发展与演变

第一节　引　言

铁路作为推动近代世界发展的重要技术，不仅推动了19世纪以来世界政治经济格局的转变，同时也对中国近代历史进程的方方面面产生了深远的影响。[1] 起步阶段的中国铁路发展，面临投融资机制不畅、产业资本匮乏以及产权结构混乱等问题，国内外铁路建设经营实践与发展理念不断地推动着社会各界关于铁路发展的讨论。近代铁路发展思想中的一个中心议题是政府如何规制铁路发展。政府和民间资本作为铁路运输市场的主要参与主体，如何设计最优的铁路政策制度，以求充分调动两方参与到中国铁路建设运营中，实现铁路的社会效益和经济效益的平衡，成为近代特别是民国时期铁路政策讨论的焦点。

围绕这一问题，现有的关于近代铁路规制思想的研究可分为两类：其一，研究民国重要政治人物如孙中山、张嘉璈等的铁路建设思想中对于如何规制铁路

---

〔1〕 Fogel, R W. (1964), *Railroads and American Economic Growth: Essays in Econometric History*. Baltimore: Johns Hopkins Press; Donaldson, Dave(2018), "Railroads of the Raj: Estimating the impact of transportation infrastructure", *American Economic Review*, Vol. 108, No. 4－5, pp. 899－934；梁若冰：《口岸、铁路与中国近代工业化》，《经济研究》2015年第4期，第178－191页。

的思考[1];其二,研究政府铁路政策中的规制制度[2]。然而,现有研究忽略了近代学者对铁路规制的讨论,并且缺少对近代铁路规制思想发展脉络的系统性梳理,因而不足以反映近代铁路发展思想的全貌。本书通过发掘以往较少使用的中华全国铁路协会刊物等史料,采用规制经济学的相关理论,从理论基础、规制形式等多个角度,研究1937年前铁路规制思想的动态演化过程,以弥补当前研究存在的不足,同时,这一研究或许可以为当前铁路领域改革提供可供参考的历史借鉴。

20世纪初至30年代,铁路领域规制问题的研究是当时有关铁路问题争论的重点。表5.1给出了近代讨论铁路规制问题的文章统计[3],从中可以看出,讨论铁路规制问题的文章集中发表于交通领域的专业期刊,其中尤以中华全国铁路协会主办的《铁路协会会报》系列刊物上刊文为最,从发表数量上看占据了绝对比例。图5.1显示出在文章发表时间上,对于这一问题的讨论主要集中于民国成立伊始与20世纪30年代初期。之所以集中于这两个时间段,是因为政府与民间资本的关系决定了政府的铁路政策和制度,因此,在政权成立后的制度创建阶段,对于这一问题的讨论常会集中出现。

表5.1　　近代讨论铁路领域政府和民间资本关系的期刊文章统计

报刊名称	出版方	文章数目
《铁路协会会报》	中华全国铁路协会:北京	25
《铁路协会月刊》	中华全国铁路协会:南京	26
《铁路杂志》	中华全国铁路协会:南京	4
《大同报》	北京大同报社	1
《东方杂志》	上海商务印书馆	2

---

〔1〕林家有:《论孙中山铁路建设的思想和主张》,《近代史研究》1991年第5期,第87－105页;杨斌:《张嘉璈与抗战前铁路建设》,《民国档案》1991年第4期,第94－99页;冯君:《论孙中山铁路建设的战略构想》,《江西社会科学》2002年第1期,第111－114页。

〔2〕邱松庆:《南京国民政府初建时期的铁路建设述评》,《中国社会经济史研究》2000年第4期,第82－86页;张枫、穆卫彬:《南京国民政府初建时期的铁路建设》,《辽宁行政学院学报》2007年第11期,第99－100页;马陵合、张枫:《南京国民政府初期的铁路规划和建设》,《长安大学学报(社会科学版)》2007年第4期,第83－85、90页;黄华平:《论南京国民政府时期的铁路运价治理》,《历史教学》2012年第9期,第45－51页。

〔3〕我们以"铁路政策""国营(国有)铁路"或"民营(民有)铁路"作为关键词,在大成老旧数据库以及近代历史文献数据库中检索相关文献,再根据其内容是否涉及铁路规制问题进行剔除筛选。

续表

报刊名称	出版方	文章数目
《交大季刊》	交通大学出版委员会	3
《交通经济汇刊》	北平国立交通大学	3
《交通杂志》	交通杂志社	1
《民报》	科学出版社	1
《南华评论》	南华评论社	1
《南浔铁路月报》	南浔铁路局	1
《钱业月报》	上海钱业公会	1
《山西实业报》	山西实业报社	1
《顺天时报》	东亚同文会	4
《铁道》	上海中国铁路运输学会	2
《铁道公报》	南京国民政府铁道部	3
《铁路月刊广韶线》	粤汉铁路广韶段管理局	9
《铁路月刊津浦线》	津浦铁路管理局总务处编查科	2
《协和报》	芬克、费希礼	2
《粤汉半月刊》	武昌粤汉铁路管理局	1

资料来源:大成老旧数据库、近代历史文献数据库。

本章主要就政府与民间资本之间的关系进行讨论。而在近代铁路史中,铁路外债和外资问题一直都是研究的热点。如何处理铁路规制问题中的外国资本是本章的难点。这里我们将铁路领域的外国资本也视作民间资本,主要出于三个方面的考虑:第一,铁路领域的外资仅仅是铁路投资来源的一种形式,特别是在民国成立后,无论是国家主导的铁路建设还是民间成立的铁路公司,均可以从外国资本获得资金。第二,关于铁路领域外资的诸多讨论主要从民族主义的视角展开,而山海关内外资直接或间接控制的铁路,其市场行为主要是凭借垄断运输获得超额经济利益,与一般民间资本相比并无明显差异,因而不足以将其单独视作市场参与主体。第三,近代以来外国资本在华修建铁路的同时往往附带了其他权利要求,比如沿线矿产开发、线路警察管理、邮电和沿途水路经营,甚至于铁路附属地的行政管辖权。需要注意的是,外国资本附带其他利权要求的铁路建设协议多数发生在中国边疆地区,特别是东北地区铁路以及少数

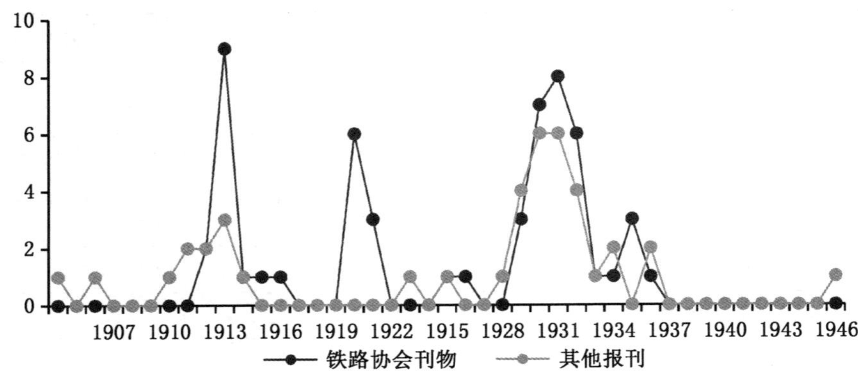

资料来源:近代报刊数据库、大成老旧数据库以及国家图书馆藏《铁路协会会报》《铁路协会月刊》与《铁路协会杂志》。

图 5.1 1904—1946 年关于铁路规制问题讨论的文章的发表时间

西南地区法国参与建设的铁路,而山海关内铁路建设则更多地因中国行政控制能力强而较少附带相关权利诉求。附带其他权利诉求的外资参与下的铁路建设,是当时外国在华殖民统治的重要方式,中国政府因对边疆实际行政控制能力薄弱而对这类铁路缺乏规制的能力,这也使得当时国内学术界和铁路业界讨论铁路规制的对象集中在关内铁路上。彼时对东北铁路的讨论更多地受民族主义思潮影响,而非单纯从市场与政府规制的角度展开。1931 年对铁路规制问题的大讨论发生在“九一八”事变东北铁路丧失之际,是对关内铁路规制问题的系统性反思,是对铁路领域政府和民间资本关系的讨论。因此,本章所讨论的铁路规制问题的对象更多的是山海关内中央政府行政管辖范围内的政府与民间资本参与铁路建设经营问题。为简化讨论,本章还是将外国资本划入民间资本范围。

第二节 铁路规制问题的历史回溯:晚清铁路政策的失败

晚清时期,铁路市场规制问题逐步表现为国营和民营的制度对立。1903 年清末新政推行期间,清政府推出《铁路简明章程》,在铁路建设经营领域向民间开放,“各省官商,自集股本请办何省干路或支路,须绘图贴说,呈明集有的实股本若干万，详细具禀。听候本部行咨该官商原籍地方官，查明其人是否公正，家资是否殷实，有无违背定章各情。俟咨复到部，以定准驳”[1]。国家在干支线铁路建造领域采取了对社会和政府资本全面开放的态度，“不分支干，不量民力，一纸呈请，辄准商办”[2]。全国共有 16 个省先后办起了 20 家铁路公司，其中绝大部分为商办，且多数创办的目的为修建干线铁路。[3] 然而，商办干线除了沪杭铁路外，均未能取得良好效果。截至 1911 年，全长 1 500 公里的川汉路仅修成 63 公里，全长 1 095 公里的粤汉铁路也仅建成 148 公里。这一现实说明：缺乏引导和国家层面支持，仅凭商民之力，无论在财力还是技术上，均难以实现铁路干线的修筑目标。

因此，在 1911 年，清政府宣布取消原来的商办政策，转而采取“铁路干线国有政策”，“从前规则未善，并无一定办法，以致全国路政错乱分歧，不分支干，不量民力，一纸呈请，辄准商办。乃数年以来，粤则收股及半，造路无多，川则倒账甚巨，参追无著；湘、鄂则设局多年，徒资坐耗，竭万民之脂膏，或以虚靡，或以侵蚀。恐旷时愈久，民累愈深，上下交受其害，贻误何堪设想”[4]。为加快铁路修建速度，政府命令 1910 年以前民间公司修建的干路因延误已久，应由国家收回，赶紧兴筑，之前批准的商办干路计划，则一律取消。尽管这一政策最终导致保路运动兴起，并因此引发了辛亥革命，但这一时期铁路规制问题上国家直接经营和民间资本经营思路之间的斗争一直延续到民国。

第三节　1912—1927 年围绕铁路直接规制的初步讨论

直接规制又被称为狭义的公共规制，是政府行政部门直接实施的政府干预，是对具有典型公共产品和外部不经济特性以及严重影响社会公益的经济活动进行的约束和管制。在直接规制中，政府将直接介入经济主体决策，参与其定价、投资、销售等经济决策过程中。[5] 1912—1927 年，民国学者围绕铁路发展是否实行直接规制展开了深入讨论，其间国内学者以西方铁路经营管理模式

---

〔1〕 宓汝成：《中国近代铁路史资料》第三册，中华书局 1963 年版，第 926 页。

〔2〕 赵尔巽：《盛宣怀瑞澂》，《清史稿》卷 471，列传 258，https://www.zhonghuadiancang.com/lishizhuanji/qingshigao/5440.html。

〔3〕 陈晓东：《清政府铁路“干路国有政策”再评价》，《史学月刊》2008 年第 3 期，第 46—49、56 页。

〔4〕 宓汝成：《中国近代铁路史资料》第三册，中华书局 1963 年版，第 326 页。

〔5〕 王雅莉、毕乐强：《公共规制经济学》，清华大学出版社 2005 年版，第 14 页。

作为研究对象,在中国铁路政策上产生了“国营论”和“民营论”的分歧,“铁路之国有及私有,为铁路政策中之中心问题”[1]。

一、作为国内铁路规制政策参照对国外铁路经营管理思想的考察

近代以来,国外作为世界范围内的铁路建设先行者,诞生了丰富的经营管理实践经验,也为中国学者思考国内铁路发展提供了借鉴和参照。各国资源禀赋、文化以及制度的差异造就了不同的铁路经营管理模式。20 世纪初,世界各国铁路经营管理模式根据所有权和经营权的不同,可以分为公有公营、公有私营、私有私营以及私有公营。当时最为主流的经营模式是以英美为典型的私有私营制和以德国为代表的公有公营制。虽然各国铁路建设在起步阶段均发轫于私人铁路公司,但随着政府对铁路的认识逐步深入以及出于不同的国情,做出了不同的制度选择。如英国凭借“民间资本雄厚”,足以投资铁路产业,以解“货财将有不流通之弊”[2],同时其“国家财政充裕,又不必经营此种事业,以与民争利”[3],故而选取私营制。德国因铁路建设与国家建设关系重大,铁路收入又是财政的重要来源,而将铁路视作“纯然官业制度”,并且在 19 世纪末通过国家经营私人铁路而逐步将所有铁路收归国有。意大利政府则因为国有铁路交给私营公司经营的费用较完全私营更多,故选择全盘私营化。因此,从世界范围来看,铁路经营管理模式存在着一条以私营逐步分化为私营和公营对立的发展路径,其间出现的私有公营制和公有私营制,作为两种过渡性制度安排,则随着铁路的发展而逐步被抛弃。

公营制与私营制作为不同的铁路经营管理模式[4],也决定了规制政策的差异。民国学者如李协和吕瑞庭等主要从法律制度、机构设置两个层面对“公营制”和“私营制”铁路管理模式进行研究。以德国为首的公营发展模式,在法律层面上实行宪法和《普鲁士铁路管理法》二级法律体系,来规定铁路经营管理制度。宪法主要规定了铁路技术标准、运营规则(运速、运费等),《普鲁士铁路管理法》则详细规定了铁路管理机构及职能。从管理机构来看,德国设置中央

---

〔1〕 吕瑞庭:《各国铁路政策比较论》,《铁路协会会报》1916 年第 49 期,第 1 页。

〔2〕 吕瑞庭:《各国铁路政策比较论》,《铁路协会会报》1916 年第 48 期,第 11 页。

〔3〕 吕瑞庭:《各国铁路政策比较论》,《铁路协会会报》1916 年第 48 期,第 11 页。

〔4〕 近代学者也常将“公营”“公有”与“国营”“国有”、“私营”“私有”与“民营”“民有”相互混用。这是因为铁路产权主体分为政府和私人部门,且在国内铁路发展过程中建设和运营权总是归于同一主体,故这种混用不会影响理解。

铁道院一省级铁道署二级机构负责已有线路的经营管理和新线路的筹建。[1]而以私营著称的英国，铁路法律体系由《施设及铁路整理法》《铁路及运河运输条例》和《铁路取缔法》等专门法构成，管理机构的发展历经商务司—铁路运输特别法庭—铁路委员—铁路特别委员等阶段，人员由商务局和高等法院决定其任命。

通过对英德两国铁路管理体系的比较，学者们认识到铁路经营模式乃至铁路政策的选择“必因各国国情及政体之如何而后断定之”[2]。如果本国国家能力较强，经济政策连续性不会被政治所冲击，且具有政府主导经济的传统，则应该采用国营制；反之，如果一国长期奉行自由主义的经济政策，则采取民营制更为合适。因此，作为长期奉行自由主义的英国，其铁路管理目标主要是规制铁路企业垄断，促进铁路企业市场竞争，并以提高其经营绩效作为重要政治目标。而德国在铁路发展过程中，面临“未成线之无利益者，私设公司均不愿创办”[3]，对于因重要的政治军事经济价值而具有公共品特征的铁路，政府应当作为提供者，从而减少民营制下铁路供给不足引起的福利损失。

二、“国营论”与“民营论”之争中的规制思想分歧

对铁路规制政策的学理性分析以及近代中国国情背景下的考察，形成了民国时期学者思考铁路规制问题的基本出发点，这也造就了民国学者在铁路发展路径上存在的“国营论”和“民营论”的分歧，这种分歧的理论根源在于规制公共利益论和部门利益论的不同。

（一）国营论、技术经济与公共利益论

“国营论”观点中的规制主张可以归纳为规制公共利益论。规制公共利益论认为，在市场存在失灵现象时，作为全体公众利益代表的政府试图用规制手段来维护良好的经济绩效，抑制市场失灵，维护公共利益，实现社会福利水平的提升。铁路的技术经济特点与“公益性”是公共利益论产生的前提。

首先，铁路的技术经济特点表现为资本“集中性”与事业“独占性”的自然垄断属性。铁路自然垄断的根源，其一在于铁路具有典型的规模经济特征，即“原

---

〔1〕 李协：《德国及普鲁士铁路规制论》，《铁路协会会报》1914 年第 16 期，第 17－22 页。

〔2〕 吕瑞庭：《各国铁路政策比较论》，《铁路协会会报》1917 年第 49 期，第 6 页。

〔3〕 吕瑞庭：《各国铁路政策比较论》，《铁路协会会报》1917 年第 49 期，第 5 页。

来铁路之事业,系根据报酬渐增之理,而支配以大规模之经营为有利"[1]。学者发现,铁路企业通过联合运输,可以降低平均成本,否则为维持其区域垄断地位,常会使用进入遏制措施,以阻止竞争对手进入其经济腹地,"往往在该路势力范围,建筑线路以防他公司之敷设新线,经济学者谓之不用线路之建设"[2]。其二,铁路的自然垄断属性来自网络经济特性。只有提高线路的互联互通能力,才能发挥网络正外部效应,提高线路利用效率。网络经济实现的基础在于铁路技术标准和规章制度的统一,"凡轨间、构造、耐重力、车辆之规模及构造、运转规程等,固应整齐"[3],而垄断企业推行统一的铁路技术标准的动力和能力自然也较大,从而"铁路之制度愈统一,功效愈宏大"[4]。

其次,民国学者认识到铁路还具有"公益性"。学者指出,"铁路政策虽以一国铁路之发达为目的,亦不能置他业置发达于意外,而专图自身之发达也"[5]。其一,铁路的公益性表现为铁路发展与铁路政策的制定与国民经济发达的"因果之关系极为密接"[6]。因此,在制定铁路政策时,"或谋铁路之发达,牺牲他方面之利益;或图铁路之改良,延缓他事业之进行"[7],应当是短期促进铁路运输事业发展的权宜之计。政府在制定长期铁路政策时,必须"虑及政治军事教育产业及他方面之利害者"[8],才能称作"完全之铁路政策"。其二,铁路的外部经济特征体现在其对区域经济具有溢出效应:修建铁路可以降低该区域的物质和人力资本的流通成本,从而改变当地的区位优势,影响产业聚集,并最终对当地经济的增长模式、增长速度等产生影响。近代以来诸多新兴铁路城镇如哈尔滨、郑州、蚌埠的兴起,以及依赖传统水陆运输的市镇如九江、周村等的衰落,促使民国学者不断思考如何选择最优的铁路路线,以充分利用其正外部性发展社会经济。在学者们看来,铁路可以改变当地的交通区位优势,凭借"本身设备完善,货物装卸费低廉,亦足以扩大其铁路地带"[9]。通过改善交通条件,不仅能促进地理上的分工,更使得"取给自无可虞,各地之成本售价便可低廉,各物

---

〔1〕 定远:《论铁路国有与民有》,《铁路协会会报》1923 年第 130—132 期,第 3 页。
〔2〕 吕瑞庭:《各国铁路政策比较论》,《铁路协会会报》1916 年第 48 期,第 11 页。
〔3〕 吕瑞庭:《各国铁路政策比较论》,《铁路协会会报》1916 年第 48 期,第 10 页。
〔4〕 吕瑞庭:《各国铁路政策比较论》,《铁路协会会报》1916 年第 48 期,第 10 页。
〔5〕 吕瑞庭:《各国铁路政策比较论》,《铁路协会会报》1916 年第 48 期,第 6 页。
〔6〕 吕瑞庭:《各国铁路政策比较论》,《铁路协会会报》1916 年第 48 期,第 6 页。
〔7〕 吕瑞庭:《各国铁路政策比较论》,《铁路协会会报》1916 年第 48 期,第 6—7 页。
〔8〕 吕瑞庭:《各国铁路政策比较论》,《铁路协会会报》1916 年第 48 期,第 6 页。
〔9〕 黄国璋:《铁路运输之经济地理》,《铁道月刊》1937 年第 2 卷第 10 期,第 4 页。

之成本售价即可低廉"[1]，从而促进当地工商业发展，进而推动传统因区位劣势而落后的地区追赶发达地区，实现区域经济平衡增长。

（二）"民营论"对"国营论"的反思与部门利益论

规制部门利益理论由斯蒂格勒(Stigler,1971)和贝克尔(Becker,1983)等学者提出，其核心假说有：(1)规制机构具有自利性，规制供给的动力来源于获得政治选票最大化；(2)规制可能导致规制机构或立法者被被规制行业所俘获，出台有利于被规制行业的规制政策；(3)部门利益论放松了规制无成本、信息在规制机构和被规制行业间对称的假定，不同利益集团之间的博弈可能导致经济非效率。

"民营论"观点的规制部门利益论特征体现为：第一，其认为"国营论"中政府的"非自利性"定位存在逻辑悖论。在"国营论"观点中，国营铁路政策是政府实现其公平型和发展型角色的重要手段。在公平型政府的定位中，"财政上之目的未必为国家经营铁道之唯一动念，夫固更有远且大者"[2]，这种以国家及社会之公益为重的目标首先体现在铁路产业内部，减少因铁路自然垄断所致市场失灵而造成的社会福利损失和铁路运力提供不足，从而达到"设备可以完全，赁率可以低廉"[3]。第二，借由铁路实现其他社会公共职能，如"军事上之必要""求政治上之统一"[4]。同时，政府的发展型角色定位需要借助国有铁路的外部经济特征带动国民经济的发展，即"可以一面谋自身（铁路）之进步，一面谋人民之幸福"[5]。

"民营论"学者指出，在"国营论"观点中，发展型和公平型政府定位导致政府规制下的国营铁路采取"非营利主义"，这与政府的铁路发展目标之间存在着内在矛盾。"非营利主义"下的国营铁路公司作为垄断企业，受限于政府规制目标而不能获取垄断利润。这会导致国营制下铁路产业内部资本积累不足，难以满足铁路高速发展目标所产生的资金需求，因而必须依靠国家财政筹借资金，而近代中国孱弱的国家财政又无法满足铁路发展的资金需求。故学者们曾感慨："以民国面积之大，需用铁路之多仅恃政府一方面以当筑路之任……而政府

---

[1] 黄国璋：《铁路运输之经济地理》，《铁道月刊》1937年第2卷第10期，第4页。
[2] 伟与：《论国家经营铁路之主义》，《铁路协会会报拔萃》1914年第1－2卷，第16页。
[3] 定远：《论铁路国有与民有》，《铁路协会会报》1923年第130－132期，第2页。
[4] [日]市谷草民：《铁道国有之经验观》，徐庭翼译，《铁路协会会报》1922年第121期，第51页。
[5] 吕瑞庭：《各国铁路政策比较论》，《铁路协会会报》1916年第49期，第7页。

能力果胜任与否,财政果足敷与否,此乃根本上之问题。”[1]客观存在的铁路运输需求催生了巨额的铁路投资需求,数量庞大的外国铁路借款则成为近代铁路发展的主要资金来源。[2] 近代民族主义情绪对外资通过投资铁路攫取中国主权的担忧,在1921年“胶济铁路案”时期达到顶峰,并最终演化为对铁路国营的彻底失望。20年代后赵愈达等[3]学者提出中国铁路发展必须依靠民营,任何政府干预都会妨碍铁路发展,则是民族主义思潮在铁路规制问题上的真实写照。更重要的是,国营制下政府规制会产生政治投机,国营公司员工“究为政府所派,势不能绝无政治之干连”[4],从而导致“共和国政府之更造,于铁路政策之影响极多。产业发达上受莫大之障碍”[5]。

此外,“民营论”学者认为,国营制下的铁路规制会产生巨大的规制成本。这种规制成本首先体现为国营制下较高的经营成本。国营制铁路经营机构的人员选拔按照文官选拔标准,可选出富有行政经验的文职官僚,却不能有效地选拔出具有商业头脑的经营人才。同时,国营公司员工皆为终身制,且按照“官之顺位逐次升迁”[6],导致其缺乏经营好铁路的动机,以至于“官吏一人,不得当私设铁道公司人员一人之用,因之人员增多,俸给劳银即亦因之而巨,非第费用多也”[7]。其次,规制成本体现为国营制导致的效率损失。民营铁路公司之所以“用费必减少……运输规则,较国有者易于改良;机械器具,较国有者易于更新,速力较国有者易于增加”[8],其关键在于民营铁路公司的约束激励机制能较好地解决委托-代理问题,促使民营公司经理“举动常敏活”,以适应商业变化,“技术上之进步及改良,则采行宜早。以最小之营业费,谋最良之运输,所以便利物品之贩运,及其需要之必要,铁道意外之事。若新市场将来之发达,新生产地之发现,亦宜细心注意,以为研究赁率之资。事务无论如何劳苦,必一意

---

[1] 虞愚:《民国铁路谈》,《铁路协会会报拔萃》1914年第1-2卷,第32页。

[2] 根据严中平(1955)的统计,1937年之前中国自主经营铁路里程占通行铁路总里程的比例最高不过13.7%,其余皆由外国通过贷款或者直接修筑等方式予以控制。严中平:《中国近代经济史统计资料选辑》,科学出版社1955年版,第181-199页。

[3] 赵愈达:《中国铁路势宜商办论》,《铁路协会会报》1921年第108期,第26-28页。

[4] 萧淑恩:《论铁路国有民有之得失》,《铁路协会会报》,1926年第163-164期,第39页。

[5] 定远:《论铁路国有与民有》,《铁路协会会报》1924年第130-132期,第3页。

[6] [日]市谷草民:《铁道国有之经验观》,徐庭翼译,《铁路协会会报》1922年第122期,第91页。

[7] [日]市谷草民:《铁道国有之经验观》,徐庭翼译,《铁路协会会报》1922年第122期,第91页。

[8] [日]市谷草民:《铁道国有之经验观》,徐庭翼译,《铁路协会会报》1922年第122期,第91页。

进行……”[1]。而国营制下的员工缺少对企业的剩余索取权，缺乏内在激励机制促进员工改进企业经营。除了定性分析民营国营铁路公司制度绩效差异，定远(1924)[2]与萧淑恩(1926)[3]也通过定量比较了欧洲各国国营和民营铁路经营效率，他们发现民营铁路公司无论在收入、成本控制还是净利润上，均显著高于国营铁路公司。

三、铁路规制形式之争

北京政府时期，学者对铁路“国营论”和“民营论”讨论的核心分歧在于是否应该采用直接规制形式。“国营论”希望政府作为铁路经营主体参与铁路规制，以实现公共利益；而“民营论”则主张维护铁路企业作为市场主体自由决策。

“国营论”中的直接规制特征表现为以行政垄断代替自然垄断的观点。“国营论”观点认为，由于铁路经营需要发挥运输密度经济的特点，“故各铁路相互间，不应发生竞争之关系”[4]。首先，铁路公司为了维持其区域垄断地位，常会使用进入遏制措施，如铺设无用线，以阻止竞争对手进入其经济腹地，从而造成“固定资本甚巨，运赁不能不较高”[5]。其次，铁路运输市场的竞争，将导致社会总成本上升和市场分割，不利于铁路规模经济的实现。再次，铁路建设的沉没成本会随着竞争加剧而增加，铁路公司“经营稍不得宜，即不免有破产之虞”[6]，而铁路投资牵涉甚广，从而可能危害全国金融经济稳定。最后，铁路运输市场激烈竞争会导致企业间相互兼并，形成垄断格局。铁路垄断资本会利用资本的力量对社会经济产生不利影响，如英美铁路卡特尔组织“左右金融，收买政客，商政两界俱受影响”[7]，社会公众利益遭受严重损害。因此，“国营论”观点认为，只有用国家直接经营铁路公司的行政性垄断代替市场自然垄断，才能避免损害公共利益。

“国营论”中的直接规制特征还表现为通过指定运价干预企业经营决策。“国营论”认为，运价是铁路经营中的核心变量，运价水平的高低不仅直接影响

[1] 吕瑞庭：《各国铁路政策比较论》，《铁路协会会报》1916 年第 49 期，第 3 页。
[2] 定远：《论铁路国有与民有》，《铁路协会会报》1924 年第 130—132 期，第 3 页。
[3] 萧淑恩：《论铁路国有民有之得失》，《铁路协会会报》1926 年第 163—164 期。
[4] 吕瑞庭：《各国铁路政策比较论》，《铁路协会会报》1916 年第 48 期，第 11 页。
[5] 吕瑞庭：《各国铁路政策比较论》，《铁路协会会报》1916 年第 48 期，第 11 页。
[6] 吕瑞庭：《各国铁路政策比较论》，《铁路协会会报》1916 年第 48 期，第 9 页。
[7] 虞愚：《民国铁路谈》，《铁路协会会报拔萃》1914 年第 1—2 卷，第 33 页。

市场主体的利益,同时也具有明显的外部性。在“国营论”学者看来,作为拥有垄断势力的铁路公司,在经营中会使用两种歧视性定价:其一是对承运者根据其运载量不同进行二级价格歧视,“暗中减价,予大货主之利益,而使小货主陷于窘迫之地位”[1];其二是对具有不同价格弹性的地区采取三级价格歧视,“各公司在竞争地点之损失,往往欲借非竞争地之收入。以补偿之,无竞争地之人民亦不免受异场之痛苦”[2]。同时,学者们普遍认为,运价制定不仅关乎企业经营,更需要承载相应的社会目标。首先,铁路运价可以作为保护本国幼稚工业的重要产业政策工具,“凡对国内所缺乏之物产输入税率自应减轻,铁路赁率亦应较低,以奖励其输入……国内生产物竞争之物品,关税自应加重,而运费亦应较高,以抵制其输入。至于输出品,各国类皆特别减轻运赁,以期出口之旺盛”[3]。其次,铁路运价可以起到促进劳动力资本合理分布的作用。当时学者认为,劳动者过度群居于都市,“于物质上精神上有种种之弊害,亦应定特别低率之运赁,以期人口之放散”[4]。显然市场根据供求关系决定的运价水平无法承载这些社会目标,并且差别定价也存在诸多损害运输货主和乘客的缺点。故而“国营论”主张人为扭曲铁路运价,使得运价首先要低廉,其次要在区域和承运者之间实行统一运价标准。只有这样,才能显著降低流通成本,促进相关产业发展和区域经济增长。

“民营论”则反对国家对市场主体经营决策的直接干预,尤其集中于反对“国营论”运价统一政策。“民营论”学者认为,铁路运价是市场供求关系所决定的,国家的运价制定政策不能根据瞬息变化的市场作出及时调整,一旦国家指导价格与市场价格产生差别,会扰乱正常市场秩序。更为重要的是,市场机制能保证民营铁路公司对运价进行自我规制,虽然民营公司时刻面临市场竞争压力,但“欲增加赁率,必先谋社会之便宜。是公司之利己主义,不唯与公益毫无冲突”[5]。

---

〔1〕 吕瑞庭:《各国铁路政策比较论》,《铁路协会会报》1916 年第 48 期,第 12 页。
〔2〕 吕瑞庭:《各国铁路政策比较论》,《铁路协会会报》1916 年第 48 期,第 12 页。
〔3〕 吕瑞庭:《各国铁路政策比较论》,《铁路协会会报》1916 年第 48 期,第 8 页。
〔4〕 吕瑞庭:《各国铁路政策比较论》,《铁路协会会报》1916 年第 48 期,第 8 页。
〔5〕 定远:《论铁路国有与民有》,《铁路协会会报》1923 年第 130—132 期,第 3 页。

第四节　1928—1937年铁路规制认识的深化：经济性和社会性规制并行思想

经济性规制是对存在自然垄断和信息不对称的部门，为防止无效资源配置和保障需要者对产品和服务的公平利用，对企业的进入、退出、价格、服务的质量以及投资、财务、会计等方面的活动进行规制；社会性规制则以保障劳动者和消费者的安全、健康、卫生、环境保护、防止灾害为目的，为物品和服务质量以及伴随其生产过程而产生的各种活动制定一定标准，并禁止和限制特定行为的公共规制。[1] 南京政府时期学者对于铁路规制问题的关注逐步深化，所提出的"国有为主、民有为辅"铁路政策所包含的规制思想表现为经济性和社会性规制并行的特点。

一、"国有为主、民有为辅"政策中的经济性规制和社会性规制

1928年10月，国民党中央常务委员会决定成立铁道部并由孙科担任部长，确立了"铁道国营"为官方铁路政策，并随之开展整顿已有线路、调整管理机构、重修铁路法律等一系列活动。铁路规制问题作为铁路政策的重要一环，也迎来激烈的讨论和调整。铁路协会在将《铁路协会会报》改名为《铁路协会月刊》后，刊载了大量讨论铁路政策的文章，并于1931年举办了"论我国今后对于民营铁路之政策"的征文比赛，掀起了关于铁路政策的讨论高潮。"国有为主、民有为辅"政策是学者们根据当时中国铁路面临的现实困境与国民党当局提出的"十万英里"铁路发展目标，对官方铁路国营政策进行修正而形成的共识性发展思路。学者们认为，"以中国之大，铁道之少，苟能鼓励人民投资，分头建设……同时并进，庶可于最短期间，努力发展铁道是也"[2]。无论是国营还是民营，均不过是求得铁路发展的手段，"与本党铁道国营之根本政策不相背而相成"[3]。民营铁路公司虽然"有独占性质者，根本仍属诸国家，而与此相符年限以内，人

---

[1] 王雅莉、毕乐强：《公共规制经济学》，清华大学出版社2005年版，第134页。

[2] 汪文玑：《提倡民营铁路定位国营铁道辅助政策意见书》，《铁路协会月刊》1931年第2卷第9期，第27页。

[3] 汪文玑：《提倡民营铁路定位国营铁道辅助政策意见书》，《铁路协会月刊》1931年第2卷第9期，第27页。

民不过帮助国家经营管理”[1]。在“国有为主、民有为辅”政策中,政府主要通过一系列经济性规制和社会性规制手段对铁路企业的经营行为进行调节,以实现公益性和铁路发展目标之间的平衡。

(一)“国有为主、民有为辅”政策中的经济性规制举措

在南京政府时期铁路“国有为主、民有为辅”政策下,经济性规制主要表现在铁路立法、企业准入、线路划分、运价和财务监督以及对民营铁路公司扶持这五个方面。

第一,经济性规制应在法律框架内实行。汪文玑(1931)认为,要制定民营铁道保障法,对民有铁路公司的产权、收益予以保障及奖励,同时,对于民有铁路公司在经营过程中行为的规范,必须在民营铁道法的框架内进行,而不能随意以行政手段干涉。[2]他同时在文后附录了自己草拟的《民营铁道法》草案,这部自拟法规草案充分体现了这一时期法律制度化的铁路经济性规制特点。

第二,针对之前民营铁路修建和运营过程中的诸多乱象,学者认为,未能严格实行行业准入资质审核是规制失效的重要因素。因此,铁路公司在申请铁路修建时,应提供铁路计划书、线路预测图、建设费概算书、将来运输营业之收支概算书、公司各种契约附件、股东名册及股款簿等材料。在铁路公司呈送以上材料后,政府再进行材料审查和实地确认等工作,以确保民营铁路公司符合资质。

第三,线路划分遵循“干线国有、支线民有”原则。“干线国有、支线民有”政策是指在铁路“国有为主、民有为辅”政策范围内,规划民营铁路可以修建的线路,并准许相关民间资本在规定期限内修建、经营,等到期后按照一定方法收归国有。具体线路划分为:国营铁道线为“……凡先总理实业计划中所规定之各路线,以及有关全国之一般铁道”[3],民营铁道线主要是“沟通地方交通之铁路,或与国有干路成交叉之培养线,或用以开发一地矿产农产林产之专用线”[4],以及“实业计划中之路线,如政府缺乏财力,于规定时期内不能兴筑,得

---

〔1〕 汪文玑:《提倡民营铁路定位国营铁道辅助政策意见书》,《铁路协会月刊》1931年第2卷第9期,第27页。

〔2〕 汪文玑:《提倡民营铁路定位国营铁道辅助政策意见书》,《铁路协会月刊》1931年第2卷第9期,第28页。

〔3〕 钱宪伦:《论我国今后对于民营铁路之政策》,《铁路协会月刊》1931年第3卷第8期,第11页。

〔4〕 钱宪伦:《论我国今后对于民营铁路之政策》,《铁路协会月刊》1931年第3卷第8期,第11页。

分别缓急,改由人民承筑"[1]。在这种体系框架下,政府不仅可以直接干预国营主干线的经营,同时可利用财政杠杆引导民间铁路投资,民营铁路"能为干线吸收运输,凡腹地为干线所不及者,支线皆能联络之,故无形中增加干线之营业量数"[2],从而充实国营铁路干线经济腹地,并且通过修筑国家财政无力负担却有重大战略意义的干线,进一步完善路网系统,以充分利用和发挥铁路在经济、政治、军事上的正外部性。

第四,实行铁路运价管制和财务监督。其一,政府应当详细审核铁路公司所定之运价是否公允适当,并由政府规定运费的浮动范围,以资遵守,"由政府规定普通货特别运率,或立最大限运率"[3];民营铁路公司不得凭借其局部垄断地位实行价格歧视;同时,民营公司的运价也应当符合国家扶持工商业的方针,"凡国有铁路提倡本国各种实业特准减费之货物,政府亦得令民营铁路减费运输"[4]。其二,政府铁路规制机构负责对民营铁路财务实行外部监督。民营公司收支账目应绝对公开,"政府得随时派员视察公司账目簿册"[5]。

第五,对民营铁路公司给予各种扶持。政府对于民间资本投资铁路的支持表现在以下几个方面:(1)利用国家技术能力代为民间公司勘测铁路、借用工程人才、帮其获得原材料设备等信息;在建造过程中所涉及的土地,"如系国有土地,政府即无代价赠送铁路公司,如系民地,则政府按照土地征收法收买后转赠与铁路公司"[6]。(2)通过"承买股票"[7],以及"政府得酌量贷给巨款"[8],对其资金上进行支持,但购入股票只为政府为其增信的措施,其国有股份比例不应超过半数,否则就变为官商合办企业。(3)豁免民营铁路应缴纳的各项税费,如"公费或营业税",以及"铁路公司从外洋购买材料之进口税"[9],以减轻其负担。(4)由于"铁路建筑,需款至巨,而营业赢朽,商人因此踌躇不前"[10],国家在最大限度内对民营铁路企业的收入进行担保,如果收入或利润没有达到标

[1] 钱宪伦:《论我国今后对于民营铁路之政策》,《铁路协会月刊》1931 年第 3 卷第 8 期,第 11 页。
[2] 王英保:《论我国今后对于民营铁路之政策》,《铁路协会月刊》1931 年第 3 卷第 8 期,第 21 页。
[3] 章勃:《论我国今后对于民营铁路之政策》,《铁路协会月刊》1931 年第 3 卷第 8 期,第 16 页。
[4] 钱宪伦:《论我国今后对于民营铁路之政策》,《铁路协会月刊》1931 年第 3 卷第 8 期,第 12 页。
[5] 钱宪伦:《论我国今后对于民营铁路之政策》,《铁路协会月刊》1931 年第 3 卷第 8 期,第 12 页。
[6] 钱宪伦:《论我国今后对于民营铁路之政策》,《铁路协会月刊》1931 年第 3 卷第 8 期,第 10 页。
[7] 钱宪伦:《论我国今后对于民营铁路之政策》,《铁路协会月刊》1931 年第 3 卷第 8 期,第 10 页。
[8] 钱宪伦:《论我国今后对于民营铁路之政策》,《铁路协会月刊》1931 年第 3 卷第 8 期,第 10 页。
[9] 钱宪伦:《论我国今后对于民营铁路之政策》,《铁路协会月刊》1931 年第 3 卷第 8 期,第 11 页。
[10] 钱宪伦:《论我国今后对于民营铁路之政策》,《铁路协会月刊》1931 年第 3 卷第 8 期,第 11 页。

准,则国家财政补足其不足之数,以刺激民间资本的铁路投资热情。

(二)"国有为主、民有为辅"政策中的社会性规制

"国有为主、民有为辅"政策的社会性规制主要表现在统一运输规章、规制铁路运输安全与劳资纠纷的解决机制上。针对民营公司运营过程中出现的为追求利润漠视运营安全、剥削工人引起工潮以及内部管理腐败等种种问题,学者们认为政府不应直接干涉这些民营线路的经营,而应当对其通过外部监督实行社会性规制,以促进其实现社会福利最大化。[1] 第一,统一规范铁路运营规章。民营铁路平时运输按照铁道部之行车规章、联运规章以及客货运输通则办理,各公司需分别自定运输附则及单行规章。第二,重视铁路运输安全。为了避免铁路公司出于利润最大化而漠视铁路运营安全的现象,政府必须派遣工程师实行定期检查,并且限制客货数量装载和限制列车运行速度,以及统一铁路技术标准。第三,规制机构负责组织铁路产业劳资纠纷解决机制,针对民营铁路发生工潮,由铁道部组织仲裁委员会秉公判决。

二、市场与政府视角下对南京政府时期铁路规制思想的评价

综上所述,南京政府时期学者所形成的经济性和社会性并行的铁路规制思想,其核心目标在于尽可能在公益性前提下加快铁路建设速度。首先,国家通过"经济性规制"政策促进国营线路和民营线路的共同发展。具有正外部性的铁路干线,其公共产品的属性更为明显,即使考虑到国营可能的效率损失,国营对于整体社会福利的提高也不逊于民营制。因此,国家必须以"非营利性"作为指导思想,利用有限资本建设全国铁路网框架。支线铁路在完善铁路密度方面具有重要意义,但在近代国内资本相对匮乏的约束下,国家资本必然不可能完全覆盖这些铁路。面对铁路因资金短缺导致建设减缓的局面,国家可以利用"经济性规制"的手段,一方面在铁路规制法律制度下,通过运价和财务监督等手段,尽量避免民营铁路公司因自然垄断而损害社会公众利益,另一方面对其进行技术和资金支持以及税费减免,从而充分利用财政杠杆推动民间铁路投资,以实现国家铁路发展目标。

南京政府时期所提出的经济性规制与社会性规制并行的思想是符合当时

---

[1] 钱宪伦:《论我国今后对于民营铁路之政策》,《铁路协会月刊》1931 年第 3 卷第 8 期;章勃:《论我国今后对于民营铁路之政策》,《铁路协会月刊》1931 年第 3 卷第 8 期;王英保:《论我国今后对于民营铁路之政策》,《铁路协会月刊》1931 年第 3 卷第 8 期。

铁路发展状况的现实性主张。从北京政府到南京政府时期的 20 多年间，经济政策的演变是一个从民营为主、政府扶助向中央集权、国家至上迅速倾斜的连续过程。[1] 1928 年 2 月国民党二届四中全会通过的《中央政治方案》确定了“凡有独占性质及私人所不能经营之企业，由国家资本经营之”的政策[2]，也奠定了对铁路这类具有重大外部性和自然垄断性质的产业进行直接规制的基调。然而，对于纯粹的铁路国营作为直接规制的实现形式，经过之前的讨论，学者们已逐步认识到可能存在规制机构非自利性和规制成本高等缺点，因而必须采取融合的办法以完善规制政策。学者们从作为国民党经济政策重要思想来源的孙中山处找寻到“民办国有主义”作为其政治支撑。而对于西方铁路建设实践认识的发展也促成了经济性和社会性规制并行的规制形式。更为重要的是，学者们清晰地认识到南京政府时期“……今日经济尚未发展，建设方在发轫之时”[3]，铁路尚处于发展不充分阶段，铁路采取国营化并无强大的国营经济基础作为支撑。这均导致必须采用实用主义措施，“奖励民间之实业，加以适当保护”[4]，以促进铁路发展。

经济性规制和社会性规制并行的思想也体现了学者对企业、政府和市场认识上的进步。政府和市场作为不同的资源配置方式可以实现不同的目的，在铁路产权配置思想中应给予市场和企业空间，刺激铁路投资以及改善铁路经营绩效。政府应当作为市场失灵的补充，着力建设铁路网框架线路和非营利线路，利用铁路的正外部性促进区域均衡发展。对于市场机制无法解决的企业内部腐败、劳资纠纷等问题，政府应当在制度性框架内起到外部监察作用，对这些问题予以解决和纠正。更重要的是，良性的市场、企业和政府关系，建立在良好的产权保障基础上，“政府予以充分之法律保障，除受法律上之应有节制外，政府不得无故收回管理”[5]。这也是针对近代以来中国官商合办企业中频繁出现的商股权益被官股侵占以及官督商办企业因政策性变动产权遭受损害等现象

---

〔1〕 相关论述参见徐建生：《民国北京、南京政府经济政策的思想基础》，《中国经济史研究》2003 年第 3 期，第 12 页；张忠民、朱婷：《略论南京政府抗战前的国有经济政策（1927—1937）》，《社会科学》2005 年第 8 期，第 91－99 页。

〔2〕 转引自章勃：《论我国今后对于民营铁路之政策》，《铁路协会月刊》1931 年第 3 卷第 8 期，第 18 页。

〔3〕 章勃：《论我国今后对于民营铁路之政策》，《铁路协会月刊》1931 年第 3 卷第 8 期，第 18 页。

〔4〕 章勃：《论我国今后对于民营铁路之政策》，《铁路协会月刊》1931 年第 3 卷第 8 期，第 18 页。

〔5〕 汪文玑：《提倡民营铁路定位国营铁道辅助政策意见书》，《铁路协会月刊》1931 年第 2 卷第 9 期，第 30 页。

的回应。

第五节　近代铁路规制思想变迁路径与现实启示

一、近代规制思想变迁与国营制的长期影响

近代以来,特别是民国时期铁路规制思想是中国铁路发展思想的重要组成部分,对其后中国的铁路发展路径产生了深远的影响。在铁路发展压力与统制主义的推动下,1930 年后,中国确定了铁路国营化发展路线,这一倾向对于新中国成立后选择半军事化铁路运输管理体制也产生了一定影响。改革开放后,铁路开启了市场化改革,先后经历了放权让利的起步期(1978—1985 年)、运输承包制时期(1986—1992 年)、现代企业制度试点时期(1993—2003 年)、全面发展与改革时期(2004 年至今),以国营为主的经营管理体制取得了相当成就。但铁路国营制中为民国时期学者所诟病的缺陷,也日益制约了经济社会发展,因此,改革开放以来,社会各界开始呼吁对铁路国营政策进行反思。长期以来,中国的铁路政策未能较好地吸收民国学者在铁路规制问题上的思想成果,可谓是一个遗憾。本书主要考察民国学者从北京政府时期围绕是否采用铁路“直接规制”的争论到南京政府时期经济性规制和社会性规制并行的思想发展历程,利用规制理论分析民国学者关于铁路发展模式讨论所反映的思想变迁路径。晚清铁路政策的失败促使学者们结合中国国情与西方铁路建设经验,围绕自然垄断与铁路公益性的实现、规制成本以及规制形式等问题展开讨论,体现出规制公共利益论和规制部门利益论之间的碰撞。南京国民政府成立后,基于前期讨论成果与官方铁路国营政策的限制,学者们提出经济性规制和社会性规制并行的主张。在此框架下,政府可将具有更强“公益性”特征的铁路干线纳入国营范畴,而将侧重于完善路网密度、“营利性”更明显的铁路支线引入民间资本建设经营。国家通过统一技术标准、准入限制、价格指导等手段对铁路公司进行经济性和社会性规制,防止其利用垄断地位损害社会公众利益。从整体上看,民国铁路规制问题的讨论在理论性和政策可操作性上均呈现出逐步深化的特征,“国有为主、民有为辅”的政策较好地结合了国营制和民营制的优点,在一定程度上有利于实现铁路发展与公益性之间的平衡。

二、近代铁路规制思想的现实启示

近代铁路规制思想的整个变迁路径继承了晚清内生规制(国有企业)和外生规制(传统规制)的争论,随着对规制方式、目的讨论的深入以及国家规制能力的衰退,在20世纪20年代,放松内生规制的思想萌生了;但从30年代开始,国家规制能力的增强以及前一阶段放松规制所产生的种种弊端,致使学者重新回到内生规制路线,并在规制目标上更加细化,不仅对经济性规制进行了具体的说明,也提出了诸多社会性规制方法。

在对内生规制和外生规制的讨论中,学者们已经开始注意到不完全信息对规制形式选择的重要作用。例如,国营制中信息不对称产生部门利益,以及对运价、成本等信息获取不完全导致价格管制方式的弊端。但受限于信息经济理论发展不完全,学者们的重视并未形成理论化的探索,而仅限于现象的描述。这也使得学者对于规制问题的讨论在国营制和民营制之间循环往复,未能做出突破性发展。因此,未来我国对于铁路规制问题的讨论要突破传统规制理论,更加细致地应用现代规制经济学理论,特别是要利用激励性规制理论指导铁路系统改革工作。

在铁路规制问题的讨论中,我们必须注意到,规制理论认为管制部门应当中立而不被企业俘获。例如,植草益(1992)指出:若企业为私营性质,那么行业规制者应当为政府主管行政机关;但当企业为国营性质时,那么规制方就应当是立法机关。如果继续由行业主管的行政机关来进行规制,那么双方无疑会产生共谋,使得规制机关被利益俘获,从而导致规制政策服务于企业而非社会整体。[1] 因此,从这一角度看,国营制下以南京政府铁道部作为规制机关无疑是不符合规制理论的。产生这一问题的原因在于当时中国复杂的国情。20世纪20年代,军阀混战,政府常因财政、军事目的而直接干预铁路正常经营,导致铁路部门资金常被挪用、客货运秩序频遭扰乱。在南京政府成立之初设置铁道部规制铁路企业并推行铁路国营的政策是对这种现象的矫正,其主要工作是保护铁路行业利益,避免政府因其他目的直接干预铁路的正常生产经营活动。但当铁路部门整顿完成、国营制度逐步推行后,铁道部随之具有了政府主管和行业经营的双重身份,追求部门利益逐步成为行业与主管部门的共同利益。在此

〔1〕［日］植草益:《微观规制经济学》,朱绍文等译,中国发展出版社1992年版,第60页。

时,铁路规制机构就应归属立法机构。当然,这一过程因国民政府长期未由“训政”转入“宪政”而遭到中断。

当然更应值得重视的是,如何在规制中平衡产业绩效与公益目的。传统规制方式下企业激励不足而致效益降低,这也是当前铁路改革中面临的最重要的问题。因此,当前铁路领域混合所有制改革应充分借鉴民国时期的铁路规制思想。在探索建设有中国特色的铁路规制体系的过程中,坚持发挥铁路“公益性”导向,注重培育铁路行业内生发展能力。民国学者对于铁路规制思想的讨论,特别是南京政府时期的经济性和社会性并行的铁路规制思想也为当前铁路领域改革提供了诸多有益的启示。首先,加快出台并完善保障民间投资的立法,实现铁路企业产权有效激励;其次,深化铁路领域投融资机制改革,由政府对铁路干线坚持统筹规划,致力于铁路干线和具有战略意义等铁路的修建,同时可以考虑将部分支线让渡给民间投资领域,让民间资本能够分享改革的红利,发挥民间投资对优化铁路供给结构的关键性作用;最后,加快铁路运输价格的市场化改革,政府更多地承担运输市场监管的重要职能。

第六章　近代铁路经营管理思想研究

第一节　引　言

铁路企业的经营管理问题可以分为宏观和微观两个层面。微观视角下的铁路经营管理是指利用有劳动技术和具体生产经验的职工,综合运用铁路技术设备,协调相关部门,为完成铁路运输任务而进行生产和营销活动。宏观视角下的铁路经营管理更多强调铁路经营管理体制问题,思考铁路作为国民经济部门如何有效地实现其经营效益和社会效益的最大化。换言之,微观层面的经营管理更多的是铁路部门内部的生产组织活动,而宏观层面的经营管理是社会在铁路领域配置资源并使配置效率进一步提高。连接微观和宏观层面的枢纽,是铁路运价。铁路运价既是铁路部门内部经营组织活动能为外界所直接观察到的信号,同时也是影响其经济效益和实现社会经济外部性的关键因素。因此,从运价角度研究铁路经营管理问题,是铁路发展思想中的一个重要组成部分。

铁路联运是不同所有权的铁路为扩大运输范围而采用的一种具体的铁路运营方式。然而在近代中国,由于国内路权大量为外国资本所控制,各路独立性较强,原本主要适用于国际铁路的联运制度逐渐成为整合国内铁路的一种重要方式。铁路联运作为一种过渡性制度安排,对其考察有助于理解宏观铁路经营管理体制在近代的变迁,尤其可以帮助我们更好地理解当前铁路市场化经营后可能出现的各路经营自主权扩大对铁路运输市场和经济方面的不确定性影响,以及未来更好地选择合适的铁路经营管理体制。

另外,民国时期铁路经营管理的讨论也可以分为两个层面:一个是具体的铁路经营中的技术性问题,如技术装备、安全、人员、财务管理等;另一层面是从政策视角对宏观经营管理体制的考察。前一层面的考察更多是铁路工程技术领域的管理问题,而后一层面的讨论更适合作为经济思想史的考察对象。学者们对运价和联运问题的讨论构成了后一层面研究的重要组成部分。因此,这一章我们主要从铁路运价和联运思想方面对民国时期的铁路经营管理思想进行梳理与考察。

第二节　近代铁路运价思想变迁

一、研究意义

铁路运价是铁路经营管理中的核心变量,运价水平的高低影响着铁路运输量和营业收入。诚如美国著名运输经济学家 D. P. 洛克林(D. P. Locklin)所说:"制定运价的权利,是使荒野变城市或使城市变荒野的权利。"[1]除了铁路运营状况本身,铁路运价也常受到一国内外部宏观经济、政治环境以及思想潮流的影响。在当前铁路运输基础设施建设取得长足发展,客货运产品结构以及运输市场竞争形势发生重大变化的背景下,原有铁路高度集中、严格控制的运价管理体制逐渐无法适应:现行运价制定机制市场化程度不足;成本定价规则因大规模高铁建设而使运营成本上升,将导致运价超出社会承受能力;同时较低运价水平不利于铁路运输企业实现健康财务状况,进而限制资源通过市场化机制流入铁路运输部门。[2] 因此,对铁路运价管理机制进行系统性的考察成为当前铁路改革的重要前提。近代以来特别是铁路管理机制逐步规范化的民国时期,学者们关于如何制定最优铁路运价的思考,对于理解当前中国铁路运价体制的历史与理论渊源具有一定意义。厘清铁路运价制定思想的发展脉络,不仅能发掘以往较少涉及的铁路运价思想史方面的内容,从而在历史学意义上具有价值;更为重要的是,有助于厘清铁路运价、社会效益与政府角色三者之间的关系,以史为鉴,帮助我们思考当前铁路运价管理体制改革问题。

---

〔1〕 转引自欧国立:《轨道交通经济学》,中国铁道出版社 2014 年版,第 157 页。

〔2〕 李文兴、陆伟忠:《我国铁路运价形成机制改革思路探索》,《价格理论与实践》2015 年第 3 期,第 21—26 页。

现有关于民国铁路运价问题的研究较少。宓汝成(2007)讨论了近代铁路运价制度特别是外资通过运价对近代中国经济产生的负面作用。[1] 近年来,铁路史研究更加关注国内铁路运价制度对经济发展的积极影响,特别是对20世纪30年代铁路部门的运价整顿以及在“复兴农业”和“国煤救济”运动中的运价政策及其效果的考察。[2] 现有研究只是从经济史的角度考察了铁路运价政策出台的背景及其效果。然而,政策本身的出台过程并不仅仅与历史背景存在横向相关,政策本身的延续性以及运价政策和思想之间的双向影响也是导致政策形成的重要因素。社会经济状况、经济思想与政策三者之间的交互作用一直以来是经济学家和历史学家关心的重要问题,对其进行考察不仅具有学理价值,同时有助于反思当前铁路运价政策并为其提供历史借鉴。然而,现有研究对于这一时期铁路运价思想本身的变迁缺乏系统性的梳理和考察。因此,本章主要从经济思想史的角度,系统性梳理从晚清到民国以来铁路运价思想的主要内容以及变迁过程,以求从经济学的视角考察民国铁路运价思想背后的逻辑和长期趋势以及运价政策和思想之间的双向互动关系。

二、对近代铁路运价思想的梳理

(一)近代铁路运价思想的主题梳理

近代对于铁路运价问题的关注起步于20世纪20年代,在30年代逐步达到了高潮。为了更好地梳理近代有关铁路运价问题的研究,我们利用大成老旧数据库,检索了近代关于铁路运价的文献。[3] 按照主题分类,近代铁路运价思想研究可以分为铁路运价原理研究、铁路运价政策研究以及铁路运价史研究。图6.1展示了近代铁路运价思想研究时间和主题分布情况。

1. 铁路运价原理研究

根据笔者的检索,近代关于铁路运价原理研究的文献共有34篇(见表6.1),其中最主要的一类研究是对铁路运价原理的探讨,其次是关于各类铁路运价制度的讨论,以及少数对于国外铁路运价制度的考察。

---

〔1〕 宓汝成:《帝国主义与中国铁路(1847—1949)》,经济管理出版社2007年版。

〔2〕 黄华平:《论南京国民政府时期的铁路运价治理》,《历史教学》2012年第9期,第45－51页;黄华平:《晚清时期的国有铁路运价问题初探》,《淮阴师范学院学报(哲学社会科学版)》2015年第3期,第367－370、375页;黄华平:《铁路运价在近代“国煤救济”中的运用》,《史学月刊》2018年第7期,第85－93页。

〔3〕 我们以“铁路运价”为关键词,在大成老旧数据库进行检索,剔除掉一些书籍广告、新闻等文章后,仅留下相关研究性文章共计88篇。

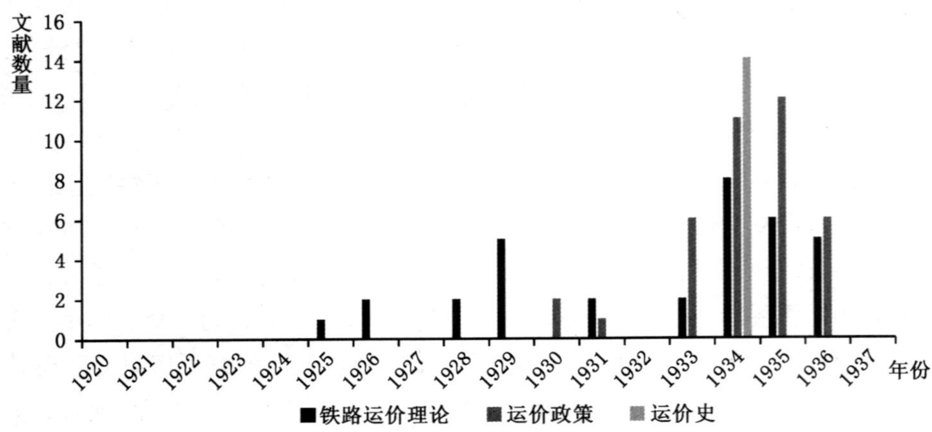

图 6.1 近代铁路运价思想研究时间和主题分布

从时间上看,20 世纪 20 年代出现的关于铁路运价的研究侧重于介绍铁路货运实务运价问题,例如《问铁路运送邮件之制度及其运价》和《铁路浅说——站员教育(续)——问应如何制定货物之运价》。随着南京国民政府成立铁道部,针对北洋政府时期铁道路政因政局变动而混乱不堪的局面,铁道部开展了运价整理运动。运价整理运动的兴起反映在理论界则是诸多关于铁路运价理论性研究的出现。这些研究从铁路运价形成原因出发,讨论了划一与区别运价制度的优劣,并且也积极从世界铁路发展发达国家学习运价制定政策。

表 6.1 近代铁路运价原理相关文献汇总

文章题目	作 者	刊 物	年 份
《厘订铁路运价原理浅说》	曹丽顺	《铁路世界》	1928
《铁路货物运价之原理与实施》	钱宪伦	《铁路月刊平汉线》	1931
《制定铁路运价原理中之负担能力学说》	司徒森	《南大经济》	1934
《国有铁路运价政策之综合研究》	劳勉	《铁路杂志》	1935
《铁路运价之理论与实际》	沈奏廷	《图书展望》	1936
《研究资料——铁路制定运价之原理(续)》	佚名	《铁路公报吉长吉敦线》	1928
《制定铁路运价之原理》	高鹿鸣	《交通杂志》	1934
《铁路差别运价之理论》	司徒森	《交通杂志》	1935
《铁路运价之理论与实际》	沈奏廷	《商务印书馆》	

续表

文章题目	作 者	刊 物	年 份
《从经济学理讨论铁路运价原理》	许达生	《中华季刊》	1931
《铁路运价》	魏尔孙 原著 厚渊 译	《交大月刊》	1929
《铁路运价(续)》	厚渊 译	《交大月刊》	1929
《铁路运价理论的研究》	谭书奎	《交通杂志》	1934
《铁路运价中之杂费问题》	毕慎夫	《交通杂志》	1936
《论铁路运价率之厘定及运价大纲之编订(续完)》	毕慎夫	《交通杂志》	1936
《铁路制定运价应采之方法》	毕慎夫	《交通杂志》	1935
《铁路运价之种类》	高鹿鸣	《交通杂志》	1935
《国有铁路运价政策》	高鹿鸣	《交通杂志》	1934
《铁路运价政策》	高鹿鸣	《交通杂志》	1934
《铁路运价之研究及各国之比较》	诒	《东省经济月刊》	1929
《划一铁路货物联运运价之研究》	李起涛	《铁路杂志》	1936
《铁路运价之研究及各国之比较(续)》	诒	《东省经济月刊》	1929
《铁路运价问题》	向邦权	《商学丛刊》	1935
《研究资料——铁路制定运价之原理》	佚名	《吉长吉敦线》	1928
《铁路浅说——站员教育(续)——问应如何制定货物之运价》	杨得任	《铁路公报吉长线》	1926
《问铁路运送邮件之制度及其运价》	杨得任	《铁路公报吉长线》	1925
《变通铁路运价利用回空车辆之我见》	沈奏廷	《交通杂志》	1936
《铁路运价论》	樊正渠	《经济学季刊》	1933
《美国商委会规定铁路运价之标准》	刘汝翼	《交通杂志》	1935
《美国铁路运价监督政策之实际》	健 译	《交通经济汇刊》	1933
《美国铁路的单一运价》	见心 节译	《京沪沪杭甬铁路日刊》	1934
《英国铁路运价政策》	钟相青 著 黄叔乔 译	《交通经济汇刊》	1929
《日本国有铁路运价政策之概况及其实施》	刘毅 译	《交通杂志》	1934

资料来源:大成老旧数据库。

2. 铁路运价政策研究

20 世纪 30 年代对铁路运价政策的研究成为当时的热点。这一时期关于铁路运价政策的文献共有 39 篇(见表 6.2),内容涵盖铁路运价政策制定、如何利用铁路运价政策来促进国内经济发展,以及对特定铁路运价政策的探讨。

这一时期,在我国铁路界持续开展运价整理运动,以及 1929—1933 年资本主义世界经济危机对西方各国经济造成不利影响的大背景下,为保护本国农村经济,西方各国纷纷采取提高关税等措施来转嫁危机,因此大幅提高对华农业与工业产品关税,并大量倾销工农业产品,致使我国大批工农业生产者面临极大的竞争压力,濒临破产。为了解决国内农业和工业生产困难的问题,我国相继兴起农业复兴运动和"国煤救济"运动。国内商品除生产成本高昂外,税费成本特别是运输成本居高不下是导致其缺乏竞争力的重要因素。因此,实业界纷纷呼吁降低铁路运价,提高工农业产品的竞争力。如担任行政院运输专员的章勃则警告:"国有铁路除一二路线外,几惟狃于目前利益,不惜高订运价而不知铁路所定运价超过货物担负之能力,即不啻禁抑其流通,铁路因而停滞,民众利益因而受损,收入之源因而杜绝,最后结果必归于自杀可无疑也。"[1]例如,山西煤矿业者认为,平绥铁路当局"忽视铁路国营之本旨,对于奖励国产煤斤扶助出口贸易等事未肯加以注意,只图加增本路收入,致晋煤运费之高昂呈冠绝全国之奇态"[2]。针对于此,铁路界人士提出了核减运价、降低货物分等以及设立工农业产品运输特价的手段来助力国内实业发展。值得注意的是,在南京政府通过新建国有铁路和整理旧路加强了对铁路的国家控制后,国有铁路的社会公共职能进一步被学者重视。"民生主义"逐步成为运价政策的理论基础,而国有铁路制度则是实现其政策目标的手段。

表 6.2　　近代铁路运价政策相关文献汇总

文章题目	作者	刊物	年份
《中国铁路货物分等及运价之研究》	李榕	《铁路学院月刊》	1936
《核减铁路运价与发展农村经济》	吴绍曾	《农村经济》	1934
《铁路比较运价与社会经济之关系》	许靖	《交大季刊》	1931
《我国铁路现时应采之运价政策》	毕慎夫	《交通杂志》	1935

〔1〕 章勃:《统制经济下之铁道运价政策》,《交通杂志》1934 年第 2 卷第 2—3 期合刊,第 72 页。

〔2〕 上海市商会:《为请减轻晋煤运费事上铁道部电》,《商业月报》1932 年第 12 卷第 8 期,第 3 页。

续表

文章题目	作 者	刊　物	年 份
《划一国有铁路普通客货运价问题》	高鹿鸣	《交通杂志》	1934
《铁路运价政策今后之方针》	俞棪	《交通杂志》	1934
《统制经济下之铁道运价政策》	章勃	《交通杂志》	1934
《铁路货物联运运价与特价》	刘传书	《交通杂志》	1935
《改善铁路联运运价之我见》	高鹿鸣	《交通杂志》	1935
《我国铁路制定运价方式之缺点与其改善》	毕慎夫	《交通杂志》	1935
《对于吾国铁路牲畜运价之批评》	沈奏延	《交通杂志》	1936
《整理中国铁路货物运价》	刘传书	《交通杂志》	1933
《对于现定铁路运价之意见》	铁路管理处	《首都市政公报》	1931
《核减铁路运价与发展农村经济》	吴绍曾	《京沪沪杭甬铁路日刊》	1934
《我国铁路现时应采之运价政策》	毕慎夫	《交通杂志》	1934
《划一我国国有铁路旅客运价之前题与利弊》	李续光	《交通经济汇刊》	1930
《铁路运价的利用方法》	许传音	《铁道公报》	1933
《铁路运价利用方法》	许传音	《铁路协会月刊》	1933
《国民经济破产声中之我国铁路运价问题》	劳勉	《铁路杂志》	1935
《铁路货物特别运价之检讨》	静园	《铁路杂志》	1935
《铁路货物特别运价之检讨(续前期)》	静园	《铁路杂志》	1935
《最近三年铁路减低运价述略》	俞棪	《铁路杂志》	1935
《国民经济建设声中之铁路运价政策》	邹宗伊	《路向半月刊》	1936
《非常时期之中国铁路运价问题》	刘传书	《经济学季刊》	1936
《铁路货物特别运价制度之探讨》	李起涛	《铁路杂志》	1936
《铁路对于救济国煤制定运价所应依据成本之刍议》	高鹿鸣	《铁路协会月刊》	1933
《进出口货物与铁路运价政策》	涤庵	《商业月报》	1935
《铁道部近年来改订铁路运价之方针》	许传音	《广播周报》	1935
《(附件)谨拟划一国有铁路普通运价之过渡方法案》	胶济铁路管理委员会	《铁路协会月刊》	1933

续表

文章题目	作 者	刊　物	年 份
《拟划一国有铁路普通运价栓同附件提请讨论》	高鹿鸣	《铁路协会月刊》	1933
《铁路联运运价之减低与农村经济之发展》	吴绍曾	《北洋理工季刊》	1934
《专载-民生主义的铁路运价政策》	韦以韬	《铁路学院月刊》	1934
《民生主义的铁路运价政策》	韦以黻	《交通杂志》	1934
《中国铁路货等运价问题》	金士宣	《交通杂志》	1936
《铁路新运价》	熊昌	《抗战与交通》	1942
《划一国有铁路客货运价之检讨》	李承祺	《交大平院季刊》	1935

资料来源:大成老旧数据库。

3. 铁路运价史研究

除了理论上考察铁路运价原理和政策外,学者们也结合国内铁路经营实践考察了国内铁路运价变迁过程(见表 6.3)。《交通杂志》在 1934 年第 2—3 期集中对铁路运价问题进行了探讨。除了运价原理和运价政策外,该期刊物集中考察了国内各主要铁路自建成以来的营运管理历史和运价变迁,详细论述了各条铁路的客货运票价形成方式、运价水平以及货物分等制度等内容。如以《胶济铁路运价之过去现在及将来》为例,文章详细描述了铁路国有化之前归德日两方管理时所实行的各类运价制度,具体包括:根据运输量分为零担运价和整车运价;根据运输路程分为短程运价和远程运价;根据运输方向分为内地运价、输入运价与输出运价;以及根据特定货物和运输地点采取专价和特价制度,如粗货专价、指定地点减价、各站通用减价及农矿产品如牲畜、麸皮与煤炭所实行的单行专价。除此之外,铁路和运价对当地经济的影响也是文章重点关注的内容。例如,文章描述了胶济铁路开通对经济地理变迁的影响、进出口货物类型对当地产业布局和经济社会的影响。最后,文章记述了胶济铁路在 1923 年被收归国有后改定的运价体系等内容。

表 6.3　近代铁路运价史相关文献汇总

文章题目	作 者	刊 物	年 份
《津浦铁路运价之过去现在与将来》	邱炜	《交通杂志》	1934
《北宁铁路运价之沿革》	李延弼	《交通杂志》	1934
《南浔铁路运价之过去现在与将来》	范致远	《交通杂志》	1934
《规定铁路运价原理》	刘传书	《交通杂志》	1934
《道清铁路运价之过去现在与将来》	范予遂	《交通杂志》	1934
《胶济铁路运价之过去现在与将来》	葛光庭	《交通杂志》	1934
《陇海铁路运价之过去现在与将来》	萧梅性	《交通杂志》	1934
《京沪沪杭甬铁路运价之过去现在与将来》	樊正渠	《交通杂志》	1934
《平绥铁路之运价》	周金台	《交通杂志》	1934
《广九铁路运价之过去现在与将来》	胡栋朝	《交通杂志》	1934
《湘鄂铁路运价之过去现在与将来》	屠慰曾	《交通杂志》	1934
《杭江铁路订定运价之原则及办法》	金士宣	《交通杂志》	1934
《平汉铁路运价之过去现在与将来》	陈延炯	《交通杂志》	1934
《正太铁路运价之过去现在与将来》	王懋功	《交通杂志》	1934
《关于改定下绥铁路运价意见书》	佚名	《法规》	1930

资料来源:大成老旧数据库。

(二)对“划一运价”制的讨论

1. 关于区域内“运价划一”的探讨

区域内铁路运价存在两种方式:一是差别运价,二是“划一运价”。铁路差别运价是当时世界范围内广为应用的铁路货运计价方法,运价由市场供给和需求以及运输商品的价格弹性即“负担能力”所决定,“铁路运价之裁定,不以运输成本为衡度也。基此标准,货物分等、特价与专价制度,对人物与地域之各种差别待遇,同距离之差别运价差别距离之同等运价,或甚至同一路程与方向之贩运,短距离之运价,较长距离者为高”[1]。区域内“划一运价”论是指同一条铁路不会因承运人、承运商品数量与类别或运输距离的差别而采取差别化铁路运

〔1〕 司徒森:《铁路差别运价之理论》,《南大经济》1935 年第 4 卷第 2 期,第 2 页。此处,学者认为铁路运输成本相同是颇值得注意的。这种成本并非铁路实际运输的会计成本,而仅仅是一种虚拟意义上同等重量不同物体发生等距位移所产生的“物理成本”。

输价格,从而实现运输重量的费率一致、路程远近的费率一致和货物等级的运费一致。铁路运价究竟应该实行区域内统一运价还是差别运价,各方意见颇不一致。

许多学者基于微观经济学理论分析铁路定价原理。学者们认为,铁路运价取决于三方面因素,其一是运输成本,其二是运输货物价值,其三是运输商品价格弹性,即"负担能力"。根据生成的方式,铁路差别运价理论可以分为四类:固定成本论、混合成本论、独占论与国民经济政策论。

(1)固定成本论。铁路运输成本由两部分构成:一是固定成本,包括一切不因运输量之大小而增减的费用;二是变动成本,即随运输量变化而变动的费用。其中固定成本又分为:资本折旧,此项费用不随铁路停运而减少;以及普通固定成本,如路轨和车辆的维护费用、人员工资等,此项成本可随铁路停运而减少。资本折旧构成了"沉没成本",并且影响运价制定。由于存在固定成本,所以铁路运价下的运输收益必须高于其固定成本,才能维持短期运营。运输量的扩大有利于摊销固定成本,故对于铁路运输企业而言,越大运量的运输行为,其平均成本越低,运价也因此较低。"吾人常闻铁路事业,乃一成本递减或收利递增……各铁路乃尽人事之所能,不惜出种种诡计,直接以增加其运输量,间接以提高其收入,运输事业之竞争,若此激烈,即缘此故矣……在剧烈竞争情势之下,各货物之负担运价能力,竞争之实情,以求所订之运价制度,可予铁路以最高至收入,而又不阻碍社会工商业之发展,若循此法,铁路运价,自难划一,盖需求运输赋役之紧宽程度,负担运价能力,竞争情况,因人因地因物而异也。"[1]

(2)混合成本论。混合成本是指用于运输两种或两种以上的货物所产生的一切运输耗费。这种耗费无法清晰划分于所运输的任何一种货物中。混合成本可分为固定混合成本与变动混合成本。固定混合成本包括利息、租金以及员工工资等,并不由货物运输的种类和数量所决定;变动混合成本则指车辆与路轨等的折旧,这种成本可转移到运输货物中,并摊入运输量中,但"惟不与运输量增减成一正比例,亦不能清明分属于任何货物也"[2]。

美国经济学家陶斯(Taussig)认为,铁路运输货物众多,产生了多种效用,因此,各类商品运价的制定应根据各种货物分别产生的混合成本来决定。然而,这种理论遭到了庇古(Pigou)的激烈反对。庇古认为,无论铁路运输多少种

〔1〕 司徒森:《铁路差别运价之理论》,《南大经济》1934 年第 4 卷第 2 期,第 4 页。
〔2〕 司徒森:《铁路差别运价之理论》,《南大经济》1934 年第 4 卷第 2 期,第 6 页。

货物,其本质是提供运输服务,因而只产生了相同的运输效用。例如,“棉布之发售于两个不同的市场,并非二种不同货物也”[1]。天尼(L. H. Baney)认为,铁路运输具有经济上的混合性,从而导致其具有混合成本。“铁路贩运某一货物,当不因此项贩运而发生别项贩运,惟铁必须贩运多种货物,方可图利即维持其生存也。故铁路之耗费,虽无物质上之混合性,然深具经济上之混合性也。”[2]

针对以上观点分歧,司徒森等学者主要支持陶斯的观点。他们认为,铁路运输的货物“在形体上虽属划一”[3],但因运输所增加的效用或者价值却各不相同,因此,铁路运输不同货物的定价规则“可依混合成本之理论而解释也”[4]。由于铁路具有混合成本的特点,因而不能清晰划分归属各种货物与旅客的成本,由此导致铁路差别运价的出现。因“每一项运输役务,或一托运商品之运价,应以其本身之特别费用为最低标准……然铁路之总收入,最低须等于全路之总成本,故混合耗费,终须取偿于货客运输,混合耗费既不能清别分属”[5]。

根据混合成本理论,各货物的运价根据各货物的负担成本能力决定,“需求较大之货物,负担混合成本之力亦大,故价格可高,需求较小之货物,负担力亦小,故价格须低”[6]。可以看出,货物铁路运价水平的决定不同于垄断市场的需求价格弹性,而是“视乎各货物之需要及市况而定也,各货物之需要程度不同,各物之运价因之而异”[7]。

(3)独占论。差别运价的形成,可能是因为自然垄断,“铁路经营需资金甚巨……乃形成资金上之独占性”[8];或市场容量限制,“因地势上之关系,或运输量之限制,仅容一铁路之铺设,仅足以维持一路”[9]。垄断铁路企业“可规定役务之价格,以获最大之净利也”[10]。根据货物的负担能力,划分货物等级,规

[1] 司徒森:《铁路差别运价之理论》,《南大经济》1934年第4卷第2期,第7页。
[2] 司徒森:《铁路差别运价之理论》,《南大经济》1934年第4卷第2期,第7页。
[3] 司徒森:《铁路差别运价之理论》,《南大经济》1934年第4卷第2期,第7页。
[4] 司徒森:《铁路差别运价之理论》,《南大经济》1934年第4卷第2期,第7页。
[5] 司徒森:《铁路差别运价之理论》,《南大经济》1934年第4卷第2期,第8页。
[6] 司徒森:《铁路差别运价之理论》,《南大经济》1934年第4卷第2期,第8页。
[7] 司徒森:《铁路差别运价之理论》,《南大经济》1934年第4卷第2期,第9页。
[8] 司徒森:《铁路差别运价之理论》,《南大经济》1934年第4卷第2期,第9页。
[9] 司徒森:《铁路差别运价之理论》,《南大经济》1934年第4卷第2期,第9页。
[10] 司徒森:《铁路差别运价之理论》,《南大经济》1934年第4卷第2期,第9页。

定运价高低。针对陶斯教授的混合成本理论,司立门(Seligman)教授认为,“若铁路倘为竞争企业,混合成本之理论,或可适用,惟铁路殊非竞争企业,且富具独占性,故混合成本论,不适实情,独占论之解释,似较切当”〔1〕。

(4)国民经济政策论。铁路运价的国民经济政策论主要是指:通过铁路运价促进货物的出口,保护和发展本国幼稚工业。这种运价思想来自美国和德国19世纪铁路与工业发展经验。美国通过这种差别运价制度“鼓励美国之对外贸易,而以平衡波士顿与纽约二商港对外贸易之位置也”〔2〕;德国亦“以铁路运价政策实现国民经济政策,奖励德国货物之输出,保护及发展特种重要工业,或为使德国货物在本国内得与外货竞争之故,执政者往往采取特别运价方法,以达其目的”〔3〕。彼时我国也可实行该运价政策,“为谋特种实业之发展,或特种区域之发展,及各种专价与特价之创设”〔4〕。

2. 关于区域间“划一运价”的争论

近代国内铁路运营主体不统一,导致各条铁路自定运价,特别是外方直接控制的线路如石太线等路的运价水平显著偏高,给区域内工商业发展带来许多困难。除运价水平过高外,多种铁路运价体系的出现也显著增加了铁路运输过程中的交易成本,不利于铁路行业经营和长途客货运输业务的发展。为了充分发挥铁路促进大范围内要素流动的作用,国内积极开展了铁路联运业务,并且试图以铁路联运业务作为切入点,逐步整合全国铁路运营情况。

区域内运价统一论的出现是针对当时铁路联运制度未能统一各路运价所存在的不足。支持区域间铁路运价统一观点的学者认为,铁路运价的主要目的有三:公平、低廉和简明。为达到这一目的,“非划一各路运价不为功”〔5〕。若想发挥铁路促进商品流通以及更大范围的市场整合功能,现行各路势必要从独立经营管理趋向运行制度的统一,从而降低运输过程中的交易成本。而在铁路管理方面,实行联运制度和运价统一是一套相辅相成的政策工具。自民国成立以来,交通部等铁路管理机关即已经大力推行铁路联运,在此期间实行的运价制度为联运各路段按照货物分等,分别计价,再加总生成总运费的方法,“以各

〔1〕 司徒森:《铁路差别运价之理论》,《南大经济》1934年第4卷第2期,第9页。
〔2〕 司徒森:《铁路差别运价之理论》,《南大经济》1934年第4卷第2期,第10页。
〔3〕 司徒森:《铁路差别运价之理论》,《南大经济》1934年第4卷第2期,第10页。
〔4〕 司徒森:《铁路差别运价之理论》,《南大经济》1934年第4卷第2期,第10页。
〔5〕 高鹿鸣:《划一国有铁路普通客货运价问题》,《交通杂志》1934年第2卷第2—3期合刊,第135页。

该联运路之运价，乘该货物之重量，即为各该路应得之普通联运运费。以此各该路之普通联运运费，再分别加收加价、负责费及装费或卸费，即为各该联运路之应得运费”[1]。

学者们认为，现行联运运价制度没有改变各路独立铁路计价标准的方式具有两个优点：“(一)不影响各路应有收入，(二)便利铁路与水路或公路之计算运费”[2]，因此，这一计费方式在联运制度推行初期降低了制度变迁成本，提高了各路对联运制度的接受程度。然而，现行制度也存在诸多问题。首先，“制定手续繁杂”，产生的菜单成本过于巨大。按照现行的运价表制定，当时国内开通铁路联运的铁路不过十余条线路，“货物联运运价表丛编，已成巨帙，倘将来按照孙总理之铁路计划……然则其联运运价表之从成巨册，岂不将数十倍于今日”[3]，且如果新铁路加入联运，则会造成联运运价表频繁增订，不便于实际操作。其次，计算方法复杂。因为各路分别计算成本，且对长途运输采取“递远递减”的计价原则，所以可以经由多条线路抵达的两站之间的运价制定将尤为复杂，“此当今路员核收联运运费之所以错误易生而纠纷时出也”[4]。最后，在现行运价制度下，联运运价仅仅和各路现行运价相一致，并未能完全符合“递远递减”运价原理。

有鉴于此，学者们主张实行区域内“划一运价”制度，“凡属铁路建联运货物，均适用同一基本运价价率与一次递远递减之减折为原则；以联运里程总数，乘该项里程之联运运价率(即按递远递减率折减之价率)，则为该项联运货物应付之联运运费也”[5]。这种计算方法的确弥补了传统运价计费方式的不足，计算方式简便，有利于长途运输发展。但这种方法也存在一定不足，学者们认为其缺点有二：“(一)运均分配不公，(二)难免货商取巧”[6]。运输分配不公指的是由于联运收益按照实际运营里程分配，导致联运成本较高的铁路局处于不利局面。联运划一运价与当时国内铁路运价“实以运输成本为主要原则”不符。而货商投机取巧则是因为在划一运价低于该路运价时存在套利空间，货商选择运输更远距离的成本反而低于只由某条铁路承运的成本，这样会在社会范围内

[1] 李起涛：《划一铁路货物联运运价之研究》，《铁路杂志》1936年第1卷第11期，第14页。
[2] 李起涛：《划一铁路货物联运运价之研究》，《铁路杂志》1936年第1卷第11期，第14—15页。
[3] 李起涛：《划一铁路货物联运运价之研究》，《铁路杂志》1936年第1卷第11期，第16页。
[4] 李起涛：《划一铁路货物联运运价之研究》，《铁路杂志》1936年第1卷第11期，第17页。
[5] 李起涛：《划一铁路货物联运运价之研究》，《铁路杂志》1936年第1卷第11期，第17页。
[6] 李起涛：《划一铁路货物联运运价之研究》，《铁路杂志》1936年第1卷第11期，第21页。

造成更大的资源浪费。一些学者对此问题也提出了解决方法,针对运输收益分配不公,主张采取按照各路实际运营成本为权重,乘以该路段承运里程来分配运输收益。而针对“货商取巧”的弊端,学者们也指出套利行为出现的根源在于“本路运价不划一”,故首先需要“整理各路基本运价”,其次要“划一递远递减法”,以减小价格差形成的套利空间。

3. 关于“运价划一”问题讨论的总结

多元化铁路差别运价理论的基础在于铁路行业具有专业性。例如,两种“成本论”的产生是因为铁路所具有的铁路事业的“专门性”,即设备的专用性。这也是网络型经济的普遍特征:先期投入巨大,形成庞大的沉没成本,而设备专用性极强进一步导致资本投入无法轻易转移至其他部门,因而形成巨大的固定成本;这些成本需要在日后的铁路运营过程中随着运输分摊到货物的运价之中。市场供求因素则在根本上决定了各类货物所承担的运价等级与实际水平,即运价“负担能力”。

“划一运价”与“差别运价”两种观点的争论,本质上是对铁路运输领域市场是否应该在其中起到资源配置作用的讨论。持“划一运价”观点的学者认为,“差别运价”给予铁路以制定价格的权利,铁路部门凭借其垄断势力拟定的歧视性定价,不利于中小商户运输低价值和少量的商品,“以其给铁路不公平之利益,与社会公益互相背驰也”[1]。然而,观察“划一运价”的观点,可以发现其中矛盾与错漏之处甚多。

首先,“划一运价论”认为铁路部门是凭借其垄断权利,对托运人实行了价格歧视。但实际上这种差别运价并不完全是铁路部门主观上实行价格歧视以谋取最大利益而导致的,而是客观上为保证铁路运输企业正常运行所采取的必要成本核算工作。

其次,“划一运价论”认为差别运价的实施会危害社会公益与工商业发展的观点也是错误的。诚然,按照铁路“运输价值”观点,货物因铁路运输发生位移后,在销售地获得的价值增值完全归功于铁路运输,因此,铁路部门完全可以将这部分价值收归自身。但这显然会使得工商业者无利可图,不利于其长期发展。如果按照这种市场规律,则必然没有商人有意愿参与铁路运输。况且其他线路完全可以采用折扣运价等方式进行货源争夺,在固定成本压力下,铁路企

[1] 司徒森:《铁路负担能力之学说》,《南大经济》1934 年第 4 卷第 1 期,第 18 页。

业要调整运价，以适应市场形势。

最重要的是，“划一运价”的方法会造成市场价格信号失灵，无法分辨出市场最为急需的商品，同样也不利于商品产出地拥有比较优势产业的发展。由于铁路运输量有限，大量低价值商品与市场急需的商品会在铁路运输上形成竞争关系，反而会阻碍当地产业优势的发挥，造成效率的损失。而利用差别运价，根据商品自身供需关系，通过判断市场价格信号，铁路运价能够更有效地筛选出当地最有价值的商品。根据运价的国民经济政策论，铁路特价制度也是一种促进国民经济发展的运价制度，尤其是针对国民经济发展特别重要的出口农业、制造业以及矿产采掘等行业。

民国时期某些铁路歧视性定价对当地工商业发展产生了不利影响，尤其是受外国资本控制运营的东北铁路和石太铁路，对中外货商运输品采取不同专价制度。例如，英国控制下的京奉线从 1900 年起就对英资的开平煤矿产品给予降低运费的特价待遇，而在周边煤矿增多后，为了使开滦煤仍享最低运价，1923 年，京奉线和开滦煤矿又签订了专价合同，对运费进一步消减。同样的情况也发生在胶济、正太、津浦和京汉等线，这些铁路对沿线外方经营的鲁大、井陉、正丰和中兴等矿实行低价优惠。因此，民国时期学者对于“划一运价”的诉求虽然从经济学角度而言不尽合理，却是保护民族工业发展思想在铁路产业内的一种映射。

另外，铁路建设运营成本过高导致的运价整体较高不利于当地工业发展，这并不是铁路差别运价所导致的。由于近代铁路建设过程中主体多元化，以及建设、管理过程中尚有诸多不完善之处，因而区域性铁路间建设运营成本存在显著的高低差异，由此形成了区域间的铁路运价差异。这种客观实际产生的区域运价差异可以通过联运中的运价统一进行调整。只有运输成本一致，才能更好地实现更大范围的市场整合；同时，联运运价一致也可以倒逼铁路运输企业降低成本，以提高自身发展能力。

因此，“划一运价”所说的“区别运价”不利于国民经济发展的观点并不成立。区域间的运价统一是具有实际意义的，但无视市场信号而采取不分等级的划一运价制度，既不利于铁路本身的发展，也不能达到促进区域国民经济发展的目的。

（三）对铁路运价政策的讨论

铁路运价是铁路实现其经济效益及外部性的关键变量，也因此成为世界各国管制铁路行业面临的核心议题。民国时期学者将当时世界各国从不同政策目的出发所采取的运价政策归纳为三类:“营利主义”的运价政策、“实费主义”的运价政策和“无偿主义”的运价政策。“无偿主义”的运价政策认为:铁道的建设完全为发展国家交通而设,“一国政令之施行、文化之灌输、商货之交换、金融之调剂,以及国防军事在内,均有关系”[1],为了充分保证这些外部性职能的实现,铁路运费应当完全由国家承担。“营利主义”观点则认为:铁路是完全商业机关,势必以营利为前提,“其运费的订立完全以本身事业发达,得有余利为目的”[2],而社会经济及国民所承受的负担以及奖励各种工商业等外部性目的就不应当由企业来实现。“实费主义” 观点承认铁路建设是国家发展交通的责任,但铁路具有“运输商货、增益生产品之价值”的功能,因此,使用铁路者均“以资金所应得之利息,加入日常行车费、总务费、修缮工程、购置折旧及各项必需经费,参照国民经济负担力量以为规定客货运费之标准”[3]对其使用铁路进行补偿。

从当时世界范围来看,除了少数军用和专用铁路采取了“无偿主义”运价政策外,即使是社会主义国家的苏联亦然采取“实费主义”政策。因此,学者们认为,“无偿主义”政策无非是不切实际一味地实行福利主义政策,超越了国家财政的实际承受能力,同时也不利于铁路产业获得持续的资金投入。而铁路民营制的英美等国主要实行“营利主义”运价政策,故可能产生铁路资本损害社会其他产业发展的现象。因此,有学者认为,铁路国营制下“平时复由政府随时监督其运价之订定必需经政府核准,以示限制”的运价政策已经成为共识,特别是在中国统制经济环境下,更不必将精力放在对民营制运价政策的研究上。

学者们普遍主张运价政策应当采取“实费主义”。“实费主义”运价政策针对的是铁路运价构成中固定成本费用巨大、产业幼稚期的铁路企业运输量少而平均成本高的处境。如果单纯放任其采取实际成本定价,将导致“该路运输数量愈形减少”,故此时就应该按照铁路运输的可变成本进行定价,“俾可适合商货之担负力……其不足之数,则由国家给以相当补助”[4]。根据这一思想,学者们进一步提出统制经济下铁路运价政策的三个原则:“一、铁路所定基本运

〔1〕 章勃:《统制经济下之铁道运价政策》,《交通杂志》1934 年第 2 卷第 2—3 期合刊,第 72 页。
〔2〕 章勃:《统制经济下之铁道运价政策》,《交通杂志》1934 年第 2 卷第 2—3 期合刊,第 72 页。
〔3〕 章勃:《统制经济下之铁道运价政策》,《交通杂志》1934 年第 2 卷第 2—3 期合刊,第 73 页。
〔4〕 章勃:《统制经济下之铁道运价政策》,《交通杂志》1934 年第 2 卷第 2—3 期合刊,第 73 页。

价,应根据正当所投资本之最低报酬为止;二、铁路所定运价宜以国家整个经济为背景,不仅须绝对自主,而且须负担调剂平衡之责任;三、铁路所定运价,首应奖励农产,而于国内新兴幼稚工业,亦须加以扶植。"〔1〕

1930年后,统制主义开始在国内盛行,铁路运输要以保护幼稚产业为目的的观点也随之风靡,统制经济下铁路运价政策成为铁路运输领域关注的热点。政权的稳固和统制经济主义使得国家实行铁路运价政策逐步有了可能性和必然性。铁路运价水平高低对工商业发展具有重要影响,学者们普遍认为,其关键是利用铁路运价作为经济政策,来减弱国外商品的倾销,以保护本国产业。尽管关税、消费税及限制进口等政策是更为直接的政策工具,但受到如下四方面因素的干扰,这些政策并不具备现实可能:"第一,最惠国条款之束缚;第二,领事裁判权之作祟;第三,外人可以在我内地设厂制造;第四,受外交方面之牵制。"〔2〕因此,铁路运价政策成为实际可行的选择。与此同时,盛行的统制经济思潮也对铁路运价政策产生了重要影响。如章勃认为,"采行统制经济制度之后,对于各路现行运价,必需重加整理,使之划一,然后统制经济方可期收宏效。固然铁道运价问题之在整个经济政策中,不过若干问题中之一问题,然因运价规定之失当"〔3〕。

铁路运输存在多重目标,如"运输低廉、运输迅速、多量的运输、运送期限准备、运输安全、运输条件符合货物之特性"〔4〕,学者们普遍认为"运费低廉"是首要目标。"统制主义"时期实行铁路运价干预的实质是:国家试图采取计划方式进行资源配置,"尽力的发展并最善的利用整个的——而非某一部分的一国民经济生产力"〔5〕。在这种以求最优全局性经济发展速度的资源配置方式下,铁路部门只是诸多国民经济部门中的一部分,应完全服务于实现社会经济目标,而非本部门自身利益。在这种定位下,关于通过运价干预保护国内幼稚产业,学者们主要就两个问题展开讨论:其一是讨论政府作为铁路运输领域的监督主体如何发挥运价监管作用,其二是讨论政府国营铁路实现运价干预的目的。学者们普遍认为,由于铁路具有特殊的"独占性"特征,不宜竞争,因此,不仅国有

〔1〕 章勃:《统制经济下之铁道运价政策》,《交通杂志》1933年第2卷第2—3期合刊,第74页。
〔2〕 邹宗伊:《国民经济建设声中之铁路运价政策》,《路向》1936年第2卷第12期,第362页。
〔3〕 章勃:《统制经济下之铁道运价政策》,《交通杂志》1933年第2卷第2—3期合刊,第80页。
〔4〕 毕慎夫:《我国铁路现时应采之运价政策》,《交通杂志》1935年第3卷第6期合刊,第3页。
〔5〕 毕慎夫:《我国铁路现时应采之运价政策》,《交通杂志》1935年第3卷第6期合刊,第3页。

铁路应当遵循国家定价,民有铁路也应在除"始兴之时,许其自由规定运价"[1]外的其他时间由政府控制定价。

学者们认为,统制经济下铁路运价政策的必要条件是划一运价,但这并非充分条件。"盖在统制经济之下,则其铁道运价政策,除去划一铁路运价之外,必尚有其他种种策略以助统制经济政策之发展。"[2]

统制经济下的运价政策相比于非统制经济下的运价政策,有以下不同之处:"第一,统治经济下之铁道运价政策,应以促成生产量与消费量之平衡为主旨,一扫以往随意规定运价之弊;第二,统制经济下之铁道运价政策,应负扶植本国农工业以谋本国经济之自足为主旨,一扫以往之放任主义;第三,统制经济下之铁道运价政策,应有整个的应付办法,规定运价之权应集权于中央,各路局仅得供献意见,请求中央采纳,一扫以往各自为政、俨若割据之情态。"[3]学者们认为,统制经济下的铁路运价应当遵循三个标准:"一、铁路所定基本运价应根据正当所投资本之最低报酬为止;二、铁路所定运价,宜以国家整个经济为背景,不仅须绝对自主,而且须负调剂平衡之责任;三、铁路所定运价受应奖励农产,而于国内新兴幼稚工业亦须加以扶植。"[4]

除了对运价制定原则的讨论,学者们还讨论了国家实行铁路运价监管的若干问题,特别是关注到国营和民营铁路之间实行运价政策的差异。如高鹿鸣在《铁路运价政策》中分析了对于民营铁路的监管机构、监管方式、违反运价政策的处罚措施;在《国有铁路运价政策》中论述了国营铁路所实行的差别运价政策,特别是帮助国内工农业生产的专价和特价适用货物品种、运输价格等细节措施。透过高鹿鸣的论述,可以看出时人对民营铁路运价政策的关注在于对其是否采取公平性运价准则予以监管,"对于公众任何个人或团体,(民营铁路)不得与以不正当或不合理之优先权或利益"[5],就是防止其滥用市场支配地位妨害市场运行和公众利益;国营铁路则担负着促进经济发展的责任。这种对于国营铁路和民营铁路差异化运价政策的认识,实际上显示出学者认识到政府和市场在铁路运输领域扮演的角色、界限和目的的差异。

---

[1] 毕慎夫:《我国铁路现时应采之运价政策》,《交通杂志》1935 年第 3 卷第 6 期合刊,第 3 页。

[2] 章勃:《统制经济下之铁道运价政策》,《交通杂志》1934 年第 2 卷第 2—3 期合刊,第 80 页。

[3] 章勃:《统制经济下之铁道运价政策》,《交通杂志》1934 年第 2 卷第 2—3 期合刊,第 80—81 页。

[4] 章勃:《统制经济下之铁道运价政策》,《交通杂志》1934 年第 2 卷第 2—3 期合刊,第 74 页。

[5] 高鹿鸣:《铁路运价政策》,《交通杂志》1935 年第 3 卷第 3 期,第 3 页。

三、近代铁路运价思想与政策变迁的总体趋势

首先，铁路运价制度特别是分等运价制度逐步随着外国在华经营铁路的实践而进入中国。对于铁路是否应因运输不同货物而实行差别运价，国内学者主要基于经济学中的市场结构和厂商行为理论展开讨论。从分析中使用“效用”“负担能力”“固定成本”“混合成本”之类名词及分析过程可以看出，西方经济学分析概念和方法等已经逐步为当时学者所了解；并且根据这一原则，形成了认同分等货物运价理论的共识。差别运价的四种根源论，分别从市场结构、成本构成以及产业政策等角度论述了差别定价的形成机制。应当承认，货物运价并不因其运输过程行为的同质性而统一，而应该由运输成本和市场供求状况共同有效地决定。

其次，铁路运价制度思想的整体特征在 1930 年前后存在不同的趋势，铁路垄断性定价与差别定价思想在 1930 年后被补贴性定价思想所取代，运价政策也从弱监管下的市场自由定价转向对民营和国营实行差别运价监管政策。这种变化主要是铁路运输市场结构变动在思想领域的映射。1912—1930 年，由于中央政府对于地方控制能力有限，铁路市场呈现明显分割的市场结构。中央政府无力对铁路运营进行有效的管理，导致铁路企业在局部市场上可凭借其支配地位实现垄断，特别是有外资背景的铁路企业表现得更为明显。这些企业为了利润最大化目标以及超越经济目标之外的政治目标，采取垄断性定价与差别定价策略。这些差别定价不仅仅是货物分等运价，更主要的是根据承运人实行歧视性定价。

而在 1930 年之后，随着中央政府对地方控制能力增强，铁道部成立后，通过对旧有线路的整理整顿，有效地增强了对铁路系统债务、人事、运营控制能力，从而明显提升了对铁路市场的控制力。随着经济统制主义盛行，保护国内幼稚产业的主张、实现产业复兴成为国内共识。在当时国内政策工具选择有限、关税政策因政治条件所限无法满足保护民族产业实际需要的情况下，铁路运价逐步社会经济政策化，承担起更多的社会经济发展职能，因此，实行对国内商品的补贴性专价、特价制度就成为当时学界的共识。但也要注意到，这种运价政策并不意味着一味地在所有铁路均实行超越铁路企业负担能力的低价运输政策。学者们也注意到，民营和国营铁路企业的运价政策下应当有不同的侧重点：民营企业主要负责满足市场的公平性，而国营企业则是为了实现市场不

能承担的外部性、发展性目标。

第三节 制度变迁视角下的铁路联运思想

一、近代铁路联运制度的形成

铁路联运是指使用一份统一的铁路联运票据,由铁路承运人办理两国或两国以上铁路的全程运输,并承担运输责任的一种连贯运输方式。当前铁路联运多侧重于国际铁路运输,具有四个主要特点:首先,货物必须由两个及两个以上国家铁路的参与运送,涉及面广,要求标准高;其次,使用一份铁路联运票据完成货物的跨国运输,节省人力,减少货损;再次,在运输责任方面采用统一责任制,减少中间环节,简化手续;最后,仅使用铁路一种运输方式,时间性强。

在这一时期,铁路联运制度既包括狭义的铁路联运成文规章制度,如《京汉京奉京张津浦沪宁五路联络运输条例》《联运车站章程》以及联运价章等各项联运规章制度;也包括为了协调联运业务而设立的联运会议、联运事务处等机构的组织制度,如与联运会议相关的《国有铁路联运会议议事规则》《国有铁路联运会议章程》,与联运事务相关的《铁路联运事务处章程》《交通部铁路联运事务处清算所会计章程》等。

近代以来的中国铁路联运制度,既包括国内铁路联运,也包括国际铁路联运,其产生有着特殊性,“经过两路以上之运送而达到讫站之运输也”〔1〕,即强调本国内各条铁路之间采用单一票据、铁路负责的运输方式。

近代国内铁路实行联运制度的原因在于:在铁路发展初期,铁路常由各路借款国控制经营,导致铁路行车制度、运价制度、货物分等制度、会计制度等均沿袭了借款国旧制,最终形成了“平汉从法制,北宁从英制,正太从比制,胶济始从德制、后改日制”的铁路运营制度。〔2〕

国际铁路联运制度起步于京奉铁路开展与俄国、日本之间的联运业务。京奉铁路因与南满铁路、中东铁路连接,关内客货通过京奉铁路进入东北地区,并沿南满中东铁路直达东北内陆和出海口,或者进一步经由安奉和中东铁路进入

〔1〕 陆庭鏖:《我国铁路联运业务》,《交通杂志》1935 年第 3 卷第 7—8 期合刊,第 32—33 页。

〔2〕 张倜臣:《我国铁路行车制度之研究》,《交通杂志》1934 年第 3 卷第 2 期,第 38 页;袁耀寰:《铁路行车概论》,商务印书馆 1937 年版,第 4 页。

朝鲜与俄国境内。因此,在1905年中日两国就中东铁路联运问题协商后,1910年,中日议定南满铁路与京奉铁路联运合同,但并未得以执行。1913年4月,京奉铁路与日本铁道院订立中日旅客联运合同,定于当年10月1日实行。同年6月,中国参加莫斯科国际铁路联运会议,决定"中国北部铁路加入西伯利亚万国通车之列"[1]。

中国铁路联运制度开始于清末光绪三十一年(1905年),中日两国在中东铁路问题协商过程中,提出"即订有附约七款,规定中日之铁路联络运输,然因种种关系,未即试办,此为国际铁路联运之最始渊源,亦国内联运举办之先兆也"[2]。1906年,京汉铁路和道清铁路协商两条铁路之间互通车辆的办法,并呈请督办唐绍仪批准实行。1908年,京奉、京汉、京张三路开始实行车辆互通。1910年,三路召开会议,商定三条铁路货车可以直接通行至两路接轨之处,无须另卸另装,并在1912年开始实施直达客货运输。[3] 1913年10月,在交通部协调下,京汉、京奉、京张、津浦、沪宁五路选派代表在天津京奉铁路管理局召开第一次国内联运会议。会议通过《京汉京奉京张津浦沪宁五路联络运输条例》32条、联运票计算办法、制定联运价单办法、规定车站洋文名称办法,以及会后由联运会计会议议定簿记单据细则等具体措施。这次会议标志着国内铁路联运制度正式创立。

之后直到1931年,尽管国内政局动荡,导致铁路联运一度中断,但铁路运输的内在需求仍然推动着国内联运制度在三个方面得以完善:首先,铁路联运会议固定化召开,进一步在联运线路范围扩大、联运车站以及货物联运问题等方面完善了铁路联运制度;其次,分别于1920年和1921年公布的《国有铁路联运会议议事规则》和《国有铁路联运会议章程》巩固了铁路联运会议在铁路联运中的中心枢纽地位,将其作为主持一切联运业务兴办改革的核心机构;最后,建立和完善了铁路联运事务处的相关制度,改革以往各铁路局轮流管理的办法,在交通部(铁道部)下设立铁路联运事务处来实际负责铁路联运事务。

在此期间,随着联运业务制度化和规模扩大,加入联运的铁路范围也在逐步扩大。1915—1928年,南满铁路、沪杭甬铁路、道清铁路、正太铁路、陇海线、

---

〔1〕 铁道部铁道年鉴编纂委员会:《铁道年鉴》第1卷,1933年,第357页。

〔2〕 陆庭騫:《我国铁路联运业务》,《交通杂志》1935年第3卷第7—8期合刊,第36页。

〔3〕 交通部交通史编纂委员会、铁道部交通史编纂委员会:《交通史路政编》第4册,第2504—2505页。

胶济线以及沈海等东北铁路陆续加入铁路客运联运,京汉、京奉、京绥、津浦、沪宁、沪杭甬、道清等线在1921年加入货运联运,1922—1929年正太、陇海、东北各线也陆续加入。1932年后,随着政局稳定,南京政府铁道部陆续开展路政整理和恢复扩大铁路联运业务。1932年9月,铁道部饬令各铁路实行货物负责运输,继而下令恢复国内联运。10月,津浦、沪宁、沪杭甬三路率先开办负责货物联运业务。负责运输制度与联运制度的结合,使国内铁路联运制度进入了一个新的发展阶段。在这一时期,江南地区新建铁路也陆续加入铁路联运体系。

二、铁路联运制度的参与主体与制度配置

1912－1937年,铁路业界、学界以及社会舆论界等各方面对铁路联运制度进行了广泛的讨论。而铁路联运制度以及思想本身也发生了极大的变化。这种制度及思想变迁过程适应了政治、经济等周围环境的变化,从而保持了铁路组织内部的稳定发展。随着外在环境的变化,利益集团之所以有动力推进或者阻碍铁路联运制度的变迁,也是源于其在不同制度下的成本收益分析。

(一)铁路联运制度的参与者

初级行动团体是一个决策单位,它的决策决定了制度安排创新的进程。这一单位可能是个人或由个人组成的团体。这种团体认识到通过改变制度安排的结构,它就可以获得潜在的收入。因此,初级行动团体实际上是熊彼特所说的企业家的集合体。当其发现制度变迁的预期收益高于成本时,就会竭力推动制度变迁。在铁路联运制度中,各条铁路的管理当局为初级行动团体。例如,1905年京奉铁路与南满铁路召开中日铁路会议,讨论南满铁路和中国铁路的联络运输问题;1906年京汉道清铁路召开会议,通过互通车辆办法。以京奉铁路为代表的铁路管理当局认识到,如果能够实现中外铁路联运,则可以实现铁路收入和货物运输的大量增长。

次级行动团体也是一个决策单位,它帮助初级行动团体进行制度安排变迁。次级行动团体可做出一些能获取收入的策略性决定。一般而言,次级行动团体可能不会使创新的收入有所增长,但若通过法律获得离散性权力,则初级行动团体的额外收入可能会转化到它手中。在铁路联运制度中,次级行动团体表现为铁路管理机构,清末是铁路督办和中央铁路高级人员,民国后则为交通部和南京政府时期的铁道部。对于铁路管理机构而言,铁路联运不仅可以直接增加铁路部门的营运收入,更为重要的是,铁路联运对于促进区域经济发展发

挥铁路的正外部性具有重要价值,且铁路联运也具有一定的军事和政治价值。

制度变迁理论认为,初级行动团体和次级行动团体都是制度变迁的主体。初级行动团体是制度变迁的创新者、策划者、推动者,而次级行动团体是制度变迁的实施者;初级行动团体能通过制度变迁创造收入,而次级行动团体不创造收入,它只参与收入的再分配过程。但在铁路联运制度中,作为次级行动团体的铁路管理结构对于铁路联运制度的实施,不仅推动了初级行动团体铁路收入的增加,从更为广泛的社会经济发展角度上来看,铁路联运还促进了全社会的资源优化配置和效率的提高。

(二)铁路联运制度配置

制度配置,是行动团体所利用的文件和手段。当这些配置被用于新的制度安排结构时,行动团体就利用它们来获取外在于现在制度安排结构的收入。在铁路联运制度变迁过程中,通过各铁路当局的推动,陆续达成了一系列文件和制度安排。

在近代铁路联运变迁的初期,即清末没有统一的铁路管理机构来负责铁路联运业务时,以京奉铁路为首的国内各铁路通过自行协商,达成了一系列列车通行协议。此时,国内"各铁路咸自订列车时刻表,彼此不相闻问,可谓各路自营其业,自管其路"[1]。例如, 此次协商达成两项内容:一是凡道清路运货至新乡转入京汉路,南至郑州,北至彰德,均用道清路车辆,由京汉路付给道清路车租;二是如果道清路所运货物必须过彰德以北或郑州以南,则由京汉路空车至道清路各站装运,由道清路付给京汉路车租。

民国成立之后,各条铁路进一步协商实现了更大范围的联运协调机制与更细致的铁路联运制度。1913 年京奉等五路组织成立国内联运会议及联会会计会议。20 年代,铁路联运会议的制度配置进一步完善,北洋政府交通部又相继制定了《国有铁路联运会议议事规则》和《国有铁路联运会议章程》,分别对联运会议的会议名称、会议职能、会议日期及地点、与会人员、表决权、会议主席权限以及决议案通过等事项进行了详细规定。此外,关于联运业务本身的制度配置也得以完善。1913 年第一次铁路联运会议通过了《京汉京奉京张金皮沪宁五路联络运输条例》32 条、联运票计算办法、制定联运价单办法、规定车站洋文名称办法,以及会后由联运会计会议议定了簿记单据细则等具体措施。[2] 1919 年

[1] 许传音:《中国铁路联运业务发达纪略》,《北京交通大学月刊》1924 年第 1 卷第 2 期,第 1 页。
[2] 陆庭鏖:《我国铁路联运业务》,《交通杂志》1935 年第 3 卷第 7—8 期合刊,第 40 页。

后又逐步制定了《交通部铁路联运事务处清算所会计章程》《国有铁路客车运输通则》《国有铁路货车运输通则》《国有铁路普通货物分等表》等关于联运规则的规定。

20 世纪 30 年代后,铁道部进一步推进铁路联运制度的规则制定,为货物联运提供了完备的操作程序指导。如 1933 年出台《铁路负责货物联运暂行办法》,主要对联运过程中的各项环节进行了规定,包括联运运费的支付、整车及零担负责货物标准、联运货物的等级、赔偿手续、货物交接站点手续、联轨站点车辆通行以及车辆使用延期、装卸费用等。另外,针对新出现的铁路和水路、公路联运,又陆续出台《国有铁路与国营招商局联运方法》(1933)、《铁路与公路联运大纲》(1933)和《镜湖沪杭甬铁路管理局与中国航空公司旅客联运合同》(1935)等政策文件。

三、铁路联运制度变迁的内在动力

新制度的产生是各利益集团博弈的均衡结果,当制度处于"帕累托最优"状态时,被称作"制度均衡状态"。但这并不意味着制度变迁的完成。在制度均衡状态下,制度创新带来的收入会降低,导致均衡制度会滑向僵滞阶段。制度僵滞的一般性,导致所有制度均会陷入其中。而在制度僵滞阶段,制度创新收入降低,会损害初级行动团体的利益,进而促使初级行动团体产生新的制度创新的动力。因此,制度变迁实际上就是制度创新、制度均衡、制度僵滞的循环上升过程。而近代以来铁路联运制度的变迁,实际上是从非联运制度下的低水平均衡向联运制度下的高水平均衡转换的过程。

联运制度集合中,有多种制度可以实现制度功能,如实现规模经济、减少交易成本等。每一种制度安排都是从一个可供挑选的制度安排集合中选取出来的。铁路组织从生产和交易费用两方面考虑,只要一项制度比此制度集合中的其他制度安排更有效,那么此时的制度安排就不是原有制度安排集合中最有效的一个了。作为熊彼特定义下的经济人,铁路组织有经济利益,也有非经济利益,出于自身利益的考虑,他们会寻求新的制度以替代旧有的制度。一般来说,在现有的制度安排给定的情况下,在外部冲击形成新的利益增长时,受限于原有分配结构,铁路组织内部的实际行为人无法获取这种利益,因此,这种非均衡的制度结构必然诱致铁路组织进行制度变迁。图 6.2 是铁路联运机制下内在经济动力示意图。

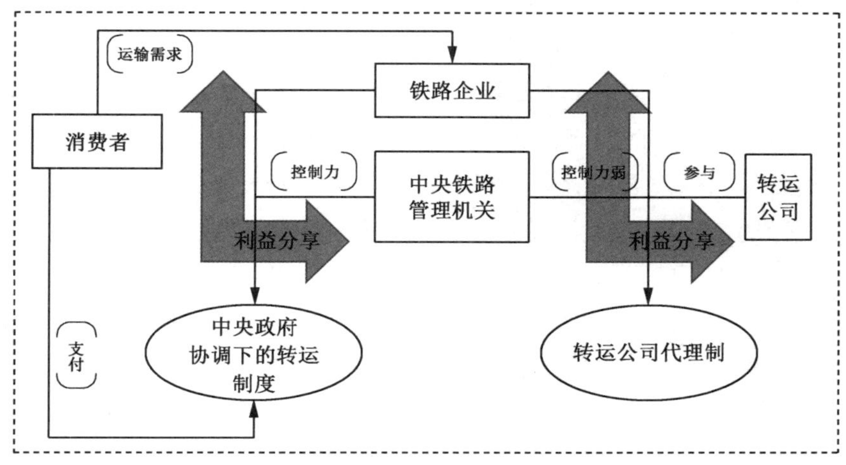

图 6.2　1912—1937 年铁路联运制度的内在动力机制

(一)铁路的规模经济特点促进铁路联运制实行

铁路联运制度产生的最主要的动力,是铁路联运可以最大化实现规模经济。首先,联运的规模经济体现为远程货物运输效率的提升。在没有实行铁路联运制度时,旅客经过两条铁路必须购买两次车票,经过三路或四路则必须购买三次或四次车票,每到一个联轨站必须倒一次车;货物不仅每路都要重新办理托运,另起货票,而且每到一个联轨站,也要将货物卸下,再装于接运路之货车。这样的运营制度既增加了装卸费用,又延长了运输时间,增加了运输成本,给商人带来种种不便,阻碍了铁路运输业的发展。联运制度则有助于弥补上述缺憾,"运价减少,可以低廉货物成本,实为货商最注意之点,装卸经济,减少货物之损失,运送之迅速,可以达到良好市场。此三者联运业务,皆具备也"[1]。

其次,铁路联运使得成本降低。学者们认为,运输过程中的成本可分为两类,一是运输成本,二是"运率成本"。所谓运输成本,是铁路部门因运输所产生的成本,"运率成本"是"运商之成本"[2],联运会使两者均得以下降。就运输成本而言,铁路的固定成本和可变成本随着联运导致的运输量的上升而下降。而对于货商,若无联运,"然完全依本路之范围,有限货运量必小,虽有转运之办

〔1〕 陆庭鏖:《我国铁路联运业务》,《交通杂志》1935 年第 3 卷第 7—8 期合刊,第 33 页。
〔2〕 陆庭鏖:《我国铁路联运业务》,《交通杂志》1935 年第 3 卷第 7—8 期合刊,第 35 页。

法,商人终以损失及成本增多而停止或由他路运输矣"[1],铁路联运的实行也会"扩大市场范围,增加运输量,铁路之成本自易减低"[2]。

(二)转运公司代理制下利益分配与铁路联运制创新

在铁路联运实施前期,转运公司兴起,成为办理铁路间客货转运以满足客货长途运输需求的主要中介。转运公司的兴起有着复杂的社会经济原因:首先,近代铁路企业成立之初不善经营,"组织殊欠完备,而当局者缺乏远大之目光"[3],长期的"衙门化"公司经营方式导致其不擅长招徕客商,在和转运公司的竞争中处于不利地位;其次,社会治安欠佳,"铁路因办理欠善,各种设备不周"[4],客商货物安全没有保障,即使有所补偿,"而运费则须增加一成之多"[5],转运公司则派人随车押送货物,且"如中途有遗失损坏,则照全行公议之规章赔偿"[6];最后,"铁路运货手续繁多……税制紊乱,苛捐杂税不一而足……"[7],转运过程中信息不对称也推动了转运公司的专业代理服务的崛起。转运公司所承担的业务范围包括招徕客商、代客报捐、代客报运及照料装卸,除此之外,还从事一些附加性的金融和运输服务业务,如货据押款、货物保险、堆栈旅馆等。

低水平联运制度中过高的交易成本是催生专业转运公司的主要原因。将转运业务外包虽然是一定社会政治经济背景下的制度选择,但实际上对铁路部门、政府监督部门以及客商三方均属于次优的制度安排。根据统计,1919—1926 年转运公司佣金占货运总收入的平均比重为 8.6%,其所代理货物运输占全部运输总额的比例约为 90.9%。[8] 转运公司通过垄断代客运输,利用信息不对称,"代课运货取费漫无限制"[9],"收集零吨货物,按吨运价向客商收费,转向铁路按整车报运给价,坐享零吨整车运价之差"[10]。同时,转运公司"以多

---

〔1〕 陆庭鏖:《我国铁路联运业务》,《交通杂志》1935 年第 3 卷第 7—8 期合刊,第 35 页。
〔2〕 陆庭鏖:《我国铁路联运业务》,《交通杂志》1935 年第 3 卷第 7—8 期合刊,第 36 页。
〔3〕 王叔龙:《我国铁路转运公司问题》,《交大季刊》1930 年第 3 期,第 47 页。
〔4〕 王叔龙:《我国铁路转运公司问题》,《交大季刊》1930 年第 3 期,第 48 页。
〔5〕 王叔龙:《我国铁路转运公司问题》,《交大季刊》1930 年第 3 期,第 48 页。
〔6〕 王叔龙:《我国铁路转运公司问题》,《交大季刊》1930 年第 3 期,第 48 页。
〔7〕 王叔龙:《我国铁路转运公司问题》,《交大季刊》1930 年第 3 期,第 48 页。
〔8〕 王叔龙:《我国铁路转运公司问题》,《交大季刊》1930 年第 3 期,第 56 页。
〔9〕 王叔龙:《我国铁路转运公司问题》,《交大季刊》1930 年第 3 期,第 56 页。
〔10〕 王叔龙:《我国铁路转运公司问题》,《交大季刊》1930 年第 3 期,第 56 页。

报少，以高等报低等，从中收利……破坏路局规章”[1]，此外，为谋取超额利润，“结纳不肖路员，营私舞弊……装车之时，恒使所载货物超过该车应载之量……希图取利”[2]。对于政府监管部门，转运公司常常“偷漏捐税，使国家地方两受损失”[3]。因此，1930 年后，学界开始较多关注铁路转运公司所存在的种种弊端，认为转运公司对于“路局则实一种寄生虫耳”[4]。这种现象可能是对转运制度进行制度变革所进行的舆论准备。

除了经济利益外，次级行动团体对铁路外部性的要求也是联运制实行的重要推动因素。作为次级行动团体的铁路监管部门，监管市场本身就存在着利益，这种利益一方面体现为实际的经济利益，如铁路部门上缴的税款，另一方面则是借由铁路实现其政治经济外部性。对于中央政府直属的铁道部等铁路监管机构而言，利用铁路来推动区域经济发展、实现产业升级，以及借由铁路实现对全国的政治、军事整合更为重要。在原有代理转运制下，各路自行订立联运的松散组织形式无法满足其实现有效控制铁路部门的目的，因此，铁路监管部门会有充分动机来推进铁路联运制度的进一步发展。

四、铁路联运制度思想变迁方式——从诱致性到强制性制度变迁

（一）铁路联运制度变迁的过程

1913 年前，铁路联运制度的实施完全由几条主干线路自行协商，不存在统一的协调管理机构。但随着铁路业务的开展，客货长途运输需求增加，1913 年，京奉等五路召开联运会议，规定“一切事务，由各路轮值管理”[5]，由于各路权限相同，因而在涉及具体利益事项时难免互相争执，无法有效开展联运规则制定和业务工作，这一时期也被俞棪等学者称为联运业务“胚胎时期”。1918 年，交通部改组国际联运事务处为铁路联运事务处，并设立联运清算所。中央监管机构的成立有效地促进了联运相关法规的出台，有利于业务的开展，特别是 1921 年一系列客货车运输法规出台后，规定了统一的度量衡和车站单据，联运收入从 1919 年的 260 万元迅速增长到 1924 年的 1 140 万元，这一时期被称为

[1] 王叔龙：《我国铁路转运公司问题》，《交大季刊》1930 年第 3 期，第 57 页。
[2] 王叔龙：《我国铁路转运公司问题》，《交大季刊》1930 年第 3 期，第 57 页。
[3] 王叔龙：《我国铁路转运公司问题》，《交大季刊》1930 年第 3 期，第 57 页。
[4] 徐宗蔚：《沪杭甬路之转运公司问题》，《交大季刊》1930 年第 2 期，第 87 页。
[5] 沈钟钰：《中国铁道联运事业》，《铁道公报》1929 年第 7 期，第 115 页。

"极盛时期"。[1] 1926年后,由于战乱,联运业务逐步衰落。1928年南京国民政府成立后,为了整理路政和推动铁路运输事业发展,开展了如下工作:首先,建立以铁道部联运处为中心的铁路联运机构;其次,恢复国有铁路的联运业务,并将新增铁路纳入联运范畴;再次,积极开展货物运输制度,创新各种保障货物联运的具体制度,如货物损失赔偿制;最后,推动公路、水路和铁路联运业务。从以上历程可以看出,铁路联运制度变迁经历了从"各路自为",到以交通部铁路联运会议为中心,最后形成以铁道部联运处为中心,中央逐步加强管制的发展路径。图6.3展示了这一变迁过程。

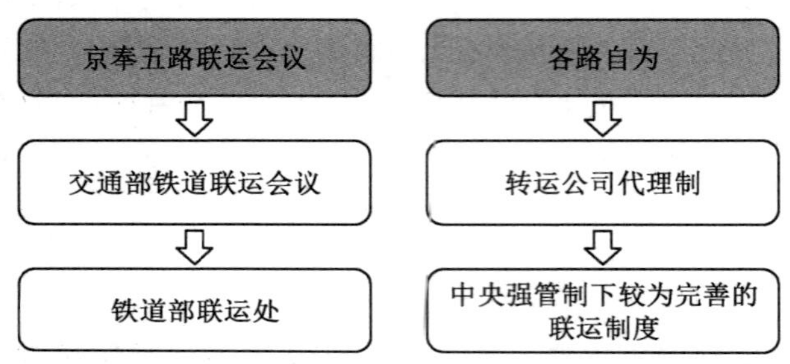

图6.3 1912—1937年铁路联运制度变迁流程

(二)铁路联运制度变迁:从诱致性到强制性制度变迁

从第一阶段到第二阶段,主要是由各条铁路管理当局自行推动而发生的诱致性制度变迁过程。而在第三阶段,铁路联运制度的推进主要反映为政府铁路管理部门——铁道部主导下的强制性制度变迁。

铁路联运前期所形成的诱致性制度变迁有两点不足:一是制度效率低,二是无法突破原有路径依赖。首先,谈判成本较高,造成制度运行有效性较低。在铁路联运创办伊始,"一切事物,由各路轮值管理。但各路均添员司,权限相同,遇事难免争执;至增加经费以及期满瓜代,种种窒碍,亦不复不胜枚举"[2]。其次,行动主体突破原有路径依赖的能力不足,主要表现为解决铁路技术标准不统一的能力不足。中国铁路在建设之初多举借外债,导致定价、设备技术标准等驳杂。运营成本差异则形成不同的运价率。联运时统一运价会造成部分

[1] 俞棪:《我国铁路联运事业之过去现在与将来》,《交通杂志》1935年第3卷第7—8期合刊,第26页。

[2] 沈仲钰:《中国铁道联运事业》,《铁道公报》1929年第7期,第115页。

企业经营困难。更为重要的是，载重、路轨标准不一，导致各路车辆无法兼容通行，必须进行转载，从而严重降低了联运效率。缺乏超越部门利益的制度推动者，限制了铁路联运制度的进一步完善和发展。

铁路联运业务的制度变迁，本质上是政府、企业和市场边界问题。在铁路联运制度发展过程中，动力机制是如何将利润增长内化于铁路部门，阻力则来自原有路径依赖和局部利益被打破从而形成新的利益分配格局。在诱致性制度变迁过程中，企业发现联运具有重要的增长空间，然而，由于各自利益所限，缺乏外在推动，因而企业的成本边界和收益边界无法重合。铁路部门承担了联运业务的运行任务，但联运制度不健全导致的信息不对称存在寻租空间，这部分业务进而被推向市场，催生出专业的转运公司。转运公司挪走了一部分原本应完全归属于铁路部门的联运收入。产生此现象的根本原因还是在于缺乏强有力的中央政府来健全联运制度。

因此，南京国民政府成立后，通过设立铁道部等铁路管理机构、进行人事调整和路政整理，重塑国内铁路治理机制，加强国家对铁路运输的控制。在此背景下，政府作为外在推动者，推进了联运制度的强制性变迁。也只有政府才能够完全消除转运公司存在的社会经济土壤，以及促进铁路企业技术标准和定价标准的统一，从而使得铁路联运的利益完全收归铁路部门。当然，中央政府实行铁路联运的最终目标是实现路权统一，“铁道联运，实为达到全国各路统一之最良媒介”〔1〕。

---

〔1〕 陆庭鏖：《我国铁路联运业务》，《交通杂志》1935年第3卷第7—8期合刊，第31页。

第七章　结论与启示

第一节　近代铁路经济思想的总体考察

一、铁路经济思想的总体线索:国家能力与铁路的公共品性质

近代以来中国的铁路发展主要面临三个问题:为何建、如何建与如何经营管理。根据这一线索,本书分别在第三章考察了铁路线路规划思想;在第四章考察了铁路对国民经济产业结构的影响,回答学者对“为何建铁路”问题的思考;在第五章讨论的铁路规制问题,则是从产业资本角度,分析了学者们对“如何建铁路”的认知过程;最后,在第六章,从铁路联运和运价管理的角度剖析近代围绕构建“铁路经营管理”制度的探索与尝试。通过对上述三个方面的阐述和分析,本书发现:铁路的公共品性质与近代以来衰退的国家能力之间的反身性,可以作为考察近代铁路经济思想演变背后的逻辑线索和理论支撑,铁路经济思想与政策的变迁呈现出阶段性的背离和融合。

铁路自出现以来,凭借其巨大的运输优势极大地改变了世界政治经济格局。与传统依赖于地理自然环境的水路运输方式相比,铁路运输极大地提高了商品、资本、人力的运输效率,甚至重塑了区域经济地理格局。铁路外部性特征赋予铁路公共品性质。然而,铁路显然不是纯公共品,特别在近代铁路供给严重缺乏时,铁路在运输领域呈现的竞争性和排他性,说明在近代严重的资源约束压力下,铁路运输的准公共品特征更为突出。

国家能力包括八个维度:保护政权和领土、维护社会公共秩序的强制能力;动员和调度社会资源的汲取能力;培育和强化国家认同和核心价值观的濡化能力;弥补市场失灵或缺陷、制止不正当竞争的监管能力;维护社会分配正义的再分配能力;将民众参与需求纳入制度化管道的吸纳能力;协调不同利益、形成公共政策的整合能力;确保国家机构内部控制、监督和协调的统领能力。

国家能力与铁路公共性的反身性表现为两方面。一方面,国家能力直接限制了公共品的提供方式。公共品的提供方式主要有三种:政府提供、市场提供与自愿提供。显然,铁路作为一种投资极其巨大的项目,凭借自愿提供极为不现实,因此,需要在政府提供和市场提供之间选择。如果国家能力强,则可以选择政府提供的方式;而国家能力弱时,则只能由市场来供给。如果国家能力不足,却仍然选择由国家直接提供公共品,则必然出现公共品供给不足或者公共品质量下降而变为准公共品的现象。另一方面,铁路公共性的特点也对国家能力产生了重要影响。铁路所具有的军事运输能力和政治辐射力是近代世界各国实现国家力量投射与区域控制的重要方式。而铁路具有促进经济增长的正外部性,是提高国家财政汲取能力的基础。

对国家能力与铁路公共品性质的反身性的认识是近代铁路经济思想的主要逻辑线索。从晚清开始,时人认识到铁路建设对国家能力具有重要作用,但并未清晰认识到国家能力对铁路建设也具有反身性影响,这从当时的铁路政策与铁路发展主张得以反映。当时铁路促进中国政治军事稳定以及提高财政收入的作用成为共识,但对政府直接提供铁路供给的能力估计不足。因此,清末政府出于实际需要先开始建设铁路,在建设中出现种种问题后,进而调整政策,进行反思。铁路经济思想与建设实践是一种后验性关系,这使得政府在铁路政策选择上具有盲目性,只能在商办和官办之间相机切换。

中华民国成立后,社会各界出于对新生政权国家能力的信任而试图采取铁路国营的发展思路,但随后的军阀混战导致国家能力迅速衰退,这一时期国内铁路建设进展缓慢,特别是由政府提供的铁路里程严重减少。国内铁路供给不足,使得铁路市场排他性加剧,路局由此实行边际定价,拥有了垄断定价能力。国家能力的衰退同样表现在中央层面的铁路管理体制基本失效,政府无力对 20 年代各地铁路提高运价的行为进行规制。在此背景下,学者们也认识到:国家能力衰退导致政府提供公共品的能力不足,此阶段政府试图举借外债进行铁路建设,必然进一步让渡其他附属权益。因此,这一时期,一些学者开始认同由市场提供,即允许民间资本经营铁路的政策。

在南京国民政府成立后,稳定的中央政权提高了国家能力,不仅反映在国内政治整合程度、政府财政汲取能力提高,还体现在发展国家资本主义经济以及对外民族主义倾向增强。学者们提出了"国营为主、民营为辅"的铁路政策思想,也反映出其逐步认识到国家能力的增强赋予政府直接提供铁路的能力。在这一时期,学者们对铁路公共品性质和国家能力反身性的认识更加全面。在"国营为主、民营为辅"制度中,国家能力虽有一定提高,但不足以完全支撑由政府提供铁路,还必须吸纳足够的市场力量提供铁路。这也使得铁路同时具有纯公共品和准公共品双重性质,国营干线主要实现其纯公共品性质,而对于民营支线,鉴于其准公共品性质,允许民营公司实现一定程度的边际自主定价,当然民营铁路的边际自主定价仍然应当由政府相关管理机关进行规制。

二、铁路经济思想中的政府与市场

1863—1937 年,铁路经济思想的发展和铁路建设实践一样,呈现出起伏增长的阶段性特点,对政府和市场关系的认识愈发全面。晚清时期,对于铁路领域中政府和市场关系的认识就发生过曲折变化。1889 年 5 月 5 日上谕明确铁路"为自强要策",赋予铁路以强国的政治目的,在铁路问题政治化认识下开启了铁路官款筹办的政策。但受限于拮据的财政条件,甲午战前仅筑路 447 公里,这种困境促使清政府的态度开始转变,实行商办铁路政策。此时实行商办一方面是解决筑路经费的现实困难,另一方面是出于"振兴商务、保惠商人"的目的,特别是在 19 世纪末 20 世纪初因为外资在中国广泛修路而引发国内各界呼吁"收回利权"。1907 年后,中国铁路对外借款条件有所好转,挽回了一部分路权、路利,并且德日等国将铁路收归国有后取得了良好的效果,这些因素共同促使政府在铁路问题上的主导能力和意愿倾向开始扩张。于是张之洞等部分官员提出将筑成之路收归国有的观点,围绕政府和市场在铁路建设和运营政策的争论开始变得激烈,并最终导致"保路运动"以及随后清王朝的终结。中华民国成立后,延续了清末对铁路建设的激烈争论,着重于全国整体铁路网架构以及政府与民间资本的铁路修建主导权的讨论。清末"干线国有"政策的失败也使铁路领域政府和市场的角色对立起来。然而,北京政府时期国内政局不稳,严重干扰了国内铁路主干网络的建设。在 1927 年前,中央政府无力筹资进行主干线路的建设,地方政府为扩充本地的经济实力、开发地方产业而成为铁路建设的主导力量。中央铁道管理部门对铁路运输市场的监督衰退，铁路运输市场由铁路企业自行运营。对于铁路这类特殊的、公共性明显、投资巨大的产业，本阶段政府缺位在减缓铁路建设步伐的同时，也带来了对铁路相关问题讨论的低潮。在政府缺位、铁路市场运行绩效良好的背景下，铁路运输企业滥用垄断势力损害本国产业利益、铁路宏观管理体制建设推进缓慢等问题的出现，促使学者开始客观思考政府应在铁路运输市场所扮演的角色。1927 年，随着南京政府建立，行政权力统一赋予中央铁路管理部门更强的能力，以推动铁路制度建设、规划以及利用铁路扶植本国产业发展。学者们对政府和市场在铁路领域所扮演角色的认识也从之前较为对立的态度，逐步变得客观。这种认识的深化在铁路规制问题上反映为从“直接规制”向经济性和社会性规制结合转变；在运价政策上反映为纯市场条件下的铁路垄断性定价与差别定价思想在 1930 年后被补贴性定价思想所取代，运价政策也从弱监管下的市场自由定价转向对民营和国营实行差别运价监管政策；在铁路宏观管理体制中的联运制度上反映为从市场主导下的诱致性制度变迁向政府主导的强制性制度变迁转变。

尽管当前铁路领域技术、资本条件远超过近代，但近代学者们对铁路运输领域政府和市场角色的认识仍然值得借鉴。回首新中国铁路改革历程，最重要的是如何处理政府与市场在铁路外部性和经济效益之间的矛盾。经过 70 余年铁路领域国家直接运营实践后，铁路领域逐步开始融入更多市场化要素：铁路领域政企分开、混合所有制改革、铁路公司上市以及市场化定价等。这股民营化的趋势也和世界发达国家铁路等交通领域在 20 世纪 80 年代后开始的市场化浪潮契合。2009 年 3 月，国务院出台《铁道部主要职责内设机构和人员编制规定》，提出铁路体制改革的目标是“既要有利于铁路发展，保持路网完整性、维护运输集中统一指挥、确保运输安全、提高运输效率和效益，又要实行政企分开、政资分开，建立健全现代企业制度，完善法人治理结构，实现投资主体多元化”。2013 年 3 月出台的《国务院机构改革和职能转变方案》明确：实行铁路政企分开，将铁路发展规划和政策的行政职责划入交通运输部；组建国家铁路局，由交通运输部管理，承担铁道部的其他行政职责，负责拟订铁路技术标准，监督管理铁路安全生产、运输服务质量和铁路工程质量等；组建中国铁路总公司，承担铁道部的企业职责，负责铁路运输统一调度指挥，经营铁路客货运输业务，承担专运、特运任务，负责铁路建设，承担铁路安全生产主体责任等；加快推进铁路投融资体制改革和运价改革，建立健全规范的公益性线路和运输补贴机制，继续深化铁路企业改革。

当前,“创新、协调、绿色、开放、共享”的新发展理念全面体现了我国经济转型发展的内在要求,成为实现我国经济高质量发展的内涵要义。新发展理念要求我们解决发展中的不平衡问题,不断增强发展整体性,解决社会公平正义问题。在铁路领域,我们需要反思过去以政府为主导的发展模式,将原本由政府主导的建设和运营开放给民营资本,让市场在资源配置中起决定性作用,解决铁路经营问题;让政府更好地发挥监督和引导作用,通过铁路经济性和社会性规制,更多地关注铁路的社会、政治、经济外部性功能,着眼于铁路领域制度、线路规划的顶层设计与政策监管。

第二节 新发展格局下区域发展与铁路货运、客运化争论

近代以来,中国由沿海向内陆辐射的经济地理格局决定了铁路布局由沿海港口向内地延伸。学者们提出利用内地铁路线开发内陆地区资源、进行人口产业性转移的观点也反映出铁路线路应顺应经济地理的共识。当今世界正经历百年未有之大变局,中国经济已经从出口导向向“以国内大循环为主体,国内国际双循环共同促进”的新发展格局转型,在新型城镇化战略促进下,新的区域经济地理格局在逐步形成。与之相随的是,未来铁路建设应该以货运铁路为主还是以高速客运专线为主的争论仍在持续。

2015 年前后,关于中国铁路发展究竟应该走客运专线为主还是货运为主的道路,学者们进行过一次较为著名的探讨。在铁道部即将大规模推进客运高速铁路建设的背景下,高柏认为,高铁建设存在巨大的外部性,对中国 21 世纪发展具有重要的战略价值,利用高铁可以在内陆建设一个快速的运输网络,整合西部以及中部的资源,从而使中国摆脱长期依赖于海洋贸易出口下的地缘劣势〔1〕;赵坚等学者则认为,铁路投资不能作为拉动短期经济增长的工具,高速客运铁路的建设也不应盲目扩大规模,应注重发展大都市市区通勤铁路〔2〕。两人争论的关键点在于高铁的外部性和经济利益之间的矛盾。回首百年历史,晚清和民国时期关于铁路问题的讨论无不是当前争论的一次预演。诚然,相比

〔1〕 高柏等:《高铁与中国 21 世纪大战略》,社会科学文献出版社 2012 年版,第 1－486 页;高柏:《与赵坚教授探讨高铁外部性问题》,《东方早报 · 上海经济评论》2015 年 1 月 20 日。

〔2〕 https://www.jiemian.com/article/2844468.html。

于近代经济严重滞后的发展局面，2018年中国人均GDP突破9 500美元，建设了完整的产业体系，并拥有充足的国内资本，足以在技术、经济上支撑铁路的发展。百年前，铁路的政治辐射功能只能囿于实现国内政治整合，与国外路网联系反而会增加国人对外国势力介入国内事务的担忧；而今中国主动利用铁路线的扩展，将政治经济影响散布于"一带一路"沿线国家，共同打造政治互信、经济融合、文化包容的利益共同体、命运共同体和责任共同体。即使在当前铁路发展的外部约束得到极大放松的环境下，由于铁路的巨额投入产出具有长期性，我们依然面临着如何在铁路领域进行最优资源配置以取得外部性和经济效益的最佳平衡的问题。

尽管当前客运高铁建设成绩卓然，但是铁路总公司的投资回报率和负债率仍持续攀升，那么，是否还需要继续进行大规模的高铁投资？还是转而关注现有体制改革，挖掘内部增收潜力，同时对当前客运高速铁路建设的路线进行一定的总结？

事实上，当前高铁亏损从直接原因上看，是由于价格体制改革滞后，造成票价无法覆盖高铁运行的成本。但为何在持续亏损的情况下，铁路部门仍有极强的动机筹资修建铁路呢？从制度经济学角度来看，则是其中初级行动团体即铁路局和以后可能分置出的铁路公司，与次级行动团体即铁路总公司和交通运输部存在一致的利益。由于缺乏必要的营业收益激励机制，我国铁路部门的首要目标是完成政府的客货运输任务。这种重视铁路外部性的铁路发展目标虽然符合我国当前"发展型"政府的定位，但在中国经济进入"新时代"，国家治理能力和治理组织现代化的背景下，铁路管理部门需要更多地关注如何创新体制机制，更好地实现社会效益和经济效益平衡。下一步应该着力于实现铁路运输市场机制有效运行，更多地依靠市场完成运输资源的优化配置，在铁路运输体系内建立有效的基层管理机制，实现经营效益与铁路基层员工收入的有效互动；中央铁路管理部门则专注于铁路运输市场的规制，有效实现铁路对经济发展的外部性。只有改变铁路部门绩效激励机制，才能有效地避免铁路部门过度举债、政府隐性担保负担不断加重的现象。

除此之外，针对铁路客运还是货运为主的争论，也应当充分考虑当前新发展格局下我国的区域经济特别是城市化呈现的新特点，只有铁路更好地适应当前的区域经济发展战略和现实，才能实现外部性和经济效益的平衡。目前经济学界的研究集中于高铁对经济发展的影响，发现高铁降低了社会成本，提高了市场整合程度,促进了要素的有效流动,进而促进了各产业生产率的提升,促进了区域经济发展。但受限于当前以高铁为主的铁路建设实践,我们无法做出"货运铁路建设如何促进经济发展"的反事实检验,也就无从比较建设高速客运专线和货运铁路在经济价值和社会外部性上的优劣。

修建客运高铁的模式有利于劳动力要素的流动,特别是在当初中国沿海地区产业、技术集聚,人口向沿海地区迁移的背景下,高铁的价值不言自明。但当前中国城镇化率已经达到 65.22%,在新发展格局下,中国开始以城乡融合发展为路径推动县域经济高质量发展,以中心城市、都市圈和城市群为主要形态打造区域经济增长极,以国家重大区域战略联动为核心引领统筹区域协调发展政策,加快形成全国统一大市场。人口分布、产业集聚等经济地理发生重大变化,传统人口向沿海地区集聚于出口型产业的模式发生扭转,继续建设有利于人口流动而非资本和商品流动的高速客运铁路的必要性就有待商榷。随着农民工返乡创业,形成了人才、技术和资金回流的"集合效应"以及带动上下游产业和人员一起回归的"头雁效应",加之沿海地区产业加速转移和乡村振兴战略深入实施,县域经济不断发展;内地工业化、城镇化加速,国内市场的进一步发展将催生更大的商品流通需求。相比于公路运输和航空运输,铁路货运具有运量大、经济性好、节能环保的优势。随着京津冀一体化、粤港澳大湾区、长江经济带以及中、西部城市群的崛起,多个集聚经济带将催生对集中化、大运量人流和物流的运输需求。因此,发展货运铁路具有长期经济价值和社会价值。

从短期来看,高铁只有在至少一端连接经济发达地区时,才能充分发挥运力,进而产生效益。例如,我国当前盈利的高铁有京沪、沪宁、宁杭、广深港、沪杭、京津等多条线路,均位于中国三大都市圈,且分别连接北京、上海、杭州、深圳、香港、广州等经济中心城市,有足够的客流量保障收益;与之形成鲜明对比的是,大量承担了战略任务的中西部所建设的高铁由于人口不足,造成运能闲置等资源浪费。根据赵坚的计算,兰新高铁由于沿线人口规模和收入水平限制,每天仅开行 4 对高铁动车组,而该线路计划运行能力是每天开行 160 对列车,导致其运输收入不足以支付电费。[1] 中西部地区高铁项目的建设,面临严重的运输收入不抵贷款利息而亏损的局面。大量建设中西部地区的高铁,也严重挤出了货运线路的发展需求。

---

〔1〕 https://www.jiemian.com/article/2844468.html。

当前高铁建设发展模式在取得巨大成就的同时，也面临着一些问题。首先，从“人口流”角度来看，高铁的通行极大地降低了人员流动成本，人口加速向东部城市、城市群内中心城市以及第三产业发达城市集中，这种“极化效应”加剧了人口在区域间分布不均衡。[1] 其次，高铁建设在城市之间产生区域与行业异质性，增大了城市之间的产业、收入与经济增长差距。[2] 最后，高铁建设可能对土地和金融要素价格产生扭曲作用。例如，高铁开通提高了中西部地区的土地价格，对地方政府产生了增加负债、修建高铁以拉动房地产投资的激励，同时会强化其以非工业用地出让收益对工业用地的“横向补贴”机制，中西部地区因此兴建了大量高铁新城，累积了巨额地方债务风险。[3] 与此同时，高铁建设成本收益不对称，处于负债经营状态，负债率长期维持在65%的高位，可能引发系统性金融风险。最为重要的是，高铁产生的债务压力导致铁路部门通过提高货运运费来进行内部补贴，中国铁路运输费用从2004年的0.08元/吨公里上升至2015年的0.1551元/吨公里，产生了国内公铁货运运费倒挂现象，甚至高出国际货运平准水平，为美国的1.3倍。[4] 这造成国内货运市场铁路所占份额持续下降，铁路货运周转量从2005年的50%下降到2019年的15.1%。[5]

从整体来看，当前以高铁为主的铁路发展模式提高了“商品流”的运输成本，降低了“资本流”的配置效率并引发了潜在风险，因此，有必要进一步引导“人口流”的空间合理分布。未来新发展格局下要充分发挥铁路在资源优化配置方面的作用，应加快完善以降低社会流通成本为核心的综合运输大通道、综合交通枢纽和物流网络；改善铁路投融资机制，发挥政府投资撬动作用，激发民间投资活力，形成市场主导的内生投资增长机制。

---

[1] 邓涛涛、王丹丹、程少勇：《高速铁路对城市服务业集聚的影响》，《财经研究》2017年第7期，第119－132页。

[2] 董艳梅、朱英明：《高铁建设能否重塑中国的经济空间布局——基于就业、工资和经济增长的区域异质性视角》，《中国工业经济》2016年第10期，第92－108页。.

[3] 周玉龙、杨继东、黄阳华等：《高铁对城市地价的影响及其机制研究——来自微观土地交易的证据》，《中国工业经济》2018年第5期，第118－136页。

[4] https://www.jiemian.com/article/2844468.html。

[5] 根据国家统计局网站的数据测算得到。

第三节　近代以来中国和印度铁路发展思想比较

了解近代中国铁路发展模式以及铁路发展思想的历史定位,不仅要将其放在自身发展的历史进程中纵向对比,也要将其置于全球铁路发展思想的横向坐标中进行比较。本节我们使用历史比较分析方法,横向比较1840—1937年中国和印度的铁路发展模式与思想,试图对中国近代铁路发展思想的历史定位作一评价。

之所以选择中国与印度,首先是考虑到中国和印度的近代国情具有相似性:中国和印度同为历史悠久的文明古国,在近代资本主义全球扩张过程中深受冲击,受到来自西方资本主义在政治、经济等领域的较强渗透与控制,两国的铁路发展也都起源于外国的资本输出,接触到铁路知识的时间也较为接近。当然,中国半殖民地半封建社会相比于印度殖民地性质仍保有一定的政策独立性。其次,印度铁路在殖民地时代所取得的优异成绩和后殖民地时代衰退的背后机制值得我们探讨。

印度铁路发端于19世纪中叶,随着英国对印度殖民化程度的加深,为了满足英国本土资本和商品输出以及在南亚次大陆军事控制的需要,英国决定在印度建设铁路网。从1853年建设第一条铁路开始,1860年通车里程达到1 349公里,1870年为7 678公里,1890年为25 495公里,到1900年建成铁路38 024公里,成为世界第四大铁路系统,1920年为56 980公里,直到1947年铁路里程达到65 217公里,几乎所有县份均已通车。[1]

印度铁路的迅速发展离不开其独特的铁路政策——"铁路保证制度"。所谓铁路保证制度,是指铁路企业投资兴建铁路后,政府在企业建筑经营过程中提供一定的收益担保,以保证企业经营利益。1849年,东印度公司和东印度铁路公司、大印度半岛铁路公司签订了相关合同,合同内容包括:政府提供长达99年、每年5%的保证利息;25年或50年后,政府可以年金或一次性偿付工程所用资本的方式购买铁路,国家为铁路及相关建筑设施免费提供土地;99年后,土

〔1〕 Hurd, John, and Ian J. Kerr(1998), "Railway management and railway employees in colonial India", *Railway management and its organizational structure: Its impact on and diffusion into the general economy*, 103;陶笑虹:《试论英属印度的铁路保证制度》,《华中师范大学学报(哲学社会科学版)》1991年第5期,第108页。

地等工程基础设施转归国家，国家也可收买车辆及其他不动产；铁路的路线、轨距、建筑细节必须经由政府批准；政府对经营有完全监督管理权，有权审查账目，审定客货运费，可在铁路收入超过 10%时要求企业降低所收费用等。1869—1882 年曾停止铁路私营政策，改由政府直接修筑铁路，在 1882 年后又恢复铁路保证制度，同时允许国家和私人兴建。铁路迅速扩张，给印度政府造成了巨大的财政负担，于是在 20 世纪后改为发放津贴，逐步替代保证金，津贴制只用于支线铁路公司。1925 年后，印度政府逐步减少受保证的支线铁路公司数量。

印度铁路保证制度与南京国民政府时期国内学者所提出的"国营为主、民营为辅"的铁路政策谋划有极高的相似性，但我们并未发现国内学者直接借鉴印度铁路修建经验的证据。通过对国内大成老旧数据库以"印度、铁道（铁路）"为关键词搜索，我们发现国内在 1940 年后产生了对印度铁路的关注和考察热潮。而在此之前，国内文献仅在 20 世纪 20 年代对印度铁路罢工潮有过短暂的关注。1909 年《奉天时报》、1930 年刘魁所著《印度铁路之状况》对印度铁路的里程、财政、人事、设备等情况进行了一定介绍，但均未讨论印度最根本的铁路保证制度。在此猜测有两个原因：其一，国内在铁路体制改革上多以欧美日为效仿对象，近代铁路发展的首要目的是谋求国家独立富强，而印度作为殖民地国家，尽管铁路取得了相当成就，但并未能实现这一根本目标，故其不为国内学者所关注；其二，国内对印度铁路关注的窗口期与印度铁路保证制度的兴盛期恰好错开，印度铁路保证制度在 20 世纪 20 年代已经衰落，国内学者看到的是印度铁路在经历铁路保证制度后进行新的铁路财政体制转型的实践结果，对印度铁路保证制度的重要性未予足够重视。

铁路保证制度具有非常积极的作用。英国殖民政府以此作为工具筹措了足够资本，影响了印度铁路网布局。边疆地区得到足够的铁路线路覆盖；在 1900 年主干铁路网建设完成后，保证制适用对象变为支线铁路，进一步促进了铁路网的完善。保证制度避免了私营铁路制度下路网分布不平衡的弊端。铁路对印度经济发展产生了重要影响：从 1860 年至 1914 年，印度人均收入平均年增长率达 0.64%[1],显著高于中国在此期间 0.1%的增长率[2]。

然而,铁路保证制度在实际运行过程中也有很多弊端:首先,固定收益制下激励不足导致铁路经营绩效极差;其次,保证收益制下政府财政负担过大;最后,保证收益制激励政府与铁路公司合谋提高运价,损害社会公众利益。

事实上,铁路保证制度下铁路公司自英国本土资本市场融资,而英国在印度实行二元管理体制(印度事务大臣与印度地方政府),印度事务大臣代表在英国融资的印度私营铁路公司的利益诉求,会产生与铁路公司共谋的动机,从而导致管理机构在铁路公益性监管方面动力不足,特别是在运费监管上多次向私营铁路公司妥协。1861 年印度事务大臣规定:政府有权规定运费上限,但不具体指导运价,铁路运价由各公司在限价范围内自行订立。[3]

同时,由于在保证制下公司收益未达约定水平时需要政府财政予以补足,因而在铁路公司因市场竞争导致经营利润下滑时,政府会人为干预竞争来维持铁路公司盈利,以免动用财政弥补其损失。例如,在 1881—1920 年,随着印度铁路网不断完善,私营铁路公司失去了区域垄断地位,互相之间开始展开价格战,实际运费在这一时期下降了 84%。于是印度政府规定了铁路最低运价,并设立中央清算所来推进铁路公司的兼并。随着铁路市场主体减少,卡特尔组织成立,合谋定价和配给运输量导致铁路运费水平随之上涨。运费过高对印度当地经济发展产生了极为不利的影响,例如,1890 年印度铁路 200 千克货物运输 1 500 公里的费用相当于人均国民收入的二成,而同期在美国,运费仅为其人均收入的 1%。

另外,铁路保证制也使得铁路公司缺乏改善经营管理的动机。1900 年,七成印度铁路因未能达到 5%的收益水平而由印度政府拨出税收予以补助,大部分线路的收益率不足 3.5%。这说明铁路保证制下的印度铁路处于"重数量、轻质量"的发展模式,铁路路线的增长并未改善铁路经营,未充分实现铁路的经济外部性。

20 世纪,印度铁路网基本健全,保证制逐步退出历史舞台的中央,津贴制开

---

〔1〕 Derbyshire, Ian D. (1987), "Economic change and the railways in North India, 1860－1914", *Modern Asian Studies*, Vol. 21, No. 3, p. 522.

〔2〕 Aldcroft, D. H. (1981), *From Versailles to Wall Street*, 1919－1929, University of California Press, p. 288。

〔3〕 陶笑虹:《试论英属印度的铁路保证制度》,《华中师范大学学报(哲学社会科学版)》1991 年第 5 期,第 108 页。

始出现，这说明印度当局铁路政策的调整具有较好的弹性。当然，由于路径依赖，保证制下旧有利益集团对津贴制自然会产生抗拒，导致双轨制存在了较长时期。但在本节，我们主要将南京政府时期的学者所提出的"国营为主、民营为辅"的铁路发展思想与铁路保证制度思想进行比较，而非将历史时间更为接近的津贴制作为比较对象，这主要是考虑到保证制实施时所对应的发展阶段与南京国民政府时期较为接近，即处于铁路供给仍然较为缺乏的发展阶段。

对比南京政府时期学者所提出的"国营为主、民营为辅"的铁路政策和印度铁路保证制度思想，两者都是为了利用财政杠杆撬动民间资本对铁路的投资，可以看到，国内学者的观点比印度的保证制有了一定程度的进步。中印两国在保证收益制的适用铁路范围、募集资金对象、市场与政府力量对比方面存在显著差异。从适用范围看，两者差异主要体现在适用时间范围上，民国学者提出要对企业获取铁路承办经营的时间有所限制，而非印度保证制下近乎于无限期的 99 年，这就将保证收益严格限制在铁路初创的幼稚期，而在数十年铁路正常经营收回成本与利息收益后，政府有权支付对价收回其所有权。从募集资金对象来看，印度保证收益制主要是为英国国内过剩资本提供一条稳定的投资途径，而民国学者所提出的保证利益主要为激发本国国内资本投资交通运输行业的热情。从市场与政府力量对比来看，两国的差异表现为：在中国，长期以来私人投资面临较大的政策性风险，影响了国内资本对实业的投资，民国学者"国营为主、民营为辅"的政策设想就要求国家深度规制铁路市场，实行"强市场、弱政府"模式，以承包收益作为避免铁路运输领域政府对市场过度挤出的措施；但在印度，铁路领域基本由私人企业通过市场化方式提供运输服务，由于企业融资主要来自宗主国，导致殖民地政府无力居于中立地位进行规制，因此，其铁路保证制是英国"弱政府、强市场"思想传统的一种实践。

印度近代以来的铁路发展史无疑对中国有着较为重要的启示意义。毫无疑问，国家能力（特别是宗主国的国家能力）以及合适的铁路政策推动了近代印度铁路的快速发展。但在印度独立后，面对原有铁路网巨大的折旧成本，固有体制无力筹措足够资金对其更新换代，因此，近些年来，印度铁路发展颇为滞后。与之形成鲜明对比的是，随着中国国家能力的快速增长以及铁路宏观管理体制的不断完善，中国铁路发展呈现蓬勃发展的景象。对未来中国铁路而言，持续深化改革，将上升的国家能力通过适合的政策、制度释放在铁路领域，无疑会推动中国铁路与经济进入良性互动的可持续发展轨道。